Erbrechtlicher Erwerb im Insolvenz- und Restschuldbefreiungsverfahren

Europäische Hochschulschriften
Publications Universitaires Européennes
European University Studies

Reihe II
Rechtswissenschaft

Série II Series II
Droit
Law

Bd./Vol. 4485

PETER LANG
Frankfurt am Main · Berlin · Bern · Bruxelles · New York · Oxford · Wien

Alexandra Lehmann

Erbrechtlicher Erwerb im Insolvenz- und Restschuldbefreiungsverfahren

PETER LANG
Europäischer Verlag der Wissenschaften

Bibliografische Information der Deutschen Nationalbibliothek
Die Deutsche Nationalbibliothek verzeichnet diese Publikation in der Deutschen Nationalbibliografie; detaillierte bibliografische Daten sind im Internet über <http://www.d-nb.de> abrufbar.

Zugl.: Trier, Univ., Diss., 2006

D 385
ISSN 0531-7312
ISBN 3-631-56057-5

www.peterlang.de

Meinen Eltern

Vorwort

Die vorliegende Arbeit wurde im Sommersemester 2006 vom Fachbereich Rechtswissenschaft der Universität Trier als Dissertation angenommen. Rechtsprechung und Literatur wurden bis August 2006 berücksichtigt.

Mein herzlicher Dank gilt meinem Doktorvater, Herrn Prof. Dr. Peter Marburger, der mir größtmögliche wissenschaftliche Freiheit bei der Wahl und der Ausarbeitung des Themas gewährte und mir für fachliche Fragen stets hilfreich zu Seite stand. Herrn Prof. Dr. Gregor Bachmann, LL.M. danke ich für die zügige Erstellung des Zweitgutachtens. Ferner gebührt mein Dank Herrn Prof. Dr. Reinhard Hendler und Herrn Prof. Dr. Franz Dorn, die sich bereitwillig im Rahmen des Rigorosums zur Verfügung gestellt haben.

Sehr herzlich danke ich meiner Schwester Michaela Lehmann und meinem guten Freund Heiko Alexander Haller sowie meiner Mutter Dr. Helga Lehmann für die unermüdliche Korrektur des Manuskripts in sprachlicher und fachlicher Hinsicht. Meinen Freunden danke ich besonders für ihre Aufmunterung und Hilfe in jeder Hinsicht.

Nicht zuletzt danke ich von ganzem Herzen meinen Eltern für ihr stets wertvolle und vielfältige Unterstützung.

Trier, im August 2006 Alexandra Lehmann

Inhalt

Abkürzungen

aA	anderer Ansicht
AG	Amtsgericht
ALR	Allgemeines Landrecht der preußischen Staaten von 1794
AnfG	Gesetz betreffend die Anfechtung von Rechtshandlungen eines Schuldners außerhalb des Insolvenzverfahrens (Anfechtungsgesetz)
AT	Allgemeiner Teil
Begr. RegE	Begründung Regierungsentwurf
BGB	Bürgerliches Gesetzbuch
BGBl.	Bundesgesetzblatt
BGH	Bundesgerichtshof
BGHZ	Entscheidungen des Bundesgerichtshofes in Zivilsachen
BT-Drucks.	Bundestagsdrucksache
BVerfG	Bundesverfassungsgericht
bzw.	beziehungsweise
d. h.	das heißt
EWiR	Entscheidungen zum Wirtschaftsrecht
f.	folgende(r)
ff.	folgende
Fn.	Fußnote
FS	Festschrift
HK	Heidelberger Kommentar zur Insolvenzordnung
HRG	Handwörterbuch zur Deutschen Rechtsgeschichte
InsO	Insolvenzordnung
JR	Juristische Rundschau
JuS	Juristische Schulung
JW	Juristische Wochenschrift
JZ	Juristenzeitung
KKZ	Kommunal-Kassenzeitschrift
KO	Konkursordnung
KTS	Zeitschrift für Insolvenzrecht
LM	Lindenmaier/Möhring, Nachschlagewerk des Bundesgerichtshofs
MDR	Monatsschrift für deutsches Recht
MüKo	Münchener Kommentar
NJW	Neue Juristische Wochenschrift
NJW-RR	NJW-Rechtsprechungsreport Zivilrecht

NotBZ	Zeitschrift für die notarielle Beratungs- und Beurkundungspraxis
NZI	Neue Zeitschrift für das Recht der Insolvenz und Sanierung
RG	Reichsgericht
RGZ	Entscheidungen des Reichsgerichts in Zivilsachen
Rn.	Randnummer(n)
RNotZ	Rheinische Notarzeitschrift
S.	Seite(n), Satz
Sp.	Spalte
u. a.	unter anderem
Überbl. v.	Überblick vor
v.	von
vgl.	vergleiche
WuB	Entscheidungssammlung zum Wirtschafts- und Bankrecht
z. B.	zum Beispiel
ZErb	Erbrechtspraxis
ZEV	Zeitschrift für Erbrecht und Vermögensnachfolge
ZInsO	Zeitschrift für das gesamte Insolvenzrecht
ZPO	Zivilprozeßordnung
ZVI	Zeitschrift für Verbraucher- und Privatinsolvenzrecht

1. TEIL: EINFÜHRUNG

A. EINLEITUNG

Angesichts einer wachsenden Zahl an Insolvenzfällen in Deutschland gewinnt das Insolvenzrecht beständig an Bedeutung. Während im Mai 2004 9074 Insolvenzen in Deutschland gemeldet wurden, waren es im Mai 2006 bereits 13 582 Insolvenzen.[1] Dabei stieg der Anteil der Verbraucherinsolvenzen um 54,0 % zum Vorjahresmonat (von 5 196 auf 8002).[2] Auch das Restschuldbefreiungsverfahren nimmt einen immer höheren Stellenwert ein.[3] In Anbetracht dieser Entwicklung steigt die Wahrscheinlichkeit, daß das Insolvenzrecht mit anderen Rechtsgebieten kollidiert. In der vorliegenden Arbeit soll die Konstellation untersucht werden, in der insolvenzrechtliche Regeln mit dem Erbrecht des Bürgerlichen Gesetzbuchs zusammentreffen. Dies ist der Fall, wenn ein Insolvenzschuldner vor oder nach Eröffnung eines Insolvenz- oder Restschuldbefreiungsverfahrens eine Erbschaft, ein Vermächtnis oder einen Pflichtteilsanspruch erwirbt.

Mit Inkrafttreten der Insolvenzordnung am 1. Januar 1999 wurde das Insolvenzrecht reformiert. Ein wesentliches Ziel der Reform war es, die Zahl der Fälle zu erhöhen, in denen ein Insolvenzverfahren durchgeführt werden kann.[4] So war es ein Anliegen der Reformer, die Masse umfangreicher werden zu lassen. Oftmals scheiterte die Eröffnung eines Insolvenzverfahrens bereits daran, daß nicht genügend kostendeckendes Schuldnervermögen vorhanden war.[5] Aus diesem Grund wurde in § 35 InsO normiert, daß – anders als in der bis dahin geltenden Konkursordnung – ein Neuerwerb von Vermögenswerten durch den Insolvenzschuldner zur Masse gehört. Damit wird unter Geltung der Insolvenzordnung deutlich mehr Vermögen erfaßt als unter der Konkursordnung.

Mit Reformierung des Insolvenzrechts wurde das Restschuldbefreiungsverfahren eingeführt. Dies soll redlichen Schuldnern ermöglichen, sich von Verbind-

---

1 Statistisches Bundesamt Deutschland: http://www.destatis.de/indicators/d/ins110ad.htm, zuletzt aufgerufen am 21. August 2006.

2 Statistisches Bundesamt Deutschland: http://www.destatis.de/indicators/d/ins110jd.htm, zuletzt aufgerufen am 21. August 2006.

3 Siehe dazu *Zypries*: Rede auf dem Zweiten Deutschen Insolvenzrechtstag: http://www.bmj.bund.de/enid/Maerz/Berlin__ss___3_2__5_-_Insolvenz_s8.html?druck=1, zuletzt aufgerufen am 15. August 2005.

4 *Balz/Landfermann*, S. 15.

5 *Häsemeyer*, Rn. 4.03 (S. 69).

lichkeiten, die nach Beendigung des Insolvenzverfahrens nicht befriedigt sind, zu befreien. Aufgrund der mehrjährigen Laufzeit eines solchen Verfahrens ist die Zeitspanne, in welcher neu erworbenes Vermögen des Schuldners verwertet werden kann, relativ lang.

Die Wahrscheinlichkeit, daß der Schuldner kurz vor oder während eines Insolvenzverfahrens bzw. im Rahmen eines Restschuldbefreiungsverfahrens Vermögen von Todes wegen erwirbt, ist damit nicht gering.

Bei der Untersuchung wird davon ausgegangen, daß die Gläubiger Interesse daran haben, den Nachlaß der Insolvenzmasse zuzuführen, da die Erbschaft des Schuldners einen Vermögenszuwachs bedeutet. Der Nachlaß ist nicht überschuldet. Des weiteren ist davon auszugehen, daß der Schuldner Alleinerbe und nicht durch eine Nacherbschaft oder Testamentsvollstreckung beschränkt ist. Es sollen ausschließlich die Auswirkungen des Zusammentreffens von Insolvenz- und Erbrecht anhand einer möglichen Fallkonstellation untersucht werden. In der Arbeit werden Grundsätze von Insolvenz- und Erbrecht aufgezeigt und es wird versucht, diese in Einklang zu bringen. Einzelprobleme versperren die Sicht aufs Wesentliche und bleiben daher außer Betracht. Das Spannungsverhältnis beider Rechtsgebiete und der Versuch eines bestmöglichen Interessenausgleichs ist Thema dieser Arbeit.

Zwei unterschiedliche Rechtsgebiete treffen in den hier behandelten Fällen aufeinander: das überwiegend von familiären Bindungen geprägte Erbrecht und das (eher) wirtschaftlich ausgerichtete Insolvenzrecht. Die gesetzlichen Wertungen beider Rechtsgebiete müssen in Einklang gebracht werden. Grundlegende Prinzipien und Ziele stehen in Widerstreit. Zum einen soll möglichst jeglicher Erwerb in die Insolvenzmasse fallen bzw. im Restschuldbefreiungsverfahren verwertet werden können, damit den Gläubigern eine besonders umfangreiche Befriedigung ermöglicht werden kann. Andererseits dürfen die familiäre Prägung des Erwerbs von Todes wegen und die Befugnis des Erben, über erbrechtlich erworbenes Vermögen frei entscheiden zu können, nicht außer Betracht gelassen werden. Es stellt sich die Frage, inwieweit die Prinzipien einschränkbar sind und in einen gerechten Ausgleich gebracht werden können.

Das Insolvenzrecht erhält dem Schuldner durch § 83 InsO die Befugnis, über die Annahme oder die Ausschlagung einer Erbschaft bzw. eines Vermächtnisses frei zu entscheiden. Das erbrechtliche Prinzip wird somit nicht vollständig dem Insolvenzrecht untergeordnet. Der Erwerb einer Erbschaft bzw. eines Vermächtnisses ist stark von persönlichen Verhältnissen geprägt. Verwandtschaftliche oder freundschaftliche Verbundenheit zwischen Erblasser und Erben ist in der Regel tragendes Argument für eine Erbeinsetzung. Der erbrechtliche Vermögenserwerb unterscheidet sich dadurch von anderen Möglichkeiten des Vermögenserwerbs. Dieser Unterschied ist bei einem Zusammentreffen von Insolvenz- und Erbrecht zu berücksichtigen. In Folge dessen stellt sich die Frage nach den Auswirkungen des erbrechtlichen Prinzips der Höchstpersönlichkeit auf das Insolvenzverfahren. Zu prüfen ist, ob auch das Vermögen, das der Schuldner von Todes wegen vor oder nach Eröffnung des Insolvenzverfahrens erwirbt, zur Insolvenzmasse gehört oder ob es im Rahmen eines Insolvenzverfahrens eine Sonderstellung einnimmt. Weiter ist zu untersuchen, wie weit die dem Schuldner durch § 83 InsO eingeräumte Dispositionsbefugnis geht, ob ihm lediglich die Entscheidung über Annahme oder Ausschlagung einer Erbschaft obliegt oder ob er auch anderweitige Dispositionen treffen kann. Fraglich ist zudem, ob die Gläubiger oder der Insolvenzverwalter die Entscheidung des Schuldners anfechten können, um so den eigenen bzw. den Interessen der Gläubiger an Befriedigung mehr Geltung zu verschaffen. Bezüglich des Restschuldbefreiungsverfahrens ist problematisch, ob und gegebenenfalls ab wann eine Obliegenheit besteht, das durch Erbschaft, Vermächtnis oder Pflichtteil erworbene Vermögen herauszugeben. Hinsichtlich aller Entscheidungen des Schuldners ist zu untersuchen, ob diese Konsequenzen für das Insolvenz- oder für das Restschuldbefreiungsverfahren haben. Bei dem Versuch, eine Lösung für die aufgezeigten Fragen zu finden, sind zunächst die gesetzlichen Wertungen zu untersuchen. Für ein besseres Verständnis wird der Grund der verschiedenen Regeln erforscht. Bei allen Fragen sind zudem die entgegengesetzten Interessen der Parteien zu berücksichtigen und zu bewerten. Nach jeder Untersuchung wird abschließend die aktuelle Gesetzeslage in Bezug auf die aufgeworfenen Fragen dargestellt. In Bezug auf die Erbschaft wird exemplarisch eine von der gesetzlichen Regelung abweichende Möglichkeit dargestellt (2. Teil, B.).

B. EINFÜHRUNG IN DAS INSOLVENZRECHT

Ausgangspunkt des Insolvenzrechts ist der (drohende) wirtschaftliche Zusammenbruch des Schuldners.[6] Im Wege individueller Rechtsdurchsetzung können mangels ausreichenden Vermögens nicht mehr alle Gläubiger befriedigt werden. Für diese Fälle steht den Gläubigern das Insolvenzrecht als verfahrensrechtliches Instrument zur Durchsetzung ihrer Rechte zur Verfügung. Es ist somit eine Haftungsordnung.[7]

Gesetzliche Grundlage des Konkurs- oder Insolvenzrechts war seit dem 10. Februar 1877 die Konkursordnung. Ziel der Konkursordnung war die Liqui-

---

6 *Jauernig*, § 38 I (S. 173).

7 *Smid*, Rn. 1 (S. 1).

dation des Schuldnervermögens. Das Konkursverfahren diente nach §§ 1 und 3 KO der gemeinschaftlichen Befriedigung aller Konkursgläubiger aus dem Vermögen, das dem Gemeinschuldner zur Zeit der Verfahrenseröffnung gehörte. Am 26. Februar 1935 kam die Vergleichsordnung dazu. Zweck dieses Gesetzes war die Abwendung des Konkurses (Sanierung statt Liquidation). Beide Kodifikationen bezogen sich örtlich auf den Geltungsbereich des Grundgesetzes vor dem 3. Oktober 1990. In den neuen Ländern galt die Gesamtvollstreckungsordnung der DDR als Übergangsrecht fort. Mit dem Inkrafttreten des Insolvenzordnung vom 5. Oktober 1994 am 1. Januar 1999 wurde die deutsche Rechtseinheit hinsichtlich des Insolvenzrechts verwirklicht. Die Insolvenzordnung gilt nunmehr im gesamten Bundesgebiet.

Durch die Einführung der Insolvenzordnung wurde das Konkurs- bzw. Insolvenzrecht grundlegend reformiert. Hauptgrund der Reformierung war der zunehmende Funktionsverlust des Konkursverfahrens als Mittel zur partiellen Befriedigung von Gläubigern, deren Schuldner in Vermögensverfall geraten war. In den meisten Fällen wurde schon die Eröffnung des Konkursverfahrens mangels Masse abgelehnt. Es mußte ein Insolvenzverfahren geschaffen werden, das jedenfalls in der Regel eröffnet und durchgeführt werden könnte. Eine Ablehnung der Eröffnung mangels Masse sollte weitestgehend verhindert werden.[8] So wurden eine Reihe von Maßnahmen[9] eingeführt oder modifiziert, die der Massearmut entgegenwirken sollten.

Ein weiteres Ziel der Reformierung war die Möglichkeit der Restschuldbefreiung des redlichen Schuldners.[10] In diesem Sinne wird die Schuldenbereinigung nun neben der gemeinschaftlichen Befriedigung der Gläubiger als weiterer Hauptzweck des Insolvenzverfahrens ausdrücklich in § 1 InsO aufgeführt. Das Restschuldbefreiungsverfahren soll dem Schuldner die Möglichkeit verschaffen, seine wirtschaftliche Freiheit wiederzuerlangen und sich von allen im Insolvenzverfahren nicht befriedigten Forderungen zu befreien. Dazu muß er sich während einer sechsjährigen sog. Wohlverhaltensperiode u. a. um Arbeit bemühen und alle Ansprüche bis zur Pfändungsfreigrenze an einen Treuhänder abtreten.[11] Grund der Einführung der Restschuldbefreiung war die zunehmende Kri-

---

8 *Jauernig*, § 38 V 3. (S. 176).

9 Zum Beispiel wurde als neuer Eröffnungsgrund die drohende Zahlungsunfähigkeit (§ 18 InsO) eingeführt. Ebenso wurden weitere Anreize für eine Antragstellung geschaffen, beispielsweise durch die Inaussichtstellung einer Restschuldbefreiung. Eine spätere Anreicherung der Masse sollte durch die Einbeziehung des Neuerwerbs erreicht werden.

10 *Pape*, NJW 1999, 29.

11 *Foerste*, Rn. 15 (S. 11); *Preuss*, Rn. 210 (S. 157).

tik an dem damals bestehenden Nachforderungsrecht der Gläubiger, das für den Schuldner nicht selten eine lebenslange Haftung bedeutete. Die Einführung sollte der Schwarzarbeit entgegenwirken und verhindern, daß der Schuldner von Sozialhilfe leben würde, weil er keinen Anreiz mehr hätte, zu arbeiten. Insgesamt handelte es sich um eine sozial- und finanzpolitische Entscheidung mit dem Ziel, den überschuldeten Haushalten in Deutschland entgegenzuwirken.[12]

Ziel des Insolvenzverfahrens ist gemäß § 1 S. 1 InsO die gemeinschaftliche Befriedigung der Gläubiger. Die Rechtsverhältnisse des Schuldners sind geordnet abzuwickeln. Das verbleibende Vermögen wird verteilt (Gesamtvollstreckung). Für die Verwertung und gemeinschaftliche Befriedigung aus dem Schuldnervermögen, der Insolvenzmasse, sorgt der Insolvenzverwalter. Dem Insolvenzverwalter obliegt es daher auch, bestimmte vom Schuldner eingegangene Rechtsverhältnisse zu beenden oder zu beeinflussen. Durch die gemeinschaftliche Verwertung des Gesamtvermögens besteht die Chance, deutlich mehr Erlös zu erzielen, als durch Einzelzwangsvollstreckungen, d. h. dem Verkauf einzelner Vermögensstücke.[13]

Alternativ zur Verwertung und Verteilung des Vermögens kann ein Insolvenzplan aufgestellt werden, in dem insbesondere eine Regelung zum Erhalt des Unternehmens getroffen wird (§ 1 S.1 InsO).

Das Insolvenzverfahren wird auf Antrag der Gläubiger oder des Schuldners eröffnet (§ 13 InsO), wenn ein Eröffnungsgrund vorliegt. Dies ist dann der Fall, wenn die Gläubiger aus dem Vermögen des Schuldners nicht mehr befriedigt werden können. Der Schuldner ist also entweder zahlungsunfähig (§ 17 InsO) oder überschuldet (§ 19 InsO). Schuldner in diesem Sinne kann sowohl jede natürliche Person als auch eine juristische Person sein.

Gegenstand des Insolvenzverfahrens als Gesamtvollstreckung ist gemäß § 35 InsO grundsätzlich das gesamte Vermögen des Schuldners. Dazu zählen nicht nur die Vermögenswerte, die ihm bei Eröffnung des Verfahrens gehören, sondern auch solche, die er während des Verfahrens erlangt. Der lange unter der Konkursordnung geltende Grundsatz – „Neuerwerb ist konkursfrei“ – wurde aufgegeben. Im Hinblick darauf, daß auch in der Verbraucherinsolvenz und der Restschuldbefreiung über künftiges Vermögen und Einkommen verfügt wird, sollte auch schon im Regelinsolvenzverfahren der Neuerwerb erfaßt werden. Man wollte nicht, daß Neugläubiger des Schuldners Zugriff auf das nach Eröff-

---

[12] *Foerste*, Rn. 15, 526 ff.

[13] *Foerste*, Rn. 4 (S. 4).

nung des Verfahrens erworbene Vermögen nehmen können. Dies sollte vielmehr ebenfalls den Insolvenzgläubigern, also denjenigen, die zur Zeit der Verfahreneröffnung einen begründeten Anspruch gegen den Schuldner haben (§ 38 InsO), zustehen.[14] Dies hat zur Folge, daß die Insolvenzmasse sich erweitern kann, die Zahl der Gläubiger jedoch nicht. Die frühere Ausgrenzung des Neuerwerbs sollte dem Schuldner die Möglichkeit eröffnen, sich schon während des Konkursverfahrens eine neue Existenz zu schaffen.[15] Dies soll nun die Restschuldbefreiung gewährleisten. Gleichzeitig wird durch die Restschuldbefreiung der Gefahr entgegengewirkt, daß der Schuldner keinen Anreiz mehr hätte zu arbeiten, wenn jeglicher Erwerb der Verwertung im Insolvenzverfahren unterläge.

Insgesamt stellt die Insolvenzordnung ein wohl weitestgehend gelungenes Gesetz dar, das die verschiedenen Interessen von Schuldner und Gläubiger bestmöglich in Einklang bringt. Auch die Reform hat einen Teil dazu beigetragen, das Insolvenzverfahren effektiver zu gestalten. Ob der Interessenausgleich jedoch in allen Fällen gelungen ist oder einige Regelungen der Korrektur bedürfen, ist im folgenden zu untersuchen.

---

[14] *Breuer*, S. 54; kritisch dazu: *Häsemeyer*, Rn. 9.02 (S. 203).

[15] *Jaeger*, S. 91.

2. Teil: Die Erbschaft im Insolvenzverfahren

Das Erbrecht und das Insolvenzrecht können in verschiedenen Konstellationen kollidieren. Gegenstand der vorliegenden Untersuchung soll der Fall sein, daß ein Insolvenzschuldner Erbe wird. Dabei ist davon auszugehen, daß die Aktiva die Forderungen gegen den Erblasser überschreiten, die Insolvenzmasse also vergrößert würde, wenn die Erbschaft Bestandteil derselben würde. Den Gläubigern ist daher daran gelegen, auf das ererbte Vermögen im Insolvenzverfahren zugreifen zu können. Das Interesse des Erben geht dagegen dahin, den Nachlaß gänzlich aus der Insolvenzmasse herauszuhalten und die Verwertung des ererbten Vermögens zugunsten der Gläubiger zu verhindern. Im folgenden soll untersucht werden, wie sich das Zusammentreffen beider Rechtsmaterien darstellt und welche Möglichkeiten Schuldner und Gläubiger haben, um ihre unterschiedlichen Interessen durchzusetzen. Zunächst ist daher festzustellen, ob und gegebenenfalls ab welchem Zeitpunkt der Nachlaß Teil der Insolvenzmasse ist (A.). Von dem gefundenen Ergebnis ausgehend soll geprüft werden, ob die Gläubiger mittels Anfechtung einer Erbschaftsausschlagung des Schuldners entgegenwirken können (B.). Zuletzt sollen beispielhaft verschiedene Möglichkeiten der Parteien, durch welche sie die gesetzlichen Regelungen modifizieren können (C.), dargestellt und auf ihre Wirksamkeit und Wirkung hin untersucht werden.

A. Die Zugehörigkeit des Nachlasses zur Insolvenzmasse

Gemäß § 80 InsO geht mit Eröffnung des Insolvenzverfahrens die Verfügungs- und Verwaltungsbefugnis des Schuldners über das zur Insolvenzmasse gehörende Vermögen auf den Insolvenzverwalter über. Verfügungen des Schuldners sind unwirksam (§ 81 InsO).

Bezüglich Erbschaften trifft § 83 Abs. 1 S. 1 InsO eine Sonderregelung. Auch nach Verfahrenseröffnung hat alleine der Schuldner das Recht, über die Annahme oder Ausschlagung einer Erbschaft zu entscheiden. Mit Einführung der Insolvenzordnung wurde der Tatbestand des § 83 InsO gegenüber der Vorgängernorm des § 9 KO – in Übereinstimmung mit § 35 InsO – auf den Fall erweitert, daß die Erbschaft erst nach Eröffnung des Insolvenzverfahrens anfällt. Da nach der Konkursordnung der Neuerwerb ohnehin konkursfrei war, bestand kein Bedürfnis, in § 9 KO auch eine Erbschaft zu erfassen, die dem Schuldner erst nach Eröffnung des Konkursverfahrens angefallen war. Eine Kollision von Erb- und

Insolvenzrecht konnte es daher unter Geltung der Konkursordnung nur in weitaus weniger Fällen geben als heute unter der Insolvenzordnung. Hatte der Erbe die Erbschaft bereits vor der Eröffnung des Konkursverfahrens angenommen oder ausgeschlagen, gab es (wie heute) keine Kollision.[16] Fiel dem Schuldner die Erbschaft erst nach der Verfahrenseröffnung an, gehörte sie nach der Regel des § 1 Abs. 1 KO ohnehin nicht zur Konkursmasse. Eine Kollision konnte es daher nur geben, wenn zum Zeitpunkt der Eröffnung des Konkursverfahrens die Erbschaft dem Schuldner bereits angefallen, die sechswöchige Ausschlagungsfrist (§ 1944 Abs. 1 BGB) dagegen noch nicht abgelaufen war. Unter Geltung der Insolvenzordnung treten dagegen mögliche Fragen auch dann auf, wenn der Schuldner die Erbschaft erst nach der Eröffnung des Verfahrens erwirbt. Die Häufigkeit einer Kollision beider Rechtsgebiete hat sich mit Einführung der Insolvenzordnung erhöht und auftretende Probleme sowie die Frage nach verschiedenen Möglichkeiten der Parteien wurden nicht zuletzt auch für die Praxis relevanter.

Um über das Schicksal der Erbschaft in der Insolvenz des Erben und die damit verbundenen Fragen zu entscheiden, ist zunächst wichtig, ab wann und unter welchen Voraussetzungen eine dem Schuldner angefallene Erbschaft Bestandteil der Insolvenzmasse wird bzw. ab wann der Nachlaß verwertet werden kann. Dieser Zeitpunkt ist schwer zu bestimmen, da sowohl das Erb- als auch das Insolvenzrecht berücksichtigt werden müssen. Relevante Zeitpunkte sind die Eröffnung des Insolvenzverfahrens und der Anfall der Erbschaft (§§ 1922, 1942 BGB). Ab Verfahrenseröffnung unterliegt das Vermögen des Schuldners dem Insolvenzbeschlag und fällt in die Insolvenzmasse. Da sowohl § 35 als auch § 83 InsO nunmehr auch den (erbrechtlichen) Erwerb erfassen, den der Schuldner nach Eröffnung des Verfahrens erlangt, ist es (nach heutigem Recht) von geringer Bedeutung, wann der Schuldner in Bezug auf die Eröffnung des Insolvenzverfahrens die Erbschaft erwirbt. Ab Anfall wird die Erbschaft somit dem Insolvenzrecht unterworfen, d. h. anders als früher ist der nach Verfahrenseröffnung erworbene Nachlaß nicht von Anfang an insolvenzfrei. Betrachtet man das Insolvenzrecht unabhängig von den erbrechtlichen Regeln, müßte der Nachlaß mit Anfall Teil der Insolvenzmasse werden.

Nach § 1942 BGB hat der Erbe jedoch das Recht, die Erbschaft auszuschlagen. Diese Entscheidung verbleibt ihm nach § 83 InsO auch im Insolvenzverfahren. Mit Anfall der Erbschaft ist über deren rechtliches Schicksal daher noch nicht entschieden. Gerade dies macht es problematisch, zu bestimmen, welche Auswirkungen dieser vorläufige Zustand auf die Zugehörigkeit der Erbschaft zur

[16] Problematisch war in diesem Fall damals wie heute lediglich die Frage nach einer möglichen Anfechtung der Entscheidung des Erben. Siehe dazu unten S. 38.

Insolvenzmasse hat. Es muß zwischen zwei Zeiträumen bzw. drei verschiedenen Konstellationen unterschieden werden: Die Rechtslage in der Schwebephase zwischen Anfall und Annahme der Erbschaft und die Zugehörigkeit nach Ausschlagung der Erbschaft bzw. die Zeit nach der Annahme.

I. Die Rechtslage zwischen Anfall und Annahme der Erbschaft

1. Die Grundregel der §§ 35, 80 InsO

Nach der allgemeinen Regel des § 35 InsO fällt im wesentlichen das ganze Vermögen des Schuldners und jegliches Vermögen, das er erwirbt, in die Insolvenzmasse. Mit Eröffnung des Insolvenzverfahrens wird die Insolvenzmasse beschlagnahmt. Folge dieses kraft Gesetzes eintretenden Insolvenzbeschlags ist, daß der Schuldner nach § 80 InsO seine Verfügungsmacht verliert. Der Insolvenzverwalter ist gemäß § 148 InsO verpflichtet, das gesamte zur Insolvenzmasse gehörende Vermögen des Schuldners nach der Eröffnung des Insolvenzverfahrens sofort in Besitz und Verwaltung zu nehmen. Die Insolvenzmasse wird den Gläubigern haftungsrechtlich zugewiesen. Das Vermögen unterliegt nun der Verwertung und dient der Befriedigung der Gläubiger. Nach der Grundregel der §§ 35, 80 InsO würde der Schuldner auch mit einer vor oder nach Eröffnung des Insolvenzverfahrens angefallenen Erbschaft den Insolvenzgläubigern haften. Die Entscheidung über Annahme oder Ausschlagung einer dem Insolvenzschuldner bereits angefallenen oder anfallenden Erbschaft würde dem Insolvenzverwalter obliegen.[17]

2. Die Ausnahmeregel des § 83 InsO

In Ausnahme zu § 80 InsO beläßt § 83 InsO dem Schuldner die freie Entscheidungsbefugnis hinsichtlich Annahme oder Ausschlagung einer Erbschaft. Der Grund für die Existenz der Norm hängt zunächst davon ab, wie man die Vorschriften zum Erbschaftserwerb auslegt. § 83 InsO könnte sich als bloße Konsequenz der erbrechtlichen Regeln ohne eigenständigen Regelungsinhalt darstellen oder selbständige Bedeutung für die Bestimmung der Zugehörigkeit des Nachlasses zur Insolvenzmasse haben. Wie eine solche Bedeutung zu bestimmen wäre, müßte wiederum durch Auslegung ermittelt werden. Daher sind im folgenden die unterschiedlichen Versuche einer Interpretation und einer Begründung des

[17] *Uhlenbruck/Uhlenbruck*, § 83 Rn. 1.

§ 83 InsO und deren Auswirkungen auf die Zugehörigkeit zur Insolvenzmasse zu untersuchen.

a) Begründung des § 83 InsO anhand des Systems des Bürgerlichen Gesetzbuches

Die Regelung des § 83 InsO ließe sich möglicherweise mit der Konstruktion des erbrechtlichen Erwerbs des Bürgerlichen Gesetzbuches erklären. Man könnte annehmen, § 83 InsO sei zwingende Folge der erbrechtlichen Bestimmungen und hätte nur klarstellende Funktion hinsichtlich einer Rechtsfolge, die sich bereits aus dem Bürgerlichen Gesetzbuch ergibt. Das wäre dann der Fall, wenn das Bürgerliche Gesetzbuch dem Erben mit dem Anfall der Erbschaft noch keinen (verwertbaren) Vermögenswert zuweisen würde. Im diesem Fall würde bereits die allgemeine Regel des § 35 InsO nicht greifen. Denn danach wird durch das Insolvenzverfahren lediglich das Vermögen des Schuldners erfaßt. Der Nachlaß wäre aber eben noch nicht Vermögensbestandteil des Schuldners. Somit würde der Nachlaß (noch) nicht der Verfügungsbefugnis des Insolvenzverwalters gemäß § 80 InsO unterliegen und der Schuldner könnte – bis zur Annahme – frei über den Nachlaß verfügen, die Entscheidung über Annahme oder Ausschlagung somit allein treffen. Erlangt der Schuldner dagegen durch den Anfall der Erbschaft bereits einen Vermögenswert, muß § 83 InsO einen anderen Grund haben. Es ist also zunächst zu untersuchen, wie sich die erbliche Nachfolge rechtsdogmatisch darstellt und welche Konsequenzen unterschiedliche Interpretationen der erbrechtlichen Normen für die Begründung und die Anwendung von § 83 InsO haben.

aa) Geschichtliche Entwicklung des Erbrechts

In der Geschichte des Erbrechts haben sich verschiedene Erwerbsarten entwikkelt. So kann ein Erbe ohne sein Wissen und Zutun kraft Gesetzes Erbe werden. Daneben gibt es den Erwerb durch Antritt, durch behördliche Einweisung und unter Zwischenschaltung eines Treuhänders.[18] In Deutschland fanden sich vor Schaffung des Bürgerlichen Gesetzbuchs sowohl der Antritts- als auch der Vonselbsterwerb.[19] Im Gegensatz zum ipso-iure-Erwerb (I 9 § 367 f. preußisches ALR) bedarf es beim Antrittserwerb (gemeines Recht) eines Willensaktes des Berufenen, eine „Antretung" der Erbschaft. Beim ipso-iure-Erwerb erlangt der Erbe die Erbschaft unmittelbar mit dem Erbfall, verbunden mit dem Recht, die

---

18 Vgl. *Lange/Kuchinke*, § 8 I 1. (S. 191).

19 Vgl. *Hagemann* in HRG I „Erbrecht", Sp. 971 ff.; *Hellwig* in FS für v. Martitz, S. 159.

Erbschaft auszuschlagen.[20] Während der Überlegungsfrist, die dem Erben eingeräumt wird, um zu entscheiden, ob er Erbe sein möchte, bleibt sowohl beim Antritts- wie auch beim Anfallprinzip ungewiß, wem die Erbschaft (endgültig) anfallen wird. In beiden Fällen wird eine Fiktion verwendet. Im römischen Recht wurde der Erbe, sobald er angenommen hatte, rückwirkend so angesehen, als ob er bereits mit dem Tod des Erblassers die Erbschaft erworben hätte.[21] Beim Anfallprinzip wird umgekehrt der Erbe nach der Ausschlagung so behandelt, als ob der Anfall nie erfolgt wäre.[22]

Im römischen Recht wurde der Erbe erst mit Antretung Inhaber der Erbschaft. Bis zur Annahme blieb die Erbschaft als einheitliches Vermögen bestehen. Es handelte sich um eine ruhende Erbschaft (hereditas iacens). Alle Rechte und Pflichten blieben durch ihre Zweckbestimmung auf den kommenden Erben in ihrem objektiven Bestand erhalten.[23] Beim Antrittsprinzip war damit eindeutig, daß der Erbe erst mit der Annahme das Vermögen erwarb.

bb) Die Regelung des Bürgerlichen Gesetzbuchs und deren Folge für § 83 InsO

Die BGB-Gesetzgeber haben sich – im Anschluß an das preußische ALR – für das Anfallprinzip entschieden (§§ 1922, 1942 BGB).[24] Der Erwerb der Erbschaft vollzieht sich kraft Gesetzes mit dem Erbfall, d. h. mit dem Tod des Erblassers ohne vorangehende Antretung des Erben. Den Übergang der Erbschaft vom Erblasser auf den Erben nennt das Gesetz „Anfall der Erbschaft". Die Gesetzgeber waren der Ansicht, daß nach dem Tod sofort ein Rechtsträger des Nachlasses vorhanden sein müsse, da subjektlose Rechte und Pflichten begrifflich undenkbar seien.[25] Weitere Gründe für das Anfallprinzip waren die Einfachheit des Gesetzes und die Anpassung an die Lebenserfahrung, nach der Erbschaften häufiger angenommen als ausgeschlagen werden.[26] Nach dem Bürgerlichen Gesetzbuch ist die Annahme nicht mehr der Grund bzw. die Voraussetzung für den Erwerb. Vielmehr muß der Erbe die Erbschaft bereits erworben haben, um annehmen zu können.[27] Der Vonselbsterwerb wird nach deutschem Recht jedoch

---

20 *Hagemann* in HRG I „Erbrecht", Sp. 976.

21 *Endemann*, § 8 1. (S. 34).

22 *Hellwig* in FS für v. Martitz, S. 159.

23 *Endemann*, § 1. a) (S. 34).

24 *Mugdan*, V, S. 258.

25 *Von Lübtow*, S. 651; *Mugdan*, V, S. 259.

26 *Mugdan*, V, S. 259; *Planck*, Vorbemerkung zu § 1942 II. 1.

27 *Mugdan*, V, S. 259; *Muscheler*, S. 164.

gemäß § 1942 BGB mit der Möglichkeit verbunden, die Erbschaft auszuschlagen. Schlägt der Erbe aus, wird er gemäß § 1953 Abs. 1 BGB so behandelt, als ob ihm die Erbschaft nie angefallen wäre. Die in Folge dieser Rückwirkung der Ausschlagung entstehende rechtliche Stellung des Erben zwischen dem Anfall der Erbschaft und dem zeitlichen Ende der Ausschlagungsmöglichkeit ist schwierig zu bestimmen.

(1) Vermögenserwerb erst mit Annahme

Das Reichsgericht sah die Stellung des Erben bis zur Annahme der Erbschaft als eine einstweilige, kraft des Rechts der Ausschlagung von dem Willen des Erben abhängige Rechtslage an.[28] Der Vermögensübergang, der sich kraft Gesetzes vollziehe, sei in seiner Wirkung dadurch beschränkt, daß dem Erben nach § 1942 Abs. 1 BGB das Recht zur Ausschlagung gegeben sei. Entscheidend bei der Konstruktion des erbrechtlichen Erwerbs im Bürgerlichen Gesetzbuch sei jedoch, „daß doch ausdrücklich die Annahme, wenn auch nur als gedachte, als das entscheidende, die Aufhebung des Ausschlagungsrechts bewirkende Moment hingestellt ist“[29] (daß die Erbschaft auch ohne die ausdrückliche Annahme des Erben, lediglich durch Fristversäumnis endgültig wird, war unvermeidbar, um eine hereditas iacens zu vermeiden). § 1943 BGB bestimme, daß der Erbe nicht mehr ausschlagen könne, wenn er die Erbschaft angenommen habe. Das Gesetz erkenne also trotz des Vermögensübergangs per Gesetz noch die Möglichkeit eines Annahmewillens an.[30] Das Reichsgericht führt weiter aus, daß durch die Einführung des Systems des preußischen Landrechts und des französischen Rechts, nach welchem ein unmittelbarer Übergang des Vermögens auf den berufenen Erben erfolgt, lediglich eine hereditas iacens vermieden werden sollte.[31] Andererseits sollte aber auch die volle Bedeutung des Willens des Erben in Bezug auf den Erwerb oder Nichterwerb der Erbschaft gewahrt bleiben. Der Sache nach sollte der Annahmewillen für den endgültigen Erwerb maßgeblich bleiben.[32] Auch § 1953 BGB zeige, daß der Erbschaftserwerb bis zur Annahme nur vorläufig und daher dem Vermögen des Schuldners noch nicht zuzuordnen sei. Ebenso spreche auch § 517 BGB dafür, daß sich die Ausschlagung nicht als Aufgabe eines erworbenen Rechts darstelle. § 517 BGB bestimme, daß die Ausschlagung nicht als Schenkung gelte, sie also keine Bereicherung eines anderen

---

[28] RGZ 54, 289, 291.

[29] RGZ 54, 289, 292.

[30] RGZ 54, 289, 291.

[31] RGZ 54, 289, 294.

[32] RGZ 54, 289, 291, 294.

aus dem Erbenvermögen darstelle. Mit dem Anfall der Erbschaft werde dem Erben somit der Nachlaß noch nicht als Vermögenswert zugeordnet.

Das Reichsgericht verkannte jedoch nicht, daß die Vorschrift des § 517 BGB nach der von ihm vertretenen Auffassung entbehrlich wäre und daher nur der Klarstellung diene. Ginge man nämlich davon aus, daß bis zur Annahme der Erbschaft noch kein Vermögenserwerb des Erben vorliege, würde sich die Ausschlagung schon nach der allgemeinen Definition des § 516 Abs. 1 BGB nicht als Schenkung darstellen. Der Erbe hätte durch die Ausschlagung keinen anderen *aus seinem Vermögen* bereichert. Dennoch will das Reichsgericht in der Existenz des § 517 BGB eine Bestätigung für die Ansicht sehen, daß durch den Anfall ein endgültiger Erwerb noch nicht eingetreten sei.[33]

Für einen weiteren Beleg griff das Reichsgericht zudem auf die Motive zu § 1308 des Entwurfs[34] zurück. „Vom Standpunkt des formellen Rechts aus stelle die Ausschlagung einer Erbschaft [...] sich allerdings als das Aufgeben eines bereits erworbenen Rechts [...] dar. Gehe man jedoch auf das Wesen der Sache, so habe der Erwerb der Erbschaft kraft Gesetzes, solange das Recht der Ausschlagung noch nicht weggefallen sei, nur eine formelle Bedeutung, indem die Ausschlagung bewirke, daß es so angesehen werde, wie wenn der Ausschlagende niemals Erbe geworden wäre. Materiell habe die Ausschlagung hier also dieselbe Bedeutung, wie nach denjenigen Rechten, nach welchen die Erbschaft durch Antretung erworben werde. D. h. materiell betrachtet charakterisiere sie sich daher nicht als das Aufgeben eines bereits erworbenen, sondern als die Nichtannahme eines angetragenen Rechts."[35]

Nach Ansicht des Reichsgerichts ist auch § 9 KO[36] nur die Konsequenz der Bestimmungen des Bürgerlichen Gesetzbuchs. Bis zur Annahme der Erbschaft handele es sich eben nicht schon um ein Recht des Erben am Vermögen des Erblassers, sondern materiell nur um ein Recht auf den Erwerb.[37] Somit hätte nach Auffassung des Reichsgerichts § 9 KO bzw. § 83 InsO nur klarstellende Funktion. Wenn der Nachlaß vor dem Ende der Ausschlagungsmöglichkeit nach den erbrechtlichen Bestimmungen noch nicht dem Vermögen des Schuldners

---

33 RGZ 54, 289, 293.

34 § 1308 des Entwurfs zum BGB: „Die Einwilligung des Ehemannes ist nicht erforderlich: 1. Zur Annahme oder Ausschlagung einer Erbschaft oder eines Vermächtnisses und zum Verzichte auf einen Pflichtteilsanspruch (...)" – bis 1957 als § 1406 im BGB.

35 RGZ 54, 289, 294.

36 Heute § 83 InsO.

37 RGZ 54, 289, 295.

zuzuordnen sei, fiele dieser ohnehin nicht in die Insolvenzmasse. Die §§ 80 ff. InsO würden hinsichtlich der Erbschaft nicht eingreifen und damit würde diese dem Verwaltungs- und Verfügungsrecht des Insolvenzverwalters nicht unterliegen. Die Entscheidung über Ausschlagung und Annahme der Erbschaft würde auch ohne § 9 KO bzw. § 83 InsO dem Schuldner obliegen. Nach Auffassung des Reichsgericht ist diese Vorschrift somit entbehrlich.

(2) Kein Vermögenserwerb durch den vorläufigen Erben

Auch nach einer weit verbreiteten Auffassung in der Literatur ist der Berufene bis zum Ende der Ausschlagungsmöglichkeit nur vorläufiger Erbe. Die Erbenstellung wird endgültig, wenn er die Erbschaft annimmt oder die Ausschlagungsfrist verstreichen läßt.[38] Der Grund für den unmittelbaren Anfall der Erbschaft mit dem Erbfall bestehe lediglich darin, eine ruhende Erbschaft zu vermeiden. Erbenlose Nachlässe seien zu verhindern. Der Nachlaß werde mit dem Anfall als Sondervermögen des Erben behandelt. Wegen der Vorläufigkeit des Erwerbs finde eine Verschmelzung mit dem Eigenvermögen des Erben noch nicht statt.[39] Der Anfall bewirke daher nicht, daß der Erbe bereits zu diesem Zeitpunkt Träger des Vermögens werde.[40] Rechtlich stellten der Nachlaß und das Eigenvermögen zwei unterschiedliche Vermögensmassen dar. Daher könne die Erbschaft noch nicht als Haftungsgrundlage zur Befriedigung der Eigengläubiger des Erben verwendet werden. Als Begründung dafür wird die Rückwirkung der Ausschlagung nach § 1953 BGB angeführt. Wenn § 1953 BGB bestimme, daß der Erbe mit der Ausschlagung so angesehen werde, als ob er niemals Erbe gewesen wäre und der an seine Stelle Tretende als Erbe von Anfang an gelte, könne die Stellung des Ausschlagenden nur vorläufigen Charakter haben. Auch in anderen gesetzlichen Vorschriften (§§ 1942 ff., 1953, 2176, 2180, 517 BGB) komme der Gedanke zum Ausdruck, daß ein Erwerb, der mit rückwirkender Kraft ausgeschlagen werden könne, in seiner Unsicherheit noch keinen haftungsrechtlichen Vermögenszuwachs bedeute.[41] Die Ausschlagung der Erbschaft gelte eben nicht als Aufhebung des durch den Anfall Erworbenen,

---

38 *Brox*, Rn. 315 (S. 188); *Ebenroth*, Rn. 348 (S. 242); *Fischer*, Vonselbsterwerb und Antrittserwerb, S. 77; *Friederichs*, S. 17 ff.; *Kipp/Coing*, § 86 I 2 (S. 479); *Kirchhofer*, S. 15; *Lange/Kuchinke*, § 8 I 4. (S. 194); *Leipold*, Rn. 607 (S. 223); *Michalski*, Rn. 167 (S. 66); *MüKo/Schumann*, InsO, § 83 Rn. 3; *Palandt/Edenhofer*, § 1942 Rn. 2, § 1943 Rn. 1; *Planck*, Vorbemerkung zu § 1942 II. 3; *Schlüter*, Rn. 502 (S. 202); *Soergel/Stein*, vor § 1942 Rn. 4; *Staudinger/Otte*, § 1942 Rn. 10.

39 *Fischer*, Vonselbsterwerb und Antrittserwerb, S. 88.

40 *Häsemeyer*, Rn. 9.24 (S. 217).

41 *Jaeger/Henckel*, § 9 Rn. 1

sondern sie hebe den Anfall selbst mit rückwirkender Kraft auf. Sie sei daher als Ablehnung einer angebotenen Erbschaft zu behandeln. Der Übergang der Erbschaft auf den Erben sei zwar an sich eingetreten, könne aber durch Ausschlagung noch rückgängig gemacht werden. Der Grundsatz des Erbschaftserwerbs kraft Gesetzes werde dabei nicht als solcher, sondern nur in seiner rechtlichen Wirksamkeit durch das Ausschlagungsrecht beschränkt. Bis zur Annahme bestehe ein Schwebezustand. Gerade dieser Unsicherheit trügen eine Reihe von Vorschriften (§§ 1958, 1959, 211 BGB sowie §§ 239 Abs. 5, 778, 779 ZPO) Rechnung. Ebenso werde durch diese Vorschriften deutlich, daß der Erwerb des Erben mit dem Anfall noch kein definitiver sei. Sie wollen dem Erben seine Entscheidungsfreiheit hinsichtlich der Ausschlagung belassen.[42] Der Anfall allein bewirke daher noch nicht, daß der Erbe Träger des Vermögens werde. Gerade durch § 83 InsO und § 778 ZPO sei gezeigt, daß der Erwerb aufgrund der Unsicherheit noch keinen haftungsrechtlichen Vermögenszuwachs bedeute. Es sei nur ein unvollkommener Wert. Darum sei § 83 InsO auch nicht als willkürliche Ausnahme von dem Grundprinzip des erbrechtlichen Erwerbs anzusehen, sondern als Ausfluß dieses einheitlichen Gedankens.[43]

Auch § 517 BGB sei Folge des Systems, daß der Erbe vor der Annahme der Erbschaft bzw. dem der Annahme gleichgestellten Ablauf der Ausschlagungsfrist noch nicht endgültiger Erbe und damit Vermögensträger des Nachlasses sei. Wenn § 1953 Abs. 1 BGB bestimme, daß der Anfall der Erbschaft als nicht erfolgt gelte, wenn der Erbe ausschlage, müsse in diesem Fall auch eine Schenkung verneint werden. Eine Vermögensminderung fände gerade nicht statt.[44]

§ 83 InsO wird daher von einer überwiegenden Meinung in der Literatur damit begründet, daß dem Erben der Nachlaß ohnehin haftungsrechtlich noch nicht endgültig zugeordnet sei.

Bereits unter Geltung der Vorgängernorm (§ 9 KO) wurde die fortgesetzte Verfügungsbefugnis des § 9 KO nach vereinzelt vertretener Auffassung[45] damit begründet, daß ein Nachlaß noch kein vollgültiger Rechtserwerb sei, solange die Annahme nicht erfolgt bzw. die Ausschlagungsfrist noch nicht abgelaufen sei. Der Erwerb stelle nur einen vorläufigen Vermögenszuwachs dar.[46] Alleine diese

---

[42] *Soergel/Stein*, § 1942 Rn. 7.

[43] *Jaeger/Henckel*, § 9 Rn. 1.

[44] *MüKo/Kollhosser*, § 517 Rn. 4; *Planck*, § 517 1. b); *Soergel/Mühl/Teichmann*, § 517 Rn. 1; aA *Erman/Seiler*, § 517 Rn. 1.

[45] *Jaeger*, S. 30; siehe auch *Häsemeyer*, Rn. 9.24 (S. 217).

[46] *Häsemeyer*, Rn. 9.24 (S. 217); *Jaeger*, S. 30; *Uhlenbruck/Uhlenbruck*, § 83 Rn. 2.

Tatsache könne die gesetzgeberische Entscheidung in § 83 InsO rechtfertigen.[47] Persönliche Motive könnten nicht entscheidend sein. Wäre der Nachlaß bereits mit dem Anfall haftungsrechtlich relevant, müßten persönliche Motive zurückstehen.[48]

Auch nach der verbreiteten Meinung in der Literatur stellt sich § 83 InsO nur als Folge der erbrechtlichen Vorschriften dar.[49] Da der Erbe mit dem Anfall der Erbschaft noch kein Vermögen erwirbt, würde der Nachlaß vor der Annahme gemäß den §§ 35, 80 InsO ohnehin nicht vom Insolvenzbeschlag erfaßt.

(3) Verneinung der Erbenstellung vor Annahme

Nach *v. Lübtow* ist die Interpretation der herrschenden Lehre zur gesetzlichen Regelung zur Erbenstellung nicht zutreffend. Dennoch ist auch nach seiner Ansicht nicht von einer Vermögensposition des Erben vor der Erbschaftsannahme auszugehen. Der Anfall schaffe in Wirklichkeit noch keinen Erben, da im Fall der Ausschlagung der Anfall als nicht erfolgt *gelte*. Wer aber einmal wirklich Erbe geworden sei, könne später aufhören, Erbe zu sein, aber niemals so angesehen werden, als ob er nie Erbe gewesen wäre.[50] Die Rede vom vorläufigen Erben sei daher widersprüchlich. Erbe sei nur der endgültige Erbe. Das Anfallprinzip schaffe die Vorstellung, daß der Berufene die bereits eingenommene Erbenstellung rückwirkend vernichten könne. Dies sei aber rechtlich unmöglich, da niemals geleugnet werden könne, daß der Ausschlagende Erbe gewesen sei. Wenn also der Anfall derart vernichtbar sei, daß er rechtlich als nicht geschehen behandelt werde, müsse sich als logische Schlußfolgerung ergeben, daß der Anfall noch keinen Erben schaffe.[51] Wenn es auf den Willen des Erben ankommen solle, sei ein Antrittssystem besser geeignet. Da man an die dogmatische Konstruktion des Gesetzgebers nicht gebunden sei, müsse man anerkennen, „daß der Zwischenzustand eines zeitweise subjektlosen Vermögens besteht, das in objektiver Gebundenheit seines künftigen Herrn harrt".[52] Niemand könne dem Nachlaß vorläufig als Erbe, sondern nur als Erwerbsberechtigter gegenüber stehen. Der Anfall schaffe daher noch nicht den Erben, „sondern nur das unvererbliche subjektive Recht, die Eigenschaft des Erben zu erlangen. Damit ist regelmäßig

---

[47] *Uhlenbruck/Uhlenbruck*, § 83 Rn. 2.

[48] *Häsemeyer*, Rn. 9.24 (S. 217).

[49] Siehe nur *Jaeger/Henckel*, § 9 Rn. 1.

[50] *v. Lübtow*, S. 653.

[51] *v. Lübtow*, S. 653.

[52] *v. Lübtow*, S. 653; *ders.*, Probleme des Erbrechts, S. 11.

ein subjektives vererbliches Recht (§ 1952 I) verbunden, die Rechtsstellung eines Erben, insbesondere die Erbschaft, zu erwerben"[53]. Letztlich versuche das Gesetz durch die Fiktionen in § 1953 BGB nur zu verdecken, daß der Erbe in Wahrheit bis zur Annahme nur Verwalter einer hereditas iacens sei.[54]

Auch die Begründung zu § 9 KO widerspreche dem ipso-iure-Erwerb. Danach solle sich die Ausschlagung nicht als ein Verzicht auf ein bereits erworbenes Recht, sondern als die Nichtannahme eines angetragenen Rechts darstellen. Gehe man jedoch von der Geltung des Vonselbsterwerbs aus, müßte die Erbschaft schon vor der Annahme im Vermögen des Schuldners sein und damit in die Konkursmasse fallen, so daß sie einer Verfügung – auch einer Ausschlagung – durch den Schuldner entzogen wäre. Auch durch die Vorläufigkeit des Erwerbs ließe sich § 9 KO nicht begründen, da es allein vom Willen des Erben abhinge, ob er den Vermögenszuwachs wieder aufgeben wolle.[55] Würde man das Prinzip des Vonselbsterwerbs konsequent anwenden, könne man nicht leugnen, daß mit dem Anfall der Erbschaft ein Vermögenszuwachs des Schuldners stattgefunden habe und die Insolvenzmasse dadurch bereichert werde. § 9 KO könne somit nicht bloße Konsequenz der erbrechtlichen Regeln sein. Nach dem Anfallprinzip ließe sich § 9 KO nicht durch die Stellung des Erben vor Annahme der Erbschaft begründen. Lege man die Geltung des Vonselbsterwerbs zugrunde, könne die einzige Begründung für § 9 KO daher sein, daß die Befugnis zur Wahl über Annahme und Ausschlagung einer Erbschaft eine höchstpersönliche Entscheidung sei und aus diesem Grund nicht zur Insolvenzmasse gehören könne. Diese Befugnis sei eben nicht nur Vermögenswert; entscheidend sei vielmehr das Verhältnis zum Erblasser und zu den Nächstberufenen.[56]

Nach der Ansicht *v. Lübtows* steht dem Erben mit dem Erbfall zunächst lediglich das Recht zu, die Erbschaft durch die Annahme erwerben zu können. Dieses Recht würde ohne § 83 InsO der Grundregel des § 80 InsO unterfallen und damit dem Insolvenzverwalter zustehen. Die Erbmasse selbst käme als Objekt der Insolvenzmasse nicht in Betracht, da nach *v. Lübtow* der Nachlaß bis zur Annahme keinesfalls zum Vermögen des vermeintlichen Erben gehört.

§ 83 InsO wäre somit nicht wie nach herrschender Lehre rein dogmatisch zwingende Folge der gesetzlichen Ausgestaltung des erbrechtlichen Erwerbs des Bürgerlichen Gesetzbuches. Vielmehr wäre die Regelung notwendig, um das

---

53 *v. Lübtow*, S. 657; *ders.*, Probleme des Erbrechts, S. 13.

54 *v. Lübtow*, S. 658; *ders.*, Probleme des Erbrechts, S. 14.

55 *v. Lübtow*, S. 654.

56 *v. Lübtow*, S. 654.

Entscheidungsrecht des Erben hinsichtlich Annahme oder Ausschlagung einer Erbschaft der Macht des Insolvenzverwalters zu entziehen und der Entscheidung des Erben rechtliche Wirksamkeit zu verleihen.

(4) Tatsächliche Erbenstellung vor Annahme oder Ausschlagung

Im Gegensatz zu den bislang dargestellten Ansichten, die dem Erben in der Zeit zwischen Anfall und Annahme der Erbschaft jegliche Vermögensposition, ja zum Teil sogar die Erbenstellung an sich absprechen, kann man die bürgerlichrechtlichen Vorschriften auch anders interpretieren: Der Berufene wird mit dem Anfall Erbe und Träger eines Vermögens. Diese Ansicht folgt aus einer anderweitigen Auslegung des § 1953 BGB und der weiteren Normen, die die herrschende Lehre und das Reichsgericht als Beleg für ihre Ansichten anführen.

Die Rückwirkungsfiktion des § 1953 Abs. 1 BGB könne und wolle an dem Zustand, der vor einer Ausschlagung bestehe, nichts ändern. Sie regele nur die rechtliche Behandlung für die Zukunft. Für den ausschlagenden Erben sollen aus der Tatsache, daß er Erbe war, keine rechtlichen Folgen gezogen werden dürfen. Umgekehrt soll die rechtliche Lage des zweiten Erben so zu beurteilen sein, als hätte ihm die später erworbene Erbschaft schon früher (seit dem Anfall) gehört.[57] Der vermeintliche Erbe könne daher mit der Ausschlagung aufhören, Erbe zu sein. Man könne ihm jedoch niemals rückwirkend die Erbenstellung absprechen. Er gebe durchaus einen Vermögenswert auf, wenn er ausschlage. Der Erbe mache mit der Annahme den Vermögenswert, den er seit dem Anfall besitze, lediglich zu einem endgültigen.[58]

Hellwig weist darauf hin, daß niemand bezweifele, daß in einem Fall arglistiger Täuschung oder Drohung, infolge dessen der Erbe veranlaßt worden sei, die Erbschaft aufzugeben, die Höhe des Schadensersatzes dem Wert der Erbschaftsbestandteile entsprechen müsse. Die Erbschaftsbestandteile seien Gegenstände, die bereits zum Vermögen des Erben gehörten und seien daher zu ersetzen. Als weiteres Beispiel, das für die Bejahung einer Vermögensposition auch vor der Annahme der Erbschaft spreche, lasse sich der Fall anführen, daß der Nächstberufene vom Erben die Erbschaft, zu der unter anderem Grundstücke gehören, kaufen wolle. Um die Formvorschriften umgehen zu können, schlage der Erbe aus.

---

[57] *Hellwig* in FS für v. Martitz, S. 160; in diesem Sinne auch *Thora*, ZInsO 2002, 176, 177.

[58] *Kipp*, JW 1912, 11, 12.

Bei einem solchen Vorkommnis würde keiner leugnen, daß der Erbe dem Nächsten die Erbschaft verschafft habe.[59]

Es gebe auch andere Rechte, deren Erwerb noch rückgängig gemacht werden könne. Der Unterschied beim erbrechtlichen Erwerb sei lediglich, daß dem Erben das Verwaltungsrecht bezüglich des Nachlasses noch bis zur Endgültigkeit des Erwerbs fehle, d. h. solange die Ausschlagungsfrist noch laufe.[60] Bis dahin werde der Nachlaß, obwohl er ihm gehöre, so behandelt, als gehöre er ihm noch nicht. Ebenso sei es dann wiederum, wenn infolge Nachlaßverwaltung oder Konkurses die separatio bonorum (Trennung des Nachlasses vom Eigenvermögen) eintrete. In diesem Fall würde man dem Erben die Vermögensposition ebenfalls nicht absprechen. Auf dieser rechtlichen Behandlung beruhe § 1958 BGB (Mangel des Prozeßführungsrechts) ebenso wie § 1959 BGB. Danach blieben gewisse Verwaltungshandlungen und alle dem Erben gegenüber vorgenommenen einseitigen Rechtsgeschäfte deshalb wirksam, weil die Erbschaft ihm eben bis zur Ausschlagung gehöre. Der Nächstberufene sei erst ab der Ausschlagung Vermögensträger, auch wenn § 1953 Abs. 2 BGB bestimme, ihn so zu behandeln, als ob er schon mit dem Erbfall Erbe geworden wäre.[61]

Nach dieser Auslegung wäre § 83 InsO ebenfalls keine zwangsläufige Folge der erbrechtlichen Bestimmungen. Das Vermögen des Erben hätte sich mit dem Erbfall um den Wert des Nachlasses vergrößert. Der Nachlaß wäre Bestandteil der Insolvenzmasse und würde somit nach § 80 InsO dem Verfügungsrecht des Insolvenzverwalters unterliegen. § 83 InsO wäre daher zwingend notwendig, um der Erbschaftsausschlagung oder -annahme des Erben als Schuldner des Insolvenzverfahrens Wirksamkeit zu verleihen.

(5) Stellungnahme

Die Frage nach der Rechtsstellung des Erben zwischen Anfall und Annahme bzw. Ausschlagung der Erbschaft ist aus zweierlei Gründen problematisch. Zum einen geht das Gesetz vom ipso-iure-Erwerb, verbunden mit der Möglichkeit, die Erbschaft auszuschlagen, aus. Zum anderen schreibt es vor, daß bei Ausschlagung der Anfall als nicht erfolgt gilt.

---

[59] *Hellwig* in FS für v. Martitz, S. 160.

[60] *Hellwig* in FS für v. Martitz, S. 162; so sei es ein merkwürdiger Widerspruch, daß die mit dem Reichsgericht gehende herrschende Meinung dem provisorischen Erben das Verwaltungsrecht zuschreibe.

[61] *Hellwig* in FS für v. Martitz, S. 163.

Man kann mit *v. Lübtow* davon ausgehen, daß der Anfall noch keinen Erben schafft, sondern der Zustand einer hereditas iacens zumindest immer dann besteht, wenn nicht der Fiskus – ohne das Recht der Ausschlagung – Erbe wird. Erst mit dem Ablauf der Ausschlagungsfrist bzw. der Annahme wird der Berufene Erbe. Diese von *v. Lübtow* durchgeführte Interpretation der erbrechtlichen Normen läßt sich jedoch schon anhand des Wortlauts einiger Vorschriften widerlegen. Beispielsweise sprechen die §§ 1942, 1943, 1946 und 1959 BGB bereits vor dem Ende der Ausschlagungsmöglichkeit von dem Erben. Auch die Entstehungsgeschichte der Vorschriften widerlegt diese Auffassung.[62] Die Gesetzgeber des Bürgerlichen Gesetzbuchs haben sich ausdrücklich für die Einführung des Anfallprinzips entschieden. Dies hat in den §§ 1922, 1942 BGB seinen Ausdruck gefunden, nach denen der Berufene kraft Gesetzes mit dem Anfall Erbe wird. Das Antrittsystem sollte abgeschafft werden. Nach dem Anfallprinzip wird der Berufene aber kraft Gesetzes mit dem Anfall Erbe. Einer ausdrücklichen Willensbetätigung des Berufenen, um Erbe zu werden, bedarf es gerade nicht. *Von Lübtows* Auslegung widerspricht damit dem Wortlaut des Gesetzes und dem eindeutigen Willen des Gesetzgebers und muß aus diesen Gründen abgelehnt werden.

Alternativ kann man mit der herrschenden Lehre und dem Reichsgericht von einer Einschränkung des ipso-iure Prinzips ausgehen.[63] Formal wird das Anfallprinzip aufrechterhalten, inhaltlich wird es jedoch durch die Ausschlagungsmöglichkeit und verschiedene Vorschriften (wie die Rückwirkungsfiktion des § 1953 Abs. 1 BGB) eingeschränkt. Der Grund der formellen Geltung des Anfallprinzips wäre tatsächlich lediglich der, die Folgen eines Antrittsystems und somit einer hereditas iacens zu vermeiden. Materiell würde der Erbe mit dem Erbfall jedoch noch nicht Träger des Nachlasses.

Das Reichsgericht stellt bei der Begründung seiner Ansicht im wesentlichen darauf ab, daß der Anfall der Erbschaft zunächst eine unsichere Rechtslage schaffe. Der Erwerb sei nur vorläufig und könne daher nicht als Vermögen des Erben angesehen werden. Das Reichsgericht meint aus Vorschriften des Erbrechts entnehmen zu können, daß die Annahme auch unter der Geltung des Bürgerlichen Gesetzbuchs entscheidend sein müsse, um den Erben als Vermögensträger anzuerkennen. In der Tat sprechen § 1943 und § 1946 BGB von der Annahme. § 1943 BGB ist jedoch negativ formuliert. Die Annahme ist danach gerade nicht Grund für einen Erwerb, sondern nur Ausschlußtatbestand für die Ausschlagung. In diesem Sinn ist auch § 1946 BGB zu lesen. Der Erbe kann die

---

[62] Siehe hierzu *Mugdan*, V, S. 258 ff.

[63] Siehe *Kuhn/Uhlenbruck* § 9 Rn. 2; *Planck*, Vorbemerkung zu § 1942 II 3.

Erbschaft annehmen. Konsequenz ist allerdings nicht, daß der Erbe den Nachlaß nunmehr erwirbt, denn das hat er schon. Er kann lediglich nicht mehr ausschlagen. Die Annahme ist mithin nur eine Bestätigung des Anfalls und ein Verzicht auf das Ausschlagungsrecht.[64] Dies ist aus Gründen der Rechtssicherheit sinnvoll. Daß die Rechtslage bis zum Ende der Ausschlagungsmöglichkeit unsicher ist, läßt sich nicht bestreiten. Rechtssicherheit kann daher erst eintreten, wenn entschieden ist, wer endgültig Erbe ist. Die Annahme verlegt diesen Zeitpunkt lediglich nach vorne. Das Gesetz sieht in § 1943 BGB eine Alternative zwischen Annahme und Fristablauf. Beides sind lediglich Ausschlußgründe für die Ausschlagung. So läßt sich den Motiven eindeutig entnehmen, daß es nach dem Bürgerlichen Gesetzbuch keiner Willenserklärung zum Erwerb der Erbschaft mehr bedarf. Eine Willenserklärung (die Ausschlagung) kann lediglich den Wegfall des Erworbenen bewirken.[65]

Als weiteres Argument führen das Reichsgericht und Vertreter der herrschenden Lehre die Existenz des § 1953 BGB an. Die Vorschrift sei Beleg dafür, daß der Anfall nur eine vorläufige Rechtslage schaffe und von einem Vermögenszuwachs noch nicht gesprochen werden könne. Die Möglichkeit der Ausschlagung schafft zwingend bis zu deren Ende eine unsichere Rechtslage. Es ist unklar, ob der Berufene tatsächlich Erbe bleibt und ihm der Nachlaß endgültig zugeordnet wird. Die auch von den Motiven gewählten Worte „vorläufig" und „provisorisch"[66] sind jedoch mißverständlich. Man kann in der Tat von einer subjektiven Ungewißheit sprechen. Man darf die Formulierung jedoch nicht dahingehend mißverstehen, daß der Erbe bis zur endgültigen Klärung der Lage nur eine Art Verwalter des Nachlasses sei. Die Begriffe „vorläufiger" oder „provisorischer" Erbe dienen nur als Bezeichnung des Erben während des Zeitraums, in dem die Möglichkeit zur Ausschlagung noch besteht und damit eine endgültige Klärung noch nicht eingetreten ist. Um den Erben begrifflich von dem „endgültigen" Erben – also nach Ablauf der Ausschlagungsfrist – zu unterscheiden, ist die Bezeichnung „vorläufig" zweckmäßig.

Dagegen kann der herrschenden Lehre und dem Reichsgericht nicht zugestimmt werden, wenn sie die Stellung des Erben als Vermögensträger verneinen. Der Erbe wird vielmehr mit dem Erbfall unmittelbar Inhaber des Vermögens (§§ 1922 Abs.1, 1942 Abs. 1 BGB). Die Behauptung, der Erwerb sei noch nicht voll gültig, widerspricht damit erbrechtlichen Prinzipien.[67] Entscheidend ist die

---

64 *Palandt/Edenhofer*, § 1943 Rn. 1.

65 *Mugdan*, V, S. 259.

66 Zum Beispiel *Mugdan*, V, S. 260, 262.

67 Vgl. *Bartels*, KTS 2003, 41, 44.

Auslegung des § 1953 BGB. Die Fiktionen in § 1953 BGB werden als juristische Technik verwendet. Das Gesetz scheint auf diese Weise eine Rechtslage in der Vergangenheit ändern zu wollen. Der Gesetzgeber kann zwar mit Hilfe einer Fiktion bestimmen, daß eine Rechtslage, die nun besteht, so behandelt wird, als ob sie schon in der Vergangenheit bestanden hätte.[68] Es liegt dagegen nicht in seiner Macht, den Rechtszustand rückwirkend umzugestalten. Trotz der Rückwirkung der Ausschlagung kann der Gesetzgeber nicht verhindern, daß der Erbe vor der Ausschlagung die Rechtsstellung eines Erben innehatte. Und seine vormalige bestandene Erbenstellung bewirkte, daß er nach §§ 1922, 1942 BGB Träger aller Rechte und Pflichten und damit Eigentümer der Nachlaßgegenstände war. Das Gesetz kann verneinen, daß ein Zustand weiter besteht und die Rechtslage rückwirkend verändern. Es läßt sich jedoch nicht leugnen, daß der Ausschlagende während der Schwebezeit tatsächlich Erbe war.[69]

Die Rückwirkungsfiktion des § 1953 Abs. 1 BGB hat unter anderem den Sinn, den Grundsatz, daß niemandem ein Recht gegen seinen Willen – und sei es für eine noch so kurze Zeit – aufgedrängt werden darf, gänzlich durchzuführen.[70] Zudem sind sie und § 1953 Abs. 2 BGB deswegen nötig, um beim Nächstberufenen den Anfall der Erbschaft zum Zeitpunkt des Erbfalls eintreten lassen zu können. Auf diese Weise wird das Prinzip des Vonselbsterwerbs beim Nächstberufenen voll zur Geltung gebracht.[71] Zwar liegt darin eine Einschränkung des Erwerbs des Vorberufenen. Diese Beschränkung tritt jedoch rechtlich erst und ausschließlich mit der Ausschlagung ein. Während der Bedenkzeit ist die Herrschaft des Erben grundsätzlich unbeschränkt.[72] So enthält das Bürgerliche Gesetzbuch zwar Vorschriften zum Schutz des „vorläufigen" sowie des „endgültigen" Erben und Dritter. Normen wie § 1960 BGB und § 778 Abs. 2 ZPO schränken insofern die Befugnisse des zunächst berufenen, unsicheren Erben ein oder können eine Einschränkung zur Folge haben. Sie bewirken jedoch nicht schon eine materielle Einschränkung des Anfallprinzips, wie die herrschende Meinung meint. Dieses bleibt in seiner vollen Gültigkeit bestehen. Vor der endgültigen Annahme sollen dem Erben lediglich so wenig Rechtsnachteile wie möglich entstehen.[73] Dem nachfolgenden Erben soll der Nachlaß zudem möglichst ungeschmälert zugute kommen. Die genannten Normen tragen daher nur

---

68 Siehe dazu *Larenz*, S. 262 ff.; *v. Tuhr*, S. 22.

69 Siehe *Friederichs*, S. 54.

70 *Muscheler*, S. 170.

71 *Muscheler*, S. 170; siehe auch *Planck*, § 1953 unter 1.

72 *Friederichs*, S. 18.

73 *Ebenroth*, Rn. 352 (S. 244).

der unsicheren und rechtlich nicht endgültigen Lage Rechnung, schränken aber nicht das Anfallprinzip inhaltlich in dem Sinne ein, daß man nur noch von einer formellen Geltung des Prinzips ausgehen könnte und die Eigenschaft des Erben als Vermögensträger verneinen müßte. § 1960 BGB ermöglicht es dem Nachlaßgericht nur, eine Nachlaßfürsorge anzuordnen, wenn dazu ein Bedürfnis besteht. Obwohl das hinterlassene Vermögen in Folge des Vonselbsterwerbs immer einen Eigentümer hat, schließt dies nicht aus, daß der Nachlaß ohne tatsächliche Verwaltung sein kann.[74] Der Erbe ist eben nicht verpflichtet, für die Erbschaft zu sorgen. Der Zweck der Norm ist daher nur, dem endgültigen Erben bis zur Klärung der Rechtslage den Nachlaß in seinem ursprünglichen Zustand zu erhalten. Eine Einschränkung des Anfallprinzips ist gerade nicht bezweckt. § 1960 BGB wirkt lediglich möglichen Nachteilen der Ausschlagungsmöglichkeit entgegen. Auch die fehlende Vollstreckbarkeit in den Nachlaß vor Annahme nach § 778 Abs. 2 ZPO kann entgegen der herrschenden Lehre kein Argument dafür sein, daß der Nachlaß dem Erben noch nicht (endgültig) vermögensrechtlich zugeordnet ist. Auch nach Annahme der Erbschaft besteht durch Trennung des Nachlasses vom Eigenvermögen (Nachlaßverwaltung oder Nachlaßinsolvenz) die Möglichkeit, den Eigengläubigern des Erben den Zugriff auf den Nachlaß zu verweigern.[75] In beiden Fällen handelt es sich bei dem Nachlaß um ein Sondervermögen. Im zweiten Fall wird jedoch keiner annehmen, daß der Nachlaß nicht im Vermögen des Erben steht. Der Erbe ist ohne Zweifel Rechtsträger.[76] Im übrigen wäre § 778 Abs. 2 ZPO überflüssig, wenn der Erbe den Nachlaß noch nicht in seinem Vermögen hätte. Eine Vollstreckung in den Nachlaß wäre in diesem Fall ohnehin unwirksam. Es ist daher nicht einsichtig, warum die Rechtslage vor der Annahme anders behandelt werden soll.

Würde man außerdem das Prinzip, daß der Ausschlagende niemals Erbe war, voll durchhalten, müßte jede Verfügung des vermeintlichen Erben unwirksam sein. Bei unaufschiebbaren Geschäften bleiben Verfügungen nach § 1959 Abs. 2 BGB aber auch nach der Ausschlagung wirksam. Ebenso bleiben Rechtsgeschäfte nach § 1959 Abs. 3 wirksam. Auch das Prinzip des Vonselbsterwerbs beim Nächstberufenen kann nicht ohne Einschränkungen durchgeführt werden. Es läßt sich also nicht abstreiten, daß zum Zeitpunkt der jeweiligen Handlung im Sinne von § 1953 Abs. 2 und Abs. 3 BGB der Ausschlagende eben doch Erbe war. Auch § 1959 Abs. 1 BGB berücksichtigt, daß der vorläufige Erbe zur Verwaltung des Nachlasses vor Ausschlagung berechtigt war. Der ausschlagende Erbe war unbestreitbar Träger des Nachlasses. Dies erkennt das Gesetz an, in-

---

[74] *MüKo/Leipold*, InsO, § 1960 Rn. 1.

[75] Siehe dazu bereits oben S. 18.

[76] Siehe dazu statt aller *Schlüter*, Rn. 1121 (S. 443) und andererseits Rn. 1048 (S. 413).

dem es den vorläufigen Erben nicht wie jeden Nichtberechtigten behandelt, sondern die Rückwirkungsfiktion des § 1953 Abs. 1 BGB einschränkt.[77] Die tatsächliche Lage kann auch hier nicht unberücksichtigt bleiben. Das Verhältnis zwischen dem vorläufigen und dem endgültigen Erben ist daher vom Gesetz nach den Regeln der Geschäftsführung ohne Auftrag ausgestaltet. Das Gesetz verkennt nicht, daß der vorläufige Erbe bis zur Ausschlagung Rechtsträger des Nachlasses war, seine Erbeneigenschaft wird ihm nicht völlig aberkannt.[78] Dies zeigt sich ebenfalls darin, daß der ausschlagende Erbe nicht nachträglich zum Erbschaftsbesitzer im Sinne des § 2018 BGB wird. Denn das, was der Erbe erlangt hat, hat er aufgrund eines ihm wirklich zustehenden Erbrechts erlangt.[79] Es kann daher nicht geleugnet werden, daß die Aufgabe des Nachlasses durch Ausschlagung durchaus vermögensrechtliche Bedeutung hat.

Der Erbe hat mit der Berufung zum Erben das Recht, den Nachlaß zu verwalten. Dieses Recht ist endgültig und kann dem Erben auch nicht durch die nachträgliche Rückwirkung gemäß § 1953 Abs. 1 BGB wieder entzogen werden. Ob die Erbschaft ausgeschlagen oder angenommen wird, entscheidet daher letztlich nur darüber, wie die einzelnen Verwaltungsmaßnahmen, die der Erbe vorgenommen hat, zu beurteilen sind. Entweder hat er die Maßnahmen als eigene Geschäfte geführt oder für einen anderen.[80]

Für die hier vertretene Auffassung spricht auch, daß der Erbe vor der Ausschlagung auch einem gutgläubigen Dritten Eigentum verschaffen kann. An sich müßte in diesem Fall wegen § 857 BGB (Besitz des endgültigen Erben) die Regelung des § 935 BGB mit der Folge greifen, daß ein gutgläubiger Erwerb grundsätzlich ausscheidet, da dem Nächstberufenen die Nachlaßsachen abhanden gekommen sind. Doch in diesem Fall ist nach herrschender Meinung § 935 BGB nicht anwendbar.[81] Wegen § 857 und § 1953 BGB handele es sich um eine doppelte Fiktion. In diesem Fall gehe die tatsächliche Lage vor. Der vermeintliche Erbe sei zu dem Zeitpunkt der Verfügung berechtigter Besitzer. Die tatsächliche Lage sei daher stärker als die Fiktion. Insofern läßt sich nicht leugnen, daß der vorläufige Erbe eine Vermögensposition inne hatte.

---

77 *MüKo/Leipold*, § 1959 Rn 1.

78 *Muscheler*, S. 173; *Friederichs*, S. 18.

79 *Staudinger/Marotzke*, § 1959 Rn. 7.

80 *Kirchhofer*, S. 15.

81 BGH NJW 1969, 1349; *Soergel/Stadler*, § 857 Rn. 6; *Westermann*, § 15 I 5 (S. 103); siehe auch *Soergel/Mühl*, § 857 Rn. 4: die tatsächlichen Verhältnisse zur Zeit der Besitzübertragung müßten ausschlaggebend sein.

Während der Frist, die der Erbe hat, um darüber zu entscheiden, ob er die Erbschaft annimmt oder ausschlägt, hat er die Rechtsmacht, den bereits eingetretenen Erwerb zu verfestigen oder durch Ausschlagung „weiterzuleiten". In dieser Zeit kann er als Vermögensträger über den Nachlaß entscheiden. Mit der Ausschlagung hat er somit durchaus ein „Opfer gebracht", d. h. sein Vermögen gemindert.[82]

Verstirbt der Erbe, bevor die Ausschlagungsfrist abgelaufen ist, fällt die Erbschaft dem Erbeserben als Teil der Erbschaft an. Da der Erbeserbe jedoch ebenfalls eine freie Entscheidung hinsichtlich der ersten Erbschaft treffen können soll, ist das Ausschlagungsrecht gemäß § 1952 Abs. 1 BGB vererblich.[83] Der Erbeserbe kann daher über die Ausschlagung der Erbschaft des Erstverstorbenen frei entscheiden. Es kann aber nicht geleugnet werden, daß der Erbeserbe den Nachlaß vom Erben erwirbt. Seine Erbenstellung resultiert aus der gesetzlichen oder gewillkürten Rechtsnachfolge des Erben. Er war nicht Erbe des Erstverstorbenen. Der Erwerb des Nachlasses vom Erben ist aber nur deshalb möglich, weil der Nachlaß zuvor Bestandteil des Vermögens des Erben war.[84] Gemäß § 1922 Abs. 1 BGB geht das Vermögen des Erblassers auf den Erben über. Ein Übergang der Erbschaft und auch des Ausschlagungsrechts, welches § 1952 Abs. 1 BGB für übergangsfähig erklärt, setzt daher die Zugehörigkeit zum Nachlaß, also zum Vermögen des ersten Erben voraus. Schlägt der Erbeserbe die erste Erbschaft aus, schlägt er damit einen Teil seiner Erbschaft aus.[85] Der Nachlaß muß also für den Erben schon einen Vermögenswert dargestellt haben.[86]

Als weiteres Argument zur Verdeutlichung ihrer Position wird vom Reichsgericht und der herrschenden Lehre § 517 BGB angeführt. Dieser unterstreiche ebenfalls, daß die Ausschlagung einer Erbschaft nicht als Vermögensentäußerung zu behandeln sei. Die Vorschrift wird in dem Sinne verstanden, daß sie ei-

---

82 So auch *Bartels*, KTS 2003, 41, 51.

83 Da das Ausschlagungsrecht unübertragbar ist, ist § 1952 Abs. 1 BGB als Ausnahme notwendige Regelung, um das Ausschlagungsrecht vererblich zu machen; vgl. *MüKo/Leipold*, § 1952 Rn. 1; *Schlüter*, Rn. 476 (S. 197).

84 Vgl. *Lange/Kuchinke*, § 8 IV 3. (S. 205).

85 *Lange/Kuchinke*, § 8 V 3. (S. 207).

86 Zu einem anderen Ergebnis kommt man nach der von *v. Lübtow* vertretenen Auffassung. Danach bilden – nach seiner Ansicht zur erbrechtlichen Stellung des Erben vor Ende der Ausschlagungsfrist (s. o. S. 18) konsequent – beide Erbschaften innerhalb des Gesamtnachlasses zwei Sondergüter. Die erste Erbschaft wäre also nicht Teil des Nachlasses, der dem Erbeserben anfällt. Siehe *v. Lübtow*, JZ 69, 502, 503.

ne Negativdefinition für eine Vermögensentäußerung enthalte. Dies kann jedoch nicht Sinn und Zweck der Norm sein. § 517 BGB stellt vielmehr eine Ausnahmebestimmung dar.[87] Wie das Reichsgericht richtig erkennt, wäre die Vorschrift überflüssig, wenn man die Ansicht zugrunde legt, daß der Nachlaß vor der Annahme noch kein Vermögen des Erben darstelle. Nach der Definition des § 516 BGB liegt eine Schenkung dann vor, wenn ein anderer aus dem Vermögen des Zuwendenden bereichert wird und beide darüber einig sind, daß diese Zuwendung unentgeltlich erfolgt. Man müßte also bei Ablehnung einer Vermögensposition des Erben bereits die erste Voraussetzung mit der Folge verneinen, daß § 517 BGB allenfalls klarstellende Funktion hätte. Ebenso müßte man auch die zweite Voraussetzung ablehnen. Der Beschenkte erhält zwar den Nachlaß als nachfolgender Erbe, doch auch bei ihm würde nach herrschender Lehre aufgrund der ihm gegebenen Möglichkeit der Ausschlagung noch kein Vermögenszuwachs stattfinden. Nimmt man jedoch zu recht an, daß der Erbe bereits mit dem Erbfall Vermögensträger des Nachlasses wird, könnte man eine Schenkung bejahen. Der Ausschlagende würde etwas aus seinem Vermögen weggeben und der nachrückende Erbe würde gleichzeitig bereichert. Natürlich müßten die Parteien sich auch einigen, daß die Ausschlagung unentgeltlich stattfinden soll. Für diesen Fall, daß alle Voraussetzungen gegeben sind, sieht § 517 BGB vor, daß dennoch keine Schenkung vorliegt. § 517 BGB stellt vielmehr klar, daß in dem Fall der Ausschlagung nicht die Schenkungsvereinbarung der Parteien Rechtsgrund der Zuwendung ist. Der nächstberufene Erbe erwirbt kraft eigenen Erbrechts. Auch wenn, abstrakt geprüft, alle Schenkungsvoraussetzungen vorliegen, so erwirbt der Beschenkte doch nicht vom ausschlagenden Erben, sondern vom Erblasser. Die Ausschlagung ist zwar Voraussetzung für den Erwerb des Nächstberufenen. Rechtlicher Grund ist jedoch ein anderer, nämlich das persönliche Erbrecht des Erwerbers. Die tatsächliche Lage, daß der Ausschlagende Vermögen verliert und der Nächstberufene gleichzeitig dasselbe Vermögen erwirbt, stimmt insoweit nicht mit der rechtlichen Sichtweise überein. § 517 BGB paßt sich demnach sehr wohl den erbrechtlichen Vorschriften an. Anders als nach herrschender Lehre jedoch nicht in dem Sinne, daß der Erbe mit der Ausschlagung kein Vermögen weggibt, sondern als Bestätigung des Grundsatzes des § 1953 Abs. 2 BGB. Der nachfolgende Erbe erwirbt fiktiv schon beim Erbfall und zwar durch den Erblasser. Die vermeintliche Schenkung des Ausschlagenden kann niemals Rechtsgrund sein. Dies klar zu stellen, ist die Funktion des § 517 BGB.

Gegen die Argumentation der herrschenden Lehre spricht auch die Systematik des § 517, d. h. die Art und Weise der Aufzählung der Varianten. § 517 BGB

---

[87] In diesem Sinne auch *Hellwig* in FS für Martitz, S. 165.

enthält drei Varianten. Die zweite Variante verneint die Schenkung, wenn jemand auf ein noch nicht endgültig erworbenes Recht verzichtet. Verwunderlich ist, daß das Gesetz die Erbschaftsausschlagung diesem Verzicht koordiniert. Ginge man mit der herrschenden Meinung davon aus, daß der Erbe mit dem Anfall der Erbschaft nur das Recht hat, diese (endgültig) zu erwerben, müßte die Ausschlagung der zweiten Variante subordiniert sein. Die Fassung des § 517 BGB spricht daher dafür, daß der Erbe nicht bloß auf einen ihm angetragenen Erwerb verzichtet, sondern dafür, daß der Erbe mit der Ausschlagung einen Vermögenswert aufgibt.[88] Die Norm kann folglich nicht in dem Sinne des Reichsgerichts und der herrschenden Lehre als Argumentation für ihre Ansicht verwendet werden.[89]

Insgesamt läßt sich festhalten, daß der Erbe bereits mit dem Anfall der Erbschaft Träger des Erbvermögens wird. Schlägt der Erbe aus, gibt er einen Vermögenswert auf. Konsequenz dieser Auslegung der erbrechtlichen Regeln für das Insolvenzrecht ist, daß der Nachlaß gemäß § 35 InsO als erworbenes Vermögen des Schuldners in die Insolvenzmasse fallen muß.

§ 83 InsO hat nicht ausschließlich Klarstellungsfunktion. Das Recht des Erben, über die Ausschlagung auch im Insolvenzrecht frei entscheiden zu können, ergibt sich nicht schon aus den erbrechtlichen Vorschriften des Bürgerlichen Gesetzbuchs. § 83 InsO ist vielmehr nötig, um der Entscheidung des Erben rechtliche Wirksamkeit zu verleihen. Welchen Grund § 83 InsO nach der hier zugrunde gelegten Ansicht statt dessen hat und welche Folgen die Norm bewirkt, ist im folgenden zu prüfen.

(6) Zwischenergebnis

Das Bürgerliche Gesetzbuch folgt dem preußischen ALR und legt das Anfallprinzip in den §§ 1922, 1942 BGB als den tragenden Grundsatz des Erbrechts fest. Damit verbunden wird das Recht des Erben, die Erbschaft mit rückwirkender Kraft (§ 1953 Abs. 1 BGB) auszuschlagen.

Unter anderem die Rückwirkungsfiktion des § 1953 Abs. 1 BGB führt zu der Ansicht des Reichsgerichts, die besagt, daß der Erwerb des Erben beim Anfall der Erbschaft nur vorläufig sei. Das Anfallprinzip gelte nur formell, sei materiell jedoch der Vorläufigkeit wegen noch kein Vermögenserwerb. Schlage der Erbe

---

[88] Nach § 439 Abs. 3 des Entwurfs zum Bürgerlichen Gesetzbuch galt die Ausschlagung noch als Unterfall der zweiten Variante.

[89] Siehe in anderem Kontext die Darstellung zu § 517 BGB bei *Windel*, KTS 1995, 367, 369.

aus, stelle sich dies als Nichtannahme eines angetragenen und nicht als Aufgabe eines erworbenen Rechts dar.

Zu demselben Ergebnis wie das Reichsgericht gelangt auch die herrschende Lehre und führt weiter aus, daß der Nachlaß ein Sondervermögen sei, welches den Gläubigern des Erben noch nicht als Haftungsgrundlage zur Verfügung stehe. Begründet werden diese Ergebnisse im wesentlichen mit der rückwirkenden Kraft der Ausschlagung. Der Erbe erwerbe mit dem Anfall der Erbschaft noch keinen Vermögenswert.

Folge der Interpretation der erbrechtlichen Regeln durch das Reichsgericht und die herrschende Lehre ist, daß der Nachlaß schon nach § 35 InsO nicht in die Insolvenzmasse fällt. Die Erbschaft ist nach herrschender Meinung noch nicht Teil des Vermögens des Erben. Da der Nachlaß somit nicht von § 80 InsO erfaßt wird, kann der Schuldner weiter unbeschränkt über die Erbschaft verfügen. § 83 InsO hat daher nach Ansicht des Reichsgerichts und der herrschenden Lehre nur klarstellende Funktion.

Nach *v. Lübtow* schafft der Anfall noch keinen Erben, sondern den Zustand einer ruhenden Erbschaft. Erst mit dem Ablauf der Ausschlagungsfrist oder der Annahme wird der Berufene Erbe. Da der Nachlaß somit noch nicht dem Vermögen des Berufenen zugeordnet wird, fällt auch nach dieser Ansicht der Nachlaß mit dem Anfall nicht in die Insolvenzmasse. Auch nach dieser Ansicht ist § 83 InsO daher nur klarstellend.

Den vorgenannten Ansichten ist nicht zuzustimmen. Entgegen der herrschenden Meinung steht der Nachlaß bereits mit dem Anfall der Erbschaft im Vermögen des Erben. Die Rückwirkungsfiktion des § 1953 Abs. 1 BGB führt nicht dazu, daß dem Erben nach Ausschlagung der Erbschaft seine vormalige Stellung als Erbe abgesprochen wird. Zwar liegt in der Rückwirkungsfiktion gewissermaßen eine Einschränkung des Anfallprinzips. Diese Einschränkung tritt jedoch erst mit der Ausschlagung ein und dient dem Zweck, das Anfallprinzip beim Nächstberufenen vollständig durchführen zu können. Keinesfalls geht die Einschränkung soweit, daß man nur noch von einer formellen Geltung des Anfallprinzips sprechen könnte und die Eigenschaft des Erben als Vermögensträger verneinen müßte. Auch die § 1960 BGB und § 778 Abs. 2 ZPO bewirken unter anderem eine Einschränkung des Anfallprinzips. Sie dienen jedoch dem insoweit vorrangigen Schutz des Nächstberufenen. Trotz gewisser notwendiger Einschränkungen kann die unbeschränkte Herrschaft des Erben während der Bedenkzeit nicht verneint werden. Insbesondere § 1959 BGB beweist, daß der Ausschlagende tatsächlich Erbe war, indem bestimmte Verfügungen trotz Ausschlagung weiter wirksam bleiben. Auch § 517 BGB belegt, daß die Ausschlagung einer Erbschaft eine Vermögensentäußerung darstellt. Gäbe der Erbe mit der Ausschlagung keinen Vermögenswert auf, bedürfte es der Negierung einer Schenkung im Fall der Erbschaftsausschlagung nicht.

Die nachträgliche Ausschlagung ist somit nicht Ablehnung eines angetragenen Erwerbs, sondern Verzicht auf ein bereits erworbenes Recht.[90] Erbt der Insolvenzschuldner vor oder nach Eröffnung des Insolvenzverfahrens, fällt der Nachlaß nach der allgemeinen Regel des § 35 InsO in die Insolvenzmasse. Die §§ 80 ff. InsO würden folglich auch hinsichtlich der Erbschaft eingreifen. § 83 InsO stellt damit nicht bloß eine Schlußfolgerung dar, die sich aus erbrechtlichen Regeln ergibt. Mit der Konstruktion des erbrechtlichen Erwerbs läßt sich § 83 InsO somit nicht begründen.

b) § 83 InsO als Folge der Entscheidungsfreiheit des Erben

aa) Ratio des § 83 InsO

Lehnt man eine ausschließliche Klarstellungsfunktion des § 83 InsO ab, so fragt sich, mit welchem Grund diese Norm geschaffen wurde. Diesbezüglich wird vertreten, daß die persönliche Natur des Verhältnisses zwischen Erblasser und Erben dafür ausschlaggebend sei, daß dem Erben die Entscheidung über Annahme oder Ausschlagung der Erbschaft überlassen bleibe. Das Gesetz sehe die Entscheidungsfreiheit des Erben als höherwertig an als das Interesse der Gläubiger an Befriedigung.[91] Maßgeblich sei nicht die Konstruktion des Erwerbs der Erbschaft gewesen. Die Vorläufigkeit des Erwerbs könne nicht der Grund für die Regel des § 83 InsO sein.[92] Trotz der Ungewißheit, die das Ausschlagungsrecht im Hinblick auf den Nachlaß zur Folge habe, werde der Erbe aufgrund des Vonselbsterwerbs mit dem Anfall Vermögensinhaber. Damit wäre der Nachlaß an sich Bestandteil der Masse und würde dem Verfügungsrecht des Insolvenzverwalters unterliegen. Die Norm damit zu begründen, daß der Erwerb noch nicht voll gültig sei, widerspreche dem gesetzlichen Prinzip des Bürgerlichen Gesetzbuchs.[93] Sie sei gerade nicht zwingende Folge, sondern Ausnahme des gesetzlichen Systems. Entscheidend für die in § 83 InsO verankerte Entschei-

---

[90] *Kipp*, JW 1912, 11, 12; *MüKo/Schumann*, InsO, § 83 Rn. 4.

[91] *Fischer*, Die Unentgeltlichkeit im Zivilrecht, S. 374; *HK/Eickmann*, § 83 InsO Rn. 2; *MüKo/Schumann*, InsO, § 83 Rn. 4; *Staudinger/Otte*, § 1942 Rn. 15.

[92] *Hess/Weis/Wienberg/Hess*, § 83 Rn. 7; *Kuhn/Uhlenbruck*, § 9 Rn. 2; wohl anders dann *Uhlenbruck/Uhlenbruck*, § 83 InsO Rn. 2.

[93] *Bartels*, KTS 2003, 41, 43; siehe auch schon oben *v. Lübtow*, S. 654.

dung des Gesetzgebers sei daher vielmehr die Tatsache, daß die Entscheidung des Erben über Annahme oder Ausschlagung der Erbschaft persönlicher Natur sei und der Erbe nicht dem Druck der Gläubiger ausgesetzt sein solle.[94] Das Gesetz gehe davon aus, daß der Erwerb von Todes wegen nicht nur einen vermögensrechtlichen, sondern zugleich einen persönlichen Charakter habe.[95]

Richtig sei jedoch, daß der Nachlaß, solange er noch ausgeschlagen werden könne, keine Haftungsgrundlage für die Eigengläubiger des Erben bilden solle. Genau dies zeige sich in § 83 InsO. Auch § 778 Abs. 2 ZPO sei Beleg dafür, daß vor der Annahme eine haftungsrechtliche Verwertung nicht in Betracht komme.[96]

Geht man von dieser Begründung für § 83 InsO aus, ist fraglich, welche Konsequenzen sich für die Zugehörigkeit des Nachlasses zur Insolvenzmasse ergeben bzw. welche rechtlichen Wirkungen § 83 InsO hat. Der Verweis darauf, daß der Nachlaß bis zur endgültigen Entscheidung haftungsrechtlich noch keine Grundlage zur Verwertung bildet, kann auf zweierlei Arten verstanden werden. § 83 InsO könnte den Nachlaß trotz eigentlicher Zuordnung zur Insolvenzmasse bis zur endgültigen Klarheit aus der Insolvenzmasse herausnehmen. § 83 InsO würde sich so als eine Ausnahme zur allgemeinen Regel der §§ 35, 80 InsO darstellen. Im Ergebnis bestünde damit die gleiche Lage wie nach Ansicht der herrschenden Lehre. Der Unterschied wäre, daß hier § 83 InsO den Grund dafür darstellen würde, daß der Nachlaß nicht zur Masse gehört und nicht wie nach herrschender Lehre nur Folge der Interpretation der erbrechtlichen Vorschriften und somit klarstellender Natur wäre.

Möglich wäre auch eine Auslegung des § 83 InsO dahingehend, daß dieser keinerlei Einfluß auf die Zugehörigkeit des Nachlasses zur Masse hat. § 83 InsO würde sich dann lediglich als eine Ausnahme zu § 81 InsO darstellen. Während § 80 InsO dem Insolvenzverwalter jegliche Verfügungsmacht überträgt und Verfügungen des Schuldners nach § 81 InsO für unwirksam erklärt werden, beließe § 83 InsO dem Schuldner ausnahmsweise die Berechtigung, über Annahme und Ausschlagung einer Erbschaft zu entscheiden. Gleichzeitig nähme § 83 InsO diese Befugnis von der an sich alles umfassenden Verfügungskompetenz des Insolvenzverwalters aus. Darin könnte man zusätzlich die gesetzgeberische Anweisung für den Insolvenzverwalter erblicken, den Nachlaß bis zur Entscheidung nicht zu verwerten.

---

[94] *Muscheler*, S. 170 Fn. 77.

[95] *Staudinger/Herzfelder*, 1. Auflage, § 1943 III 3.

[96] *MüKo/Leipold*, § 1942 Rn 14; *MüKo/Schumann*, InsO, § 83 Rn. 4.

Der Nachlaß wäre bis zur Annahme Sondervermögen und dürfte bis dahin trotz Zugehörigkeit zur Masse nicht verwertet werden.

bb) Stellungnahme

Wie oben festgestellt wurde, ist der Erbe auch vor dem Ende der Ausschlagungsmöglichkeit Träger und Vermögensinhaber des Nachlasses. Richtig ist, daß es sich bei der Erbschaft bis zum Ende der Ausschlagungsfrist lediglich um einen vorläufigen Erwerb – im Sinne eines unsicheren Erwerbs –handelt. Dennoch ist der Erwerb ganz dem Vermögen des Schuldners zuzuordnen. Unter diesem Gesichtspunkt hätte man auch dem Insolvenzverwalter die Entscheidungsbefugnis übertragen bzw. belassen können. Der Grund für die Regelung in § 83 InsO kann sich daher tatsächlich nur daraus ergeben, daß das Erbrecht nicht unwesentlich von persönlichen Beziehungen geprägt ist. Der Schuldner soll frei entscheiden können, ob er Rechtsnachfolger des Erblassers werden will. Diese persönliche Entscheidung darf der Insolvenzverwalter nicht treffen, da hier die verwandtschaftliche oder freundschaftliche Beziehung des Erben zum Erblasser ausschlaggebender Punkt sein kann. In einem solchen Fall muß das Befriedigungsinteresse der Gläubiger hinten anstehen. Mit Einführung des § 83 InsO hat sich der Gesetzgeber dazu entschieden, in dem Fall einer Kollision von erbrechtlichen Prinzipien – dem Recht des Erben zur freien Entscheidung über die Ausschlagung – und insolvenzrechtlichen Grundsätzen – dem Befriedigungsinteresse der Insolvenzgläubiger – der Entscheidungsfreiheit des Erben Vorrang zu gewähren. Die Freiheit der Entscheidung muß hier wie in anderen Fällen gewahrt bleiben.[97]

Maßgebliche Frage ist nunmehr, welche Rechtswirkungen § 83 InsO für den Nachlaß hat. Zunächst ist die Auswirkung des § 83 InsO auf die Zugehörigkeit des Nachlasses zur Insolvenzmasse zu untersuchen. § 83 InsO könnte insofern die Grundregel des § 35 InsO modifizieren. Fraglich ist jedoch, ob § 83 InsO wirklich derart ausgelegt werden kann, daß er verhindert, daß die Erbschaft schon mit dem Anfall der Insolvenzmasse zugeordnet werden kann. Dies ist nicht der Fall. Die insoweit zutreffende Aussage, § 83 InsO bewirke, daß der Nachlaß haftungsrechtlich noch nicht verwertbar sei, darf nicht dahingehend mißverstanden werden, daß § 83 InsO den Nachlaß aus der Masse herausnimmt. Das verbietet schon die systematische Stellung des § 83 InsO im Gesetz. § 83 InsO steht nicht bei den §§ 35 ff. InsO, die die Zugehörigkeit zur Masse regeln, sondern im dritten Teil bei den Wirkungen der Eröffnung. Die Verwal-

[97] Der Erbe kann die Entscheidung über Annahme oder Ausschlagung auch nicht rechtsgeschäftlich auf einen Dritten übertragen, s. *Muscheler*, S. 170 Fn. 77.

tungs- und Verfügungsbeschränkungen der §§ 80 ff. InsO sind Folge der Eröffnung des Insolvenzverfahrens. § 83 InsO macht davon eine Ausnahme, aber eben nicht von § 35 InsO. Es wird ausschließlich die Wirkung der Verfahrenseröffnung hinsichtlich eines Teils der Insolvenzmasse eingeschränkt. Die Ursache für die grundsätzliche Anwendbarkeit der §§ 80 ff. InsO auf den Nachlaß als Bestandteil der Insolvenzmasse wird dagegen nicht tangiert. Folglich verhindert § 83 InsO nicht, daß der Nachlaß in die Masse fällt. Er beläßt dem Schuldner lediglich das Recht, über die endgültige Zugehörigkeit zu entscheiden. Der Schuldner kann daher mit der Ausschlagung die Erbschaft wieder aus der Masse entfernen.

Die Tatsache, daß der Nachlaß bereits mit dem Anfall der Erbschaft zum Vermögen des Erben gehört und damit nach der Regel des § 35 InsO Teil der Insolvenzmasse wird, besagt jedoch nicht, daß der Nachlaß mit dem Erbfall bereits eine einheitliche Vermögensmasse mit dem Eigenvermögen des Erben bilden muß. Der Nachlaß bildet vielmehr bis zur Annahme ein Sondervermögen. Insofern ist der herrschenden Lehre in ihrer Interpretation der erbrechtlichen Regelungen zuzustimmen.[98] Es ist rechtlich durchaus denkbar, daß jemand Inhaber zweier getrennter Vermögensmassen ist. Wie bereits oben im Text ausgeführt, ist es im Erbrecht möglich, auch nach Verlust der Ausschlagungsmöglichkeit die Erbmasse vom Eigenvermögen zu trennen (separatio bonorum). Beispielsweise ist auch in der Einzelzwangsvollstreckung den Gläubigern nach § 778 Abs. 2 ZPO der Zugriff auf den Nachlaß vor der Annahme untersagt. § 778 Abs. 2 ZPO belegt insoweit, daß der Nachlaß bis zur Annahme eine von dem Eigenvermögen des Erben getrennte Haftungsmasse darstellt.[99]

Eine solche Trennung der Vermögensmassen des Schuldners ist auch bis zum endgültigen Erwerb aus Gründen der Rechtssicherheit sinnvoll. § 83 InsO hat insofern eine ähnliche Wirkung für das Insolvenzverfahren wie § 778 Abs. 2 ZPO für die Einzelzwangsvollstreckung. Auch hier ist es sinnvoll, eine Verwertung des Nachlasses bis zur Klärung der endgültigen Rechtslage hinsichtlich der Erbschaft zu vermeiden. Dieses „Verbot" läßt sich der Regelung des § 83 InsO entnehmen. § 80 InsO bestimmt die grundsätzliche rechtliche Folge der Eröffnung des Insolvenzverfahrens für das Eigenvermögen des Schuldners. § 83 InsO legt dagegen eine andere Rechtsfolge für das erworbene Nachlaßvermögen fest. Beide Vermögensmassen werden also unterschiedlich behandelt, obwohl beide nach § 35 InsO in die Insolvenzmasse fallen. Von einer einheitlichen Vermögensmasse kann daher in keinem Fall gesprochen werden. Während das

---

[98] Vgl. statt aller *Schlüter*, Rn. 502 (S. 203).

[99] *Musielak/Lackmann*, § 778 Rn. 1.

Eigenvermögen der Verwertbarkeit unterliegt und der Befriedigung der Gläubiger dient, impliziert § 83 InsO, daß der Nachlaß erst verwertet werden soll, wenn der Schuldner die ihm obliegende Entscheidung positiv – sei es durch Annahme oder Fristablauf – nach § 83 InsO getroffen hat. Anderenfalls würde das Recht des Schuldners zur freien Entscheidung umgangen. Im Fall der Ausschlagung hätte der Nächstberufene zwar das Recht, die Bestandteile des Nachlasses aus der Insolvenzmasse auszusondern.[100] Der Erbe könnte jedoch der Einfachheit halber oder aus Angst vor Ersatzansprüchen des Nächstberufenen auf die Ausschlagung verzichten. Der Zweck des § 83 InsO – dem Erben die Möglichkeit einer freien und unabhängigen Entscheidung zu gewähren – wäre damit nicht erreicht. Der Insolvenzverwalter muß daher dem Umstand Rechnung tragen, daß das Sondervermögen „Nachlaß" nach dem Willen des Schuldners aus der Insolvenzmasse entfernt werden kann. Aus diesem Grund muß er von der Verwertung des Nachlasses vorerst absehen. Die Unverwertbarkeit von Massebestandteilen ist gerade bei einer Kollision von Erb- und Insolvenzrecht nicht ungewöhnlich. Wird beispielsweise über das Vermögen eines Vorerben ein Insolvenzverfahren eröffnet, ist die Situation ähnlich. Die zur Erbschaft gehörenden Gegenstände sind Bestandteile der Insolvenzmasse bis zum Eintritt des Nacherbfalls. Doch auch hier darf der Insolvenzverwalter die Gegenstände nicht verwerten.[101] Sowohl bei der Vorerbschaft als auch in dem Zeitraum zwischen Anfall der Erbschaft und der Entscheidung des Erben über Annahme oder Ausschlagung ist die Rechtslage ungewiß. Der endgültige Verbleib der Erbschaft beim Schuldner ist nicht sicher. Diesem Umstand wird im Insolvenzverfahren dadurch Rechnung getragen, daß der Nachlaß bis zur endgültigen Klärung der Lage nicht verwertet werden darf. § 83 InsO enthält somit neben der Ermächtigung des Schuldners in Ausnahme zu § 81 InsO eine gesetzgeberische Anweisung an den Insolvenzverwalter.

Es ist daher festzustellen, daß der Nachlaß als Sondervermögen nach § 35 InsO in die Insolvenzmasse fällt. Auch § 83 InsO ändert an der Zugehörigkeit des Nachlasses zur Insolvenzmasse nichts. § 83 InsO ordnet vielmehr für den Nachlaß eine gesonderte Rechtsfolge an. Dies hat zur Folge, daß der Nachlaß vor der endgültigen Klärung des Sachverhalts nicht verwertet werden darf, haftungsrechtlich den Gläubigern also nicht zur Verfügung steht.

---

[100] *Uhlenbruck/Uhlenbruck*, § 47 Rn. 74.

[101] *MüKo/Schumann*, InsO, § 83 Rn. 20.

c) Ergebnis zu I.

§ 83 InsO stellt eine Sonderregelung zu den §§ 80 ff. InsO dar. In Ausnahme zu § 80 InsO beläßt § 83 InsO dem Schuldner das Recht, über Annahme oder Ausschlagung einer Erbschaft frei zu entscheiden. Als Begründung für § 83 InsO kann entgegen der herrschenden Meinung nicht angeführt werden, daß die Norm zwingende Folge der erbrechtlichen Regeln ist. Die rechtliche Stellung des Erben vor Ablauf der Ausschlagungsfrist gibt für die Begründung des § 83 InsO nichts her. Trotz der Rückwirkungsfiktion des § 1953 Abs. 1 BGB erwirbt der Erbe mit dem Anfall der Erbschaft den Nachlaß als ein ihm zugeordnetes Vermögen. Dieses Vermögen fällt sofort mit dem Anfall gemäß § 35 InsO in die Insolvenzmasse. Damit würde es an sich der Verwaltungs- und Verfügungsbefugnis des Insolvenzverwalters nach den §§ 80 ff. InsO unterliegen. Dies verhindert jedoch § 83 InsO. § 83 InsO ist damit nicht bloß klarstellend im Hinblick auf eine Rechtsfolge, die sich schon aus den erbrechtlichen Regeln ergeben müßte. Der Grund für die Schaffung des § 83 InsO liegt vielmehr in dem höchstpersönlichen Verhältnis zwischen Erblasser und Erben. Ob der Erbe die Erbschaft annehmen oder ausschlagen will, ist eine Entscheidung, die nicht ausschließlich von wirtschaftlichen Aspekten getragen wird und daher nicht auf den Insolvenzverwalter übertragen werden soll. Die Entscheidungsfreiheit des Schuldners darf nicht unterlaufen werden. § 83 InsO enthält daher die Anweisung an den Insolvenzverwalter, den Nachlaß bis zur endgültigen Entscheidung nicht zu verwerten. Die Freiheit der Entscheidung des Erben wird in den Vordergrund gestellt.

Die Erbschaft ist damit Teil der Insolvenzmasse. Der Nachlaß bleibt jedoch ein Sondervermögen und darf erst nach der Entscheidung des Schuldners im Insolvenzverfahren verwertet werden.

II. Die Rechtslage nach der Ausschlagung der Erbschaft

Hat der Schuldner die Erbschaft ausgeschlagen, gehört der Nachlaß nicht mehr zum Vermögen des Schuldners. Der Erbe gibt einen Vermögenswert auf. Der Nachlaß scheidet aus der Insolvenzmasse aus. Die Gläubiger können nicht mehr auf den Nachlaß zugreifen. Da § 83 InsO dem Schuldner das Recht zur Ausschlagung ausdrücklich beläßt, hat der Schuldner im Insolvenzverfahren keine Konsequenzen zu befürchten.[102]

---

[102] Zu etwaigen Konsequenzen im Restschuldbefreiungsverfahren siehe unten S. 87 ff.

Mit der Ausschlagung fällt die Erbschaft gemäß § 1953 Abs. 2 BGB rückwirkend demjenigen an, der berufen wäre, wenn der Ausschlagende den Erbfall nicht erlebt hätte.[103] Ab diesem Zeitpunkt kann der Nächstberufene die Erbschaftsgegenstände aus der Insolvenzmasse aussondern.[104]

III. Die Rechtslage nach Annahme der Erbschaft

Nimmt der Erbe an oder läßt er die Ausschlagungsfrist verstreichen, wird er endgültig Erbe. Ab diesem Zeitpunkt ist der Nachlaß unstreitig Massebestandteil.[105] Der Nachlaß unterliegt nach der Annahme den allgemeinen Regeln der §§ 80 ff. InsO und damit der Verfügungs- und Verwaltungsbefugnis des Insolvenzverwalters und dient der gemeinschaftlichen Befriedigung der Gläubiger. Der Zweck des § 83 InsO hat sich mit der Entscheidung des Erben erfüllt. Mit der Annahme begibt sich der Schuldner jeglicher Verfügungsmöglichkeit. Die in § 83 InsO implizit enthaltende Verwertungsschranke entfällt mit der Annahme. Der Insolvenzverwalter darf den Nachlaß vollständig verwerten.

Problematisch ist jedoch der Fall, daß die Annahme der Erbschaft bzw. der Ablauf der Ausschlagungsfrist zeitlich nach Beendigung des Insolvenzverfahrens liegt. In diesem Fall stellt sich die Frage, ob der Nachlaß trotz Beendigung des Insolvenzverfahrens noch Teil der Insolvenzmasse geworden ist[106] oder ob der Nachlaß nun zur freien Verfügung des Schuldners steht bzw. im Rahmen eines sich gegebenenfalls dem Insolvenzverfahren anschließenden Restschuldbefreiungsverfahrens verwertet wird[107]. Bei der ersten Alternative müßte eine Nachtragsverteilung nach § 203 Abs. 1 Nr. 3 InsO vorgenommen werden. Für den Schuldner hätte eine späte Annahme der Erbschaft damit keine Vorteile. Wäre der Nachlaß dagegen bei einer Annahme nach Beendigung des Insolvenzverfahrens nicht mehr Teil der Insolvenzmasse und somit insolvenzfrei, wäre

---

[103] *Lange/Kuchinke*, V § 8 1. (S. 205).

[104] Siehe *MüKo/Schumann*, InsO, § 83 Rn. 9, der jedoch davon ausgeht, daß der Nachlaß bis zur Annahme nicht zur Insolvenzmasse gehört; siehe auch Rn. 20 zum vergleichbaren Fall bei Eintritt der Nacherbfolge.

[105] *FK/App*, § 83 Rn. 3; *Hess/Wies/Wienberg/Hess*, § 83 Rn. 8; *Jaeger/Henckel*, § 9 Rn. 6; *Leipold* in FS für Gaul, S. 368; *Marotzke*, ZVI 2003, 309, 314; *MüKo/Schumann*, § 83 Rn. 5

[106] *Messner*, ZVI 2004, 433, 434.

[107] *Leipold* in FS für Gaul, S. 371; *Limmer*, ZEV 2004, 133, 136; *MüKo/Ehricke*, InsO, § 295 Rn. 51.

dem Schuldner daran gelegen, die Annahme wenn möglich erst zeitlich nach dem Insolvenzverfahren zu erklären. Der Schuldner hätte in diesem Fall den Nachlaß zur freien Verfügung.

Entscheidend ist auch hier wiederum, zu welchem Zeitpunkt der Nachlaß Bestandteil der Insolvenzmasse wird. Stellt man mit der herrschenden Meinung auf den Zeitpunkt der Annahme, also dem endgültigen Erwerb der Erbschaft, ab, so läßt es sich kaum begründen, daß der Nachlaß mit der Annahme der Erbschaft rückwirkend Teil der Insolvenzmasse wird. Wenn man das Anfallprinzip des Erbrechts im Insolvenzrecht derart unberücksichtigt läßt, daß die Zugehörigkeit des Nachlasses zur Insolvenzmasse vor der Annahme der Erbschaft verneint wird, kann man nicht nachträglich vertreten, der Nachlaß sei rückwirkend Teil der Insolvenzmasse geworden. Fällt die Annahme der Erbschaft daher in einen Zeitraum, in dem das Insolvenzverfahren bereits beendet ist, kann die Konsequenz der herrschenden Meinung nur sein, daß der Nachlaß insolvenzfrei wird bzw. im Rahmen eines Restschuldbefreiungsverfahrens gemäß § 295 Abs. 1 Nr. 2 InsO zur Hälfte an den Treuhänder herauszugeben ist.[108] Nach der herrschenden Meinung muß der Erwerb der Erbschaft daher der Periode zugeordnet werden, in der die Annahme der Erbschaft erfolgt. In die Insolvenzmasse würde der Nachlaß nur dann fallen, wenn die Annahme der Erbschaft vor oder während des Insolvenzverfahrens erklärt wird bzw. der Ablauf der Ausschlagungsfrist erst zu diesem Zeitpunkt eintritt. Nimmt man dagegen zutreffend an, daß der Nachlaß aufgrund des Anfallprinzips nach § 1942 Abs. 1 BGB schon mit dem Anfall der Erbschaft Bestandteil der Insolvenzmasse wird, ist folgerichtig davon auszugehen, daß auch dann, wenn die Annahme der Erbschaft erst nach dem Insolvenzverfahren erfolgt bzw. die Ausschlagungsfrist erst zu diesem Zeitpunkt abläuft, der Nachlaß noch dem Insolvenzbeschlag unterliegt und als Teil der Insolvenzmasse der gemeinschaftlichen Befriedigung der Gläubiger zu dienen hat. Die Annahme bewirkt nicht, daß der Nachlaß erst in diesem Zeitpunkt der Insolvenzmasse zugeordnet wird. Die Annahme der Erbschaft bewirkt lediglich, daß der Nachlaß nunmehr durch den Insolvenzverwalter verwertet werden darf. Diese erst nachträglich eintretende Aufhebung der Verwertungsschranke darf dem Schuldner nicht zugute kommen. Aus diesem Grund muß eine Nachtragsverteilung angestellt werden. Es nützt dem Schuldner daher im Ergebnis nichts, die Annahme der Erbschaft bis zur Beendigung des Insolvenzverfahrens hinaus zu zögern. Für die Zuordnung der Erbschaft zur Insolvenzmasse, zum herauszugebenden Vermögen in der Restschuldbefreiung oder zum freien Vermögen des

---

[108] Daher konsequent *Leipold* in FS für Gaul, S. 371; in dem Punkt dagegen widersprüchlich *Messner*, ZVI 2004, 433, 434 und 433.

Schuldners ist daher der Zeitpunkt des Anfalls der Erbschaft entscheidend. Der Zeitpunkt der Annahme der Erbschaft ändert an der Zuordnung nichts.

Dieses Ergebnis ist konsequent und steht nicht im Widerspruch zu Sinn und Zweck des § 83 InsO. Die Norm gibt dem Erben nur das Recht, über die Annahme oder Ausschlagung einer Erbschaft frei zu entscheiden. Es gibt ihm aber nicht das Recht, die Verwertbarkeit der Erbschaft dadurch zu verhindern, daß er die Annahme hinauszögert. § 83 InsO muß dem Schuldner nicht ermöglichen, den Gläubigern den Nachlaß trotz Annahme zu entziehen und zur eigenen freien Verfügung zu haben. Der Erbe kann zwar die Annahme erst nach dem Insolvenzverfahren erklären; die ihm zustehende Frist kann er als Bedenkzeit voll ausnutzen. Es ist jedoch nicht Zweck der Frist, dem Schuldner zu ermöglichen, eine Erbschaft aus einem Insolvenzverfahren herauszuhalten. Der Sinn des § 83 InsO ist daher keineswegs gefährdet, wenn man für die Zuordnung der Erbschaft zur Insolvenzmasse oder zum insolvenzfreien Vermögen auf den Zeitpunkt des Anfalls und nicht auf den Zeitpunkt der Annahme abstellt.

B. ANFECHTUNG DER ERBSCHAFTSAUSSCHLAGUNG

I. Zweck des Anfechtungsrechts im Insolvenzverfahren

Die §§ 129 ff. InsO regeln die Anfechtbarkeit von Rechtshandlungen des Schuldners oder anderer Personen. Ziel der Anfechtung ist es, Rechtshandlungen, die zum Nachteil der Gläubiger vorgenommen worden sind, oder andere sachlich ungerechtfertigte Vermögensverschiebungen, bzw. deren Wirkung rückgängig zu machen. Der Bestand des den Gläubigern haftenden Schuldnervermögens soll wiederhergestellt werden.[109] Das Institut der Anfechtung ist die rechtliche Möglichkeit, eine Schmälerung des haftenden Schuldnervermögens *vor* Eröffnung des Insolvenzverfahrens zu korrigieren, die Wirkung der vorgenommenen Rechtshandlung soll rückgängig gemacht werden (vgl. § 143 InsO).[110] Im Gegensatz dazu verhindern die §§ 80 ff. InsO *nach* Eröffnung des Verfahrens eine Verringerung des Schuldnervermögens.[111] Durch die Anfechtung entsteht gemäß § 143 InsO ein Anspruch auf Rückgewähr dessen, was durch die Rechtshandlung dem schuldnerischen Vermögen entzogen worden ist. Die Masse wird wieder bereichert. Da die Anfechtung damit für alle Insolvenzgläubiger von Interesse ist, obliegt sie gemäß § 129 Abs. 1 InsO grundsätzlich dem Insolvenzverwalter.

Mit Einführung der Insolvenzordnung wurden gegenüber der Konkursordnung auch im Anfechtungsrecht wichtige Änderungen vorgenommen. Der Zweck, die vorhandene Masse durch das Anfechtungsrecht wieder anzureichern, konnte von der Regelung der Konkursordnung nur unzureichend erfüllt werden.[112] Insgesamt sollte daher das Anfechtungsrecht wirksamer gestaltet und die Durchsetzung des Anfechtungsanspruchs erleichtert werden. So wurden die subjektiven Voraussetzungen der Anfechtung beseitigt oder deren Beweis vereinfacht. Auch der Zeitraum, innerhalb dessen vom Schuldner vorgenommene Rechtshandlungen der Anfechtbarkeit unterliegen, wurde erweitert und deren Feststellung erleichtert.[113]

---

[109] Einl. zum dritten Abschnitt des Gesetzesentwurfs der Bundesregierung in BT-Drucks. 12/2443, S. 156.

[110] Vgl. BGH NJW-RR 99, 272, 273.

[111] *Uhlenbruck/Hirte*, § 129 Rn. 1.

[112] *Uhlenbruck/Hirte*, § 129 Rn. 2.

[113] Einl. zum dritten Abschnitt des Gesetzesentwurfs der Bundesregierung in BT-Drucks. 12/2443, S. 156.

II. Allgemeine Voraussetzungen der Insolvenzanfechtung

Nach § 129 InsO muß die fragliche Rechtshandlung vor Eröffnung des Verfahrens vorgenommen worden sein und die Insolvenzgläubiger benachteiligen. Diese Voraussetzungen müssen unabhängig von dem jeweils einschlägigen Anfechtungstatbestand vorliegen. Daneben muß bei jeder Anfechtung eine zeitliche Nähe der fraglichen Handlung zur materiellen Insolvenz des Schuldners bestehen. Außerdem muß als subjektive Voraussetzung die Kenntnis der materiellen Insolvenz bzw. der auf sie hindeutenden Tatsachen vorliegen.[114]

Der Begriff der Rechtshandlung ist weit auszulegen und umfaßt jedes Handeln vor Eröffnung des Insolvenzverfahrens, das eine rechtliche Wirkung auslöst.[115] Voraussetzung ist lediglich eine Willensbetätigung.[116] Die Handlung kann vom Schuldner oder anderen Personen vorgenommen worden sein. Somit werden sämtliche Vorgänge von dem Begriff der Rechtshandlung im Sinne der Anfechtung erfaßt.[117]

Die fragliche Rechtshandlung muß vor Eröffnung des Verfahrens getätigt worden sein. Nachträgliche Verluste werden durch die §§ 81 und 91 InsO verhindert. Vorgenommen im Sinne des § 129 InsO ist eine Rechtshandlung gemäß § 140 InsO dann, wenn ihre rechtliche Wirksamkeit eintritt.

Weitere Voraussetzung ist die objektive Gläubigerbenachteiligung. Diese ist dann gegeben, wenn die Befriedigung der Gläubiger verkürzt, vereitelt, erschwert, gefährdet oder verzögert wird.[118] Die Befriedigung der Gläubiger hätte sich im Falle des Unterbleibens der angefochtenen Handlung günstiger gestalten müssen. Die Vermögenslage des Schuldners muß sich verschlechtert haben.[119] Es ist dagegen nicht Zweck der Insolvenzanfechtung, der Masse Vermögensvorteile zu verschaffen, die sie ohne die anfechtbare Rechtshandlung nicht erlangt hätte.[120] Die Vermögensgegenstände, auf welche sich die anzufechtende Handlung bezieht, müssen im Zeitpunkt der Vornahme der Handlung zum Vermögen des (späteren) Insolvenzschuldners gehört haben. Dabei ist entscheidend,

---

[114] *Freiherr v. Wiedersperg*, § 3 (S. 73).

[115] *Uhlenbruck/Hirte*, § 129 Rn. 62.

[116] *Uhlenbruck/Hirte*, § 129 Rn. 63.

[117] *Foerste*; § 22 II 1. (S. 138).

[118] *Braun/de Bra*, § 129 Rn. 23.

[119] *Fischer*, Die Unentgeltlichkeit im Zivilrecht, S. 373.

[120] *Uhlenbruck/Hirte*, § 129 Rn. 91.

was den Gläubigern als Haftungssubstrat zugewiesen ist.[121] Der entfernte Gegenstand oder das aufgegebene Recht muß Teil der Haftungsmasse gewesen sein, also zunächst zur Insolvenzmasse gehört haben.[122]

III. Die Anfechtung der Erbschaftsausschlagung

Bezüglich der Anfechtung der Erbschaftsausschlagung ist fraglich, ob die allgemeinen Voraussetzungen erfüllt sind und ob gegebenenfalls weitere Gesichtspunkte zu beachten sind, die möglicherweise gegen die Anfechtung der Erbschaftsausschlagung sprechen. Zur Veranschaulichung soll folgender Sachverhalt dienen: Über das Vermögen des Schuldners X wird das Insolvenzverfahren eröffnet. Kurze Zeit danach wird X alleiniger Erbe seiner Tante T. Außer seinem Sohn S gibt es keine weiteren Verwandten, die als gesetzliche Erben in Frage kämen. Nach eingehender Beratung mit seinem Anwalt, schlägt X die Erbschaft form- und fristgerecht aus. S wird nunmehr Erbe der T. Die Gläubiger des X gehen leer aus. Hätte X die Erbschaft nicht ausgeschlagen, wären sie zu einem Großteil ihrer Forderungen befriedigt worden. X dagegen lebt gut auf Kosten seines Sohnes.

Im Regelfall geht nach Eröffnung des Insolvenzverfahrens das Verwaltungs- und Verfügungsrecht des Schuldners über das zur Insolvenzmasse gehörende Vermögen gemäß § 80 InsO auf den Insolvenzverwalter über. Entgegen der Regel des § 81 InsO, welche Verfügungen des Schuldners für unwirksam erklärt, bestimmt § 83 InsO die Wirksamkeit der Ausschlagung einer Erbschaft seitens des Schuldners. Dies stellt eine Ausnahme zu dem allgemeinen Anliegen der Insolvenzordnung dar, die Insolvenzmasse möglichst umfangreich zu lassen bzw. deren Verringerung zu verhindern. Um dieses grundsätzliche Anliegen zu erreichen, bedient sich die Insolvenzordnung – wie schon dargestellt – für die Masse beeinträchtigende Handlungen des Schuldners vor Eröffnung des Verfahrens der Anfechtung und für nachträgliche Aktivitäten der §§ 80 ff. InsO. Im vorliegenden wie in jedem Fall einer Ausschlagung *nach* Eröffnung des Insolvenzverfahrens scheint es daher keine rechtliche Handhabe der Gläubiger bzw. des Insolvenzverwalters gegen die Ausschlagung zu geben. Die §§ 80 ff. InsO verhindern die Wirksamkeit einer Maßnahme, die die Masse verringert ausnahmsweise nicht und auch die Anfechtung der Ausschlagung scheint keine Alternative zu sein, da die §§ 129 ff. InsO nicht anwendbar sind.

---

[121] *Uhlenbruck/Hirte*, § 129 Rn. 94.

[122] *Freiherr v. Wiedersperg*, § 3 II 2. b) aa) (S. 93).

Dieses Ergebnis erscheint unbillig, weil die Gläubiger trotz eines erheblichen Vermögenszuwachses des Schuldners leer ausgehen. Bei einem derart gelagerten Sachverhalt könnte man daher an eine analoge Anwendung der Anfechtungsvorschriften denken. Die Anfechtungsnormen beziehen sich nach § 129 InsO lediglich auf solche Rechtshandlungen, die *vor* der Eröffnung des Insolvenzverfahrens vorgenommen worden sind. Der Grund dafür ist jedoch, daß für *nach*trägliche Handlungen grundsätzlich die §§ 80 ff. InsO mit der Folge der Unwirksamkeit einer massebeeinträchtigenden Verfügung greifen. Für Rechtshandlungen des Schuldners, die ausnahmsweise auch nach Verfahrenseröffnung wirksam sind, bestimmt § 147 InsO ausdrücklich die Anfechtbarkeit. Da die Ausschlagung trotz ihres Ausnahmecharakters dort nicht erwähnt wird, könnte man eine analoge Anwendung in Betracht ziehen. Voraussetzung einer Analogie wäre, daß neben der Vergleichbarkeit der geregelten und der nicht geregelten Rechtslage eine planwidrige Regelungslücke besteht.[123] Um eine planwidrige Regelungslücke handelt es sich dann nicht, wenn der Gesetzgeber bewußt in Kauf genommen hat, daß es im Fall der Ausschlagung einer Erbschaft keine Möglichkeit zur Anfechtung gibt.

Ein Ziel der Insolvenzrechtsreform war die Verschärfung des Anfechtungsrechts.[124] Ebenso war ein Ziel, die Insolvenzmasse möglichst umfangreich werden zu lassen, um die Durchführung von Insolvenzverfahren in größerem Umfang als bislang zu ermöglichen.[125] Dies spricht dafür, jede Möglichkeit zu nutzen, die eine Anreicherung der Masse zur Folge hat; in diesem Fall wäre also die Anfechtung zuzulassen.

Im Ergebnis kann eine Anfechtung der Ausschlagung je nach Sachverhalt sinnvoll und gerecht erscheinen. Ob eine Anfechtung jedoch gesetzlich überhaupt zulässig wäre, ist fraglich. Daher ist zunächst zu klären, ob die allgemeinen Anfechtungsvoraussetzungen[126] vorliegen. Weiter ist zu untersuchen, ob andere Gründe gegen die Anfechtung sprechen. Ist danach eine Anfechtung prinzipiell möglich, müßte weiter ein konkreter Anfechtungsgrund gegeben sein.

---

[123] *Köhler*, § 4 Rn. 23 (S. 37); *Larenz*, S. 381.

[124] *Hess/Goetsch*, S. 16.

[125] Allg. Begründung des Regierungsentwurfs, abgedruckt bei *Balz/Landfermann*, S. 15.

[126] Die zeitliche Einschränkung bleibt dabei zunächst außer Betracht. Das Problem, ob die Ausschlagung anfechtbar ist, stellt sich selbstverständlich auch, wenn die Erbschaft dem Erben vor Eröffnung des Insolvenzverfahrens angefallen ist und die Ausschlagungsfrist zu diesem Zeitpunkt noch nicht abgelaufen ist. Auch in diesem Fall fällt der Nachlaß nach § 35 InsO in die Masse, doch ist zunächst nicht verwertbar. Hier könnte die Anfechtungsmöglichkeit ohne Analogie gegeben sein.

1. Die allgemeinen Voraussetzungen der Anfechtung im Hinblick auf die Ausschlagung

Die Ausschlagung der Erbschaft ist eine Willenserklärung.[127] Als solche stellt sie eine Rechtshandlung im Sinne der Anfechtungsregeln dar. Voraussetzung jeder Anfechtung im Sinne der Insolvenzordnung ist weiter, daß die fragliche Rechtshandlung die Vermögenslage des Schuldners verschlechtert. Der Erbe müßte also etwas aus der (späteren) Insolvenzmasse weggegeben haben (vgl. auch § 143 InsO). Es ist somit entscheidend, ob der Erbe vor der Erbschaftsausschlagung bereits Inhaber eines Vermögenswertes war und sich somit die Haftungsmasse durch die Ausschlagung verringert hat.

Nach der Ansicht *v. Lübtows* gibt der vermeintliche Erbe durch die Ausschlagung keinen Vermögenswert, sondern lediglich eine Rechtsstellung auf. Diese Aufgabe der Rechtsstellung unterliegt als solche aber nicht der Insolvenzanfechtung. Auch das Reichsgericht und die herrschende Lehre müssen die Möglichkeit der Anfechtung schon an der Voraussetzung der Gläubigerbenachteiligung scheitern lassen, da nach ihrer Ansicht der Nachlaß mit der Ausschlagung so angesehen wird, als sei er niemals Bestandteil des Vermögens des Ausschlagenden gewesen. Das Reichsgericht kommt daher zu dem Ergebnis, daß mangels einer Vermögensminderung beim Erben eine Anfechtung der Ausschlagung nicht in Betracht kommt.[128] Zu demselben Ergebnis gelangt die herrschende Lehre. Die Ausschlagung sei nicht als Aufgabe eines bereits erworbenen Rechts anzusehen, sondern als die Weigerung, einen angetragenen Vermögenswert anzunehmen und ihn somit endgültig der Insolvenzmasse zuzuführen.[129] Eine Anfechtung der Ausschlagung komme somit schon deswegen nicht in Betracht, weil aus dem Vermögen des Schuldners nichts veräußert, weggegeben oder aufgegeben worden sei. Es würden keine Vermögenswerte wieder entzogen, es werde vielmehr lediglich die Mehrung der Masse verhindert, ein angetragener Vermögenswert werde abgelehnt.[130] Nach dieser Ansicht wäre damit eine An-

---

[127] *Palandt/Edenhofer*, § 1945 Rn. 1.

[128] RGZ 54, 289, 291, 297; 67, 425, 431.

[129] Siehe statt aller *Uhlenbruck/Uhlenbruck*, § 83 Rn. 7 und § 129 Rn. 100.

[130] *App*, NotBZ 2003, 103, 104; *App*, KKZ 2003, 201, 202; *Baur/Stürner*, Rn. 8.8. (S. 97); *Fischer*, Die Unentgeltlichkeit im Zivilrecht, S. 374 (der in dem Mangel der Vermögensposition und damit der Gläubigerbenachteiligung jedoch nicht den entscheidenden Grund für die Unanfechtbarkeit der Ausschlagung sieht); *FK/App*, § 83 Rn. 8; *Hahn*, VII, S. 235; *Hess*, Kommentar zur KO, 6. Auflage (1998), § 9 Rn. 10; *Ivo*, ZErb 2003, 250, 252; *Jaeger/Henckel*, § 9 Rn. 1; *Kuhn/Uhlenbruck* § 9 Rn. 3; *Kübler/Prütting/Lüke*, § 83 Rn. 10; *Soergel/Stein*, § 1942 Rn. 8; *Staudinger/Otte*, § 1942 Rn. 11; *Uhlenbruck/Uhlenbruck*, § 83 Rn. 9.

fechtung der Ausschlagung bereits aufgrund der Ausgestaltung des erbrechtlichen Erwerbs ausgeschlossen. Das Merkmal der Gläubigerbenachteiligung müßte abgelehnt werden.

Nach der hier zugrunde gelegten Ansicht fällt der Nachlaß schon mit dem Anfall der Erbschaft in die Insolvenzmasse. Mit der Ausschlagung wird dieser ein Vermögenswert entzogen. Problematisch ist dennoch auch hier die Begründung der Gläubigerbenachteiligung. Der Nachlaß ist zwar Teil der Insolvenzmasse, jedoch ist er haftungsrechtlich nicht verwertbar.[131] Insofern ist durchaus zweifelhaft, ob man von einer Benachteiligung sprechen kann, wenn der Masse zwar ein Vermögenswert entzogen wird, dieser Wert für die Gläubiger allerdings haftungsrechtlich noch nicht relevant war. Dagegen läßt sich einwenden, daß die Gläubiger, bzw. der Insolvenzverwalter, zwar gegenwärtig rechtlich nicht auf den Nachlaß zugreifen können. Nach Ablauf der Ausschlagungsfrist steht der Verwertbarkeit jedoch nichts mehr entgegen. Ohne die Ausschlagung wäre die Verwertbarkeit folglich automatisch eingetreten. Ohne sie hätte sich die Befriedigungsmöglichkeit der Gläubiger günstiger dargestellt.[132] Somit liegt zwar keine rechtliche, jedoch eine tatsächliche Benachteiligung vor. Wirtschaftlich gesehen wurden die Gläubiger benachteiligt. Der Schuldner hat mit der Ausschlagung einen Vermögenswert weggegeben.

Nach der hier zugrunde gelegten Ansicht kommt eine Anfechtung der Erbschaftsausschlagung grundsätzlich in Betracht. Die allgemeinen Voraussetzungen liegen mit Ausnahme der zeitlichen Voraussetzung[133] vor. Aufgrund der bereits erfolgten Eröffnung des Insolvenzverfahrens muß auch das subjektive Element der Kenntnis bejaht werden. Dennoch ist fraglich, ob eine Anfechtung in direkter oder analoger Anwendung der entsprechenden Vorschriften möglich ist.

2. Der Ausschluß der Anfechtung nach Wertungsgesichtspunkten

Bei der Frage nach der Zulassung einer Anfechtung der Erbschaftsausschlagung sind neben den allgemeinen Voraussetzungen weitere, insbesondere Wertungsgesichtspunkte zu beachten. Die bei einer Analogie notwendige Regelungslücke im Gesetz liegt, wie bereits dargelegt, hinsichtlich einer Erbschaft vor. Will man die Anfechtung über eine Analogie der Anfechtungsregeln der Insolvenzordnung ermöglichen, dürfen die Wertungen des Gesetzes und der Wille des Gesetzgebers nicht unterlaufen werden.

---

[131] Siehe dazu die Darstellung oben unter S. 31.

[132] *Freiherr v. Wiedersperg*, § 3 II 1. (S. 89).

[133] Beim Erbfall vor der Eröffnung liegt sogar auch diese Voraussetzung vor.

Die Regelungslücke muß planwidrig sein. Zudem muß die Interessenlage der gesetzlichen Lage vergleichbar sein.

a) Die Entscheidungsfreiheit des Erben und die Wertung des § 83 InsO

Bei der Frage einer Anfechtung der Erbschaftsausschlagung ist entscheidend zu berücksichtigen, warum der Gesetzgeber sich dazu entschlossen hat, dem Erblasser auch nach Eröffnung des Insolvenzverfahrens die freie Entscheidung hinsichtlich der Ausschlagung oder Annahme einer Erbschaft zu überlassen. Die Gründe dafür sind nicht in der Konstruktion des erbrechtlichen Erwerbs zu suchen, sondern liegen in der von persönlichen Verhältnissen geprägten Natur der Entscheidung.[134] Die Entscheidungsfreiheit des Erben wird auch im Insolvenzverfahren als höherwertig eingeschätzt als das Befriedigungsinteresse der Gläubiger. Der Gesetzgeber hat durchaus das Recht, eine solche Beurteilung zu treffen und gesetzlich zu verankern. Dem Willen des Gesetzgebers widerspräche es daher, die Entscheidungsmöglichkeit des Schuldners mittels Anfechtung auszuhebeln. Die Entscheidung des Schuldners für die Ausschlagung einer Erbschaft wäre dann keine endgültige, sondern weiter der Ungewißheit ausgesetzt, durch eine potentielle Anfechtung rückgängig gemacht zu werden. Der Erbe soll jedoch unabhängig, insbesondere ohne Einflußmöglichkeit der Gläubiger entscheiden können. Rücksichtnahme auf die Gläubiger wird gerade nicht verlangt. Der Erbe ist ihnen keine Erbschaft schuldig.[135] Die Entscheidung, ob ein Erbe eine Erbschaft ausschlägt oder annimmt, ist nicht nur von wirtschaftlichen Gedanken geprägt. Entscheidend ist vielmehr auch das persönliche Verhältnis zwischen dem Erblasser und seinem rechtlichen Nachfolger. Auch das Verhältnis zu anderen Miterben oder nachfolgenden Erben, denen eine Ausschlagung zugute kommen würde, kann beim Entschluß des Erben eine tragende Rolle spielen. Die Höchstpersönlichkeit der Entscheidung zeigt sich auch darin, daß der Erbe diese nicht rechtsgeschäftlich auf einen Dritten übertragen kann.[136] Die persönliche Entscheidungsfreiheit aufrecht zu erhalten ist Sinn und Zweck des § 83 InsO und darf daher nicht mittels Anfechtung ausgehebelt werden.

Befürworter der Anfechtung begegnen diesem Argument im wesentlichen mit zwei Kritikpunkten: Zum einen sei § 83 InsO erst die Voraussetzung dafür, daß die Diskussion über eine mögliche Anfechtung überhaupt stattfinden könne. Ohne diese Regelung wäre die Ausschlagung des Erben als Schuldner gar nicht

---

[134] Siehe oben S. 9 ff.

[135] *Kipp*, JW 1912, 11, 14.

[136] *Muscheler*, S. 170 Fn. 77.

wirksam. § 83 InsO sei daher nicht Argument gegen die Anfechtung, sondern vielmehr Voraussetzung dafür. Eine Ablehnung der Anfechtung sei der Regelung jedenfalls nicht zu entnehmen.[137] Zum anderen wird vorgebracht, daß auch dann, wenn man die Anfechtung grundsätzlich zuließe, die Wertentscheidung des Gesetzgebers nicht gänzlich ausgehöhlt würde. Das wäre nämlich nur dann der Fall, wenn es immer einen Anfechtungsgrund gäbe. Die Frage nach der grundsätzlichen Möglichkeit einer Anfechtung indiziere jedoch nicht, daß auch im Einzelfall eine Anfechtung durchführbar sei. In Frage komme nur die Vorsatzanfechtung nach § 133 InsO. § 134 InsO komme dagegen nicht in Betracht. Der Leistungsbegriff des § 134 InsO umfasse zwar jede Schmälerung des Vermögens, auch wenn sie nicht durch rechtsgeschäftliche Verfügung geschehe.[138] Die Anfechtung lasse sich darunter subsumieren. Die ausnahmslose Anwendung des § 134 InsO würde jedoch die gesetzgeberische Wertung des § 83 InsO untergraben. Würde man § 134 InsO als einschlägig betrachten, bliebe nur die zeitliche Grenze. Da die Ausschlagung damit in den meisten Fällen eingreifen würde, müsse die Norm als Anfechtungsgrund ausscheiden.[139] § 133 InsO sei jedoch keineswegs immer anwendbar und könne daher die Wertungen des § 83 InsO nicht unterlaufen.

Beide Argumente sind im Ergebnis nicht überzeugend. Zunächst muß man danach unterscheiden, wann die Ausschlagung vorgenommen wird. So kann der Erbe die Erbschaft bereits vor Eröffnung des Insolvenzverfahrens ausgeschlagen haben. In diesem Fall bedarf es zur Wirksamkeit der Ausschlagung nicht des § 83 InsO, da die Verfügungsbeschränkungen der §§ 80 ff. InsO erst ab Eröffnung des Verfahrens greifen. Ist dagegen bei Eröffnung des Verfahrens die Frist zur Ausschlagung noch nicht abgelaufen und erfolgt diese zeitlich später oder ist der Anfall der Erbschaft selbst erst danach erfolgt, wäre die Ausschlagung ohne § 83 InsO nicht wirksam.[140] Gäbe es die Norm nicht, würde sich folgerichtig in der Tat die Frage der Anfechtung einer Ausschlagung nach der Eröffnung des Verfahrens nicht stellen. Zu prüfen wäre dann lediglich, ob eine zeitlich davor liegende Ausschlagung anfechtbar wäre. In diesem Fall könnte man nicht mit dem Argument der vorrangigen Wertentscheidung des § 83 InsO argumentieren. Es gäbe keinen überzeugenden Grund gegen die Anfechtung. Geht man von dieser Prämisse aus, kann man durchaus behaupten, daß sich die grundsätzliche Frage nach der Zulässigkeit der Anfechtung durch § 83 InsO nicht ändern kön-

---

[137] *Bartels*, KTS 2003, 41, 50; *Hellwig* in FS für v. Martitz, S. 170.

[138] *Kübler/Prütting/Paulus*, § 134 Rn. 5.

[139] *Bartels*, KTS 2003, 41, 49

[140] So zumindest nach der hier vertretenden Auffassung.

ne, sondern lediglich auf den Zeitraum nach der Eröffnung des Insolvenzverfahrens erweitert werde. § 83 InsO wäre tatsächlich erst der Grund, warum eine Anfechtung auch nach der Eröffnung des Verfahrens erörtert wird.

§ 83 InsO hat jedoch nicht nur die Funktion, der Entscheidung des Schuldners zur Ausschlagung Wirksamkeit zu verleihen, sondern trifft auch eine allgemeine Wertentscheidung. Diese darf bei der Diskussion nicht unberücksichtigt bleiben. Wie bereits dargelegt, hat sich der Gesetzgeber für die Entscheidungsfreiheit des Erben als höherrangiges Recht gegenüber dem Befriedigungsinteresse der Gläubiger entschieden. Der Erbe soll frei und unbeeinflußt über die Annahme oder die Ausschlagung der Erbschaft entscheiden können. Läßt man die Anfechtung zu, hätte der Insolvenzverwalter in einigen Fällen die Möglichkeit, die Entscheidung des Schuldners rückgängig zu machen. Die freie Entscheidungsmöglichkeit des Schuldners wäre obsolet. Dies wäre nach der oben angeführten Argumentation nur möglich, weil § 83 InsO der Entscheidung des Erben überhaupt erst Wirksamkeit verleiht. Mit § 83 InsO würde erreicht, was durch § 83 InsO gerade verhindert werden soll. Die Existenz des § 83 InsO würde benutzt, um seinen Zweck zu vereiteln. Eine Anfechtung im Anwendungsbereich des § 83 InsO – also ab Verfahrenseröffnung – verbietet sich daher.

Als weiteres Argument gegen eine Anfechtung in diesem Zeitraum ist die Norm des § 147 InsO anzuführen. Ausnahmsweise sind einige Rechtshandlungen des Schuldners auch nach Eröffnung des Verfahrens wirksam. Für diese Fälle bestimmt § 147 InsO nun ausdrücklich, daß diese Rechtshandlungen ebenso angefochten werden können wie solche vor Verfahrenseröffnung. Die Ausschlagung ist dabei nicht aufgezählt. Um eine Anfechtung nach Eröffnung des Insolvenzverfahrens zuzulassen, müßte § 129 InsO analog angewendet werden, da dieser sich ausdrücklich nur auf Handlungen vor Verfahrenseröffnung bezieht. Jede Analogie erfordert eine planwidrige Regelungslücke und eine vergleichbare Rechtslage.[141] Gerade § 147 InsO macht es jedoch schwierig, eine Regelungslücke zu begründen. Der Gesetzgeber war sich durchaus bewußt, daß es bei der Trennung zwischen der Anfechtung von Rechtshandlungen vor der Eröffnung und der Unwirksamkeit von Verfügungen nach Eröffnung einige Ausnahmen gibt. In § 147 InsO hat er dafür einen Ausgleich gefunden. Die Anfechtbarkeit der Erbschaftsausschlagung hat der Gesetzgeber absichtlich nicht auf den Zeitraum nach Eröffnung des Insolvenzverfahrens ausgedehnt. Von einer Regelungslücke kann daher nicht gesprochen werden. Die Aufnahme der Erbschaftsausschlagung in § 147 InsO unterließ er unter anderem deshalb, weil er auch für den Zeitraum vor der Eröffnung des Insolvenzverfahrens nicht von der Anfecht-

---

[141] *Köhler*, § 4 Rn. 23 (S. 37), *Larenz*, S. 381.

barkeit der Ausschlagung ausgegangen ist.[142] Insgesamt läßt sich also festhalten, daß eine Anfechtung *nach* Verfahrenseröffnung jedenfalls nicht in Betracht kommt.

Für eine Ausschlagung *vor* Verfahrenseröffnung muß aus dem soeben genannten und sogleich auszuführenden Gründen im Ergebnis dasselbe gelten. § 83 InsO geht insoweit über seinen Wortlaut hinaus und trifft ganz allgemein eine Wertentscheidung.[143] Diese ist auch schon vor Eröffnung des Insolvenzverfahrens zu bedenken. Zwar ist diese Begründung als Argument gegen die Anfechtung vor der Eröffnung des Insolvenzverfahrens in Folge des zeitlichen Anwendungsbereichs nicht so überzeugend wie als Argument gegen die Anfechtung nach der Eröffnung. Das Ergebnis wird jedoch von einem weiteren Argument untermauert: Vor Verfahrenseröffnung ist grundsätzlich jede Verfügung des Schuldners wirksam. Nach der Eröffnung ist dagegen jede Verfügung grundsätzlich unwirksam. Die Ausschlagung einer Erbschaft stellt insoweit eine Ausnahme dar. Würde man nun die Anfechtung vor der Eröffnung im Gegensatz zu danach zulassen, hätten die Entscheidungen des Schuldners in einem Zeitraum, in dem er grundsätzlich frei verfügen kann, weniger Bestand als in einem Zeitraum, in dem er an sich nicht frei verfügen kann. Dies würde einen Widerspruch darstellen.[144] Folglich ist die Anfechtung generell nicht möglich.

Die Differenzierung zwischen den einzelnen Anfechtungsgründen ist nicht gerechtfertigt. Das Argument, die Wertungen des Gesetzes würden nur umgangen, wenn die Anfechtungsvorschriften generell einschlägig seien, überzeugt nicht. Der Anfechtungsgrund des § 133 InsO wird mit der vorrangigen Wertentscheidung des § 83 InsO abgelehnt.[145] Nicht einsichtig ist, warum derselbe Grund bei

---

[142] *Kipp*, JW 1912, 11, 14; aA *Hellwig* in FS für v. Martitz, S. 172, der § 42 KO (heute § 147 InsO) analog anwenden will. (Die Frage nach der Anfechtbarkeit der Erbschaftsausschlagung nach Verfahrenseröffnung stellte sich auch schon unter der Geltung der Konkursordnung. Wenn die Erbschaft bereits vor der Eröffnung des Insolvenzverfahrens angefallen, die Ausschlagungsfrist aber noch nicht abgelaufen war, konnte der Schuldner auch früher die Erbschaft noch nach Eröffnung ausschlagen.).

[143] *Hess/Wies/Wienberg/Hess*, § 83 Rn. 15 f.; *Limmer*, ZEV 2004, 133, 134; *MüKo/Leipold*, § 1942 Rn. 14; *MüKo/Schumann*, InsO, § 83 Rn. 4; *Windel*, KTS 1995, 367, 388.

[144] *Jaeger/Henckel*, § 9 Rn. 9; *Fischer*, Die Unentgeltlichkeit im Zivilrecht, S. 374.

[145] Auch *Hellwig* in FS für v. Martitz, S. 173 lehnt § 32 KO (heute § 133 InsO) als Anfechtungsgrund ab. Er begründet dies jedoch damit, daß es sich bei der Ausschlagung um ein Gestaltungsrecht handele. Dies sei ein Begriff, auf den der Gegensatz von Entgeltlichkeit und Unentgeltlichkeit nicht passe. Der § 32 KO beziehe sich daher nur auf die Geschäfte, die eine Zuwendung enthalten. Da dies bei der Ausschlagung nicht der Fall sei, könne die Ausschlagung nicht unter § 32 KO subsumiert werden.

§ 134 InsO nicht greifen soll. Als Begründung kann hier nicht gelten, daß § 133 InsO bis auf die zeitliche Grenze immer einschlägig wäre, § 134 InsO dagegen nur im Einzelfall. Hat man sich einmal dafür entschieden, daß die Wertung des § 83 InsO vorrangig ist, muß dies für die Anfechtung im ganzen gelten. Die Gründe sind bei § 134 InsO und auch bei jedem anderen möglichen Anfechtungsgrund ebenso stichhaltig wie bei § 133 InsO. Es geht um die grundsätzliche Frage, ob eine Anfechtung möglich ist. In diesem Rahmen ist eine Abwägung zu treffen zwischen der grundsätzlichen Zulässigkeit der Anfechtung, also den Interessen der Gläubiger und der höchstpersönlichen Entscheidung des Erben. Das Ergebnis dieser Abwägung kann nicht vom Anfechtungsgrund abhängen. Der Gesetzgeber hat mit der Schaffung des § 83 InsO die Abwägung für jeden Fall zugunsten des Schuldners entschieden.

Im Ergebnis steht damit die Wertung des § 83 InsO einer möglichen Anfechtung entgegen.

b) Vertrauensschutz

Gegen die Möglichkeit der Anfechtung werden zwei weitere Argumente vorgebracht: Es gelte der Grundsatz, daß die Gläubiger nicht beanstanden könnten, wenn der Schuldner ihre Lage dadurch verschlechtere, daß er – vor Eröffnung eines Insolvenzverfahrens – die Zahl seiner Gläubiger erhöht. Im Umkehrschluß könnten die Gläubiger demnach einen Schutz vor Erwerbsvereitelung erst recht nicht verlangen. Da die Gläubiger im ersten Fall schutzlos seien, müßten sie es in dem für sie schlimmeren Fall der Ausschlagung erst recht sein.[146]

Darüber hinaus bestehe für die Gläubiger keine Berechtigung zur Anfechtung, da sie mit dem erbrechtlichen Erwerb nicht rechnen dürften.[147] Zwar könne die Aussicht auf den Erwerb als Kreditgrundlage mitbestimmend gewesen sein. Daß ein Gläubiger darauf vertraut habe, sei jedoch sein eigenes Risiko.[148]

Das erste Argument ist wenig überzeugend. Zum einen ist die Wahrscheinlichkeit, daß sich die Anzahl der Gläubiger in der Zeit der finanziellen Krise des Schuldners vermehrt, gering. Während des Insolvenzverfahrens stehen Neugläubiger ohnehin nach § 38 InsO nicht mehr in Konkurrenz mit den Insolvenzgläubigern.[149] Zum anderen kann das Argument nach der hier zugrunde gelegten

---

[146] *Muscheler*, S. 170 Fn. 77.

[147] *Jauernig*, § 40 V 5. (S. 191).

[148] *Muscheler*, S. 170 Fn. 77.

[149] Vgl. *Bartels*, KTS 2003, 41, 51.

Ansicht zur Stellung des Erben zwischen Anfall und Annahme bzw. Ausschlagung der Erbschaft schon methodisch nicht greifen. Denn danach handelt es sich bei der Ausschlagung um eine Verringerung der Insolvenzmasse und nicht darum, daß eine Vermehrung derselben vereitelt wird.

Überzeugend ist dagegen, daß die Gläubiger bzw. der Insolvenzverwalter keines Schutzes hinsichtlich der Erbschaft durch die Möglichkeit der Anfechtung bedürfen. Die Gläubiger konnten und durften nicht damit rechnen, daß dem Schuldner eine Erbschaft anfallen und so seine Liquidität verbessert wird. Dagegen wird nicht ohne Grund eingewandt, daß mit dem Anfall der Erbschaft die Entscheidung nicht mehr der Autonomie des Erblassers unterliege, sondern nur noch der Schuldner entscheiden könne, ob der Nachlaß den Gläubigern zur Befriedigung zur Verfügung stehe oder durch Ausschlagung wieder seinem Vermögen und damit der Insolvenzmasse entzogen werde. Ab diesem Zeitpunkt könne die Anfechtung nicht mehr mangels Vertrauensschutzes verneint werden. Auch andere zufällige Mehrungen des Vermögens, so etwa durch Wertsteigerungen, kämen den Gläubigern zugute.[150] Dies ist grundsätzlich richtig. Träfe der Schuldner hinsichtlich anderer Mehrungen des Vermögens vor der Eröffnung des Insolvenzverfahrens Verfügungen zum Nachteil seiner Gläubiger, wären diese anfechtbar; Verfügungen nach Verfahrenseröffnung wären ohnehin unwirksam. Die Gläubiger wären geschützt, weil sie darauf vertrauen durften, daß ihnen gegebenenfalls stattfindende Ereignisse wie Wertsteigerungen oder anderweitige Erhöhungen des (bestehenden) Vermögens zugute kommen werden. Sie konnten über eine Erhöhung des Vermögens spekulieren. Dieses Vertrauen oder besser diese Hoffnung könnte sich jedoch als unbegründet erweisen, ohne daß die Gläubiger sich dagegen wehren könnten. Auch das Risiko einer Wertminderung tragen die Gläubiger. Die Chance einer Wertsteigerung und das Risiko eines Wertverlustes gehören zusammen. Bei der Erbschaft ist es anders: Auch hier konnte ein Gläubiger darauf spekulieren, daß der Schuldner Vermögen erbt. Er muß dabei aber die Entscheidungsfreiheit des Schuldners hinsichtlich Annahme oder Ausschlagung der Erbschaft einbeziehen. Ein begründetes Vertrauen darauf, daß die Erbschaft tatsächlich zugunsten der Gläubiger verwertet wird, besteht eben nicht schon mit dem Erbfall. Denn es besteht gerade keine Pflicht des Schuldners, die Erbschaft zugunsten der Gläubiger anzunehmen. Ein Anfechtungsrecht kann mangels Vertrauensschutzes nicht begründet werden. Erst mit der Annahme der Erbschaft, also dem endgültigen Verbleib des Nachlasses im Vermögen des Schuldners, können die Gläubiger sich darauf verlassen, daß ihnen der Nachlaß zugute kommt. Ab diesem Zeitpunkt sind sie geschützt. Letztlich stehen sich auch hier nur zwei Positionen gegenüber: das

---

150 *Bartels*, KTS 2003, 41, 51.

Interesse der Gläubiger an Befriedigung und die Entscheidungsfreiheit des Schuldners. Daher muß auch hier das Argument ausschlaggebend sein, daß sich der Gesetzgeber zugunsten des Erben entschieden hat. § 83 InsO stellt eine Wertentscheidung dar. Aufgrund dieser Wertentscheidung kann bei den Gläubigern kein schutzwürdiges Vertrauen entstehen. Ein Anfechtungsrecht kann somit nicht begründet werden.

IV. Ergebnis

Die Ausschlagung einer Erbschaft kann nicht angefochten werden. Eine Anfechtung scheitert jedoch nicht an den allgemeinen Voraussetzungen einer Anfechtung. Mit der Anfechtung treten sowohl eine Verringerung des Schuldnervermögens als auch eine Gläubigerbenachteiligung ein. Ersteres ergibt sich aus der Bewertung der rechtlichen Stellung des Erben in dem Zeitraum zwischen Anfall und Ausschlagung bzw. Annahme der Erbschaft. Da der Erbe in diesem Zeitraum bereits Träger eines Vermögens ist, verringert er durch die Ausschlagung der Erbschaft die Insolvenzmasse. Auch wenn der Nachlaß bis zur endgültigen Klärung der Rechtslage nicht verwertet werden darf, tritt mit der Ausschlagung eine Gläubigerbenachteiligung ein. Wirtschaftlich gesehen liegt eine Benachteiligung vor. Ohne die Ausschlagung der Erbschaft wäre die Verwertbarkeit eingetreten.

Die Anfechtung scheidet jedoch aus Wertungsgesichtspunkten aus. Unabhängig davon, ob die Ausschlagung der Erbschaft vor oder nach Eröffnung des Insolvenzverfahrens erfolgt, kann sie nicht angefochten werden. § 83 InsO enthält eine Wertentscheidung, die sich über den konkreten Anwendungsbereich der Norm auf den Zeitraum vor Eröffnung des Insolvenzverfahrens ausdehnt. Die Freiheit der Entscheidung des Erben über Annahme oder Ausschlagung der Erbschaft steht über dem Interesse der Gläubiger an Befriedigung. Diese Wertung verbietet die Zulassung der Anfechtung. Gegen die Anfechtung nach Verfahreneröffnung spricht zusätzlich, daß eine Analogie mangels planwidriger Regelungslücke nicht in Betracht kommt. Der Gesetzgeber hat in § 147 InsO ausdrücklich Rechtshandlungen des Schuldners, die er ausnahmsweise auch nach Eröffnung des Insolvenzverfahrens wirksam vornehmen konnte, der Anfechtung zugänglich gemacht. Die Ausschlagung einer Erbschaft ist darin nicht enthalten.

Auch ein Vertrauensschutz der Gläubiger kann zu keinem anderen Ergebnis führen. Berechtigtes Vertrauen darauf, daß der Nachlaß der Befriedigung der Gläubiger dient, kann erst entstehen, wenn der Nachlaß endgültig in der Insolvenzmasse verbleibt und verwertbar wird. Dies tritt jedoch erst mit der Annahme der Erbschaft ein. Ab diesem Zeitpunkt unterliegen auch die Erbschaftsgegenstände dem Schutz der §§ 80 ff. InsO. Vor der Annahme der Erbschaft konnten die Gläubiger allenfalls auf die Verwertbarkeit hoffen. Ein schutzwürdiges Vertrauen, das zu einer Anfechtung berechtigen könnte, bestand zu diesem Zeitpunkt noch nicht.

Insgesamt ist daher die Anfechtbarkeit der Erbschaftsausschlagung nicht möglich. Die Ausschlagung hat für den Schuldner im Insolvenzverfahren keine rechtlichen Konsequenzen. Die Gläubiger sind demgegenüber machtlos – so auch in dem beispielhaft aufgezeigten Sachverhalt. Nach dem hier gefundenen Ergebnis haben die Gläubiger des X keine Möglichkeit, gegen dessen Ausschlagung der Erbschaft vorzugehen.

C. VERTRAGLICHE VEREINBARUNGEN ZWISCHEN SCHULDNER UND GLÄUBIGERN

Nach dem Wortlaut des Gesetzes scheint der Schuldner im eröffneten Insolvenzverfahren hinsichtlich einer angefallenen Erbschaft nur die Entscheidung über die Ausschlagung oder Annahme der Erbschaft treffen zu können. Es stellt sich jedoch die Frage, ob dem Schuldner nicht auch die Befugnis zukommt, Vereinbarungen mit den Gläubigern zu treffen, etwa dergestalt, daß er als Gegenleistung für die Annahme der Erbschaft einen Teil behalten darf, dieser Teil somit insolvenzfrei wird. In diesem Fall könnten die Gläubiger zumindest auf einen Teil der Erbschaft zugreifen. Würde der Erbe dagegen die Erbschaft ausschlagen, wäre die ganze Erbschaft dem Zugriff der Gläubiger entzogen.

Als Ergänzung zu dem oben[151] geschilderten Fall soll zur Veranschaulichung folgender Sachverhalt dienen: X hat die Erbschaft nicht ausgeschlagen. Die Gläubiger des X wissen, daß sie gegen eine mögliche Ausschlagung nicht vorgehen können. Deshalb lassen sie sich noch vor Ablauf der Ausschlagungsfrist auf eine Vereinbarung mit X ein. Danach soll X die Erbschaft annehmen. Als Gegenleistung soll eine Hälfte des Nachlasses dem X frei zur Verfügung stehen. Die andere Hälfte soll der Befriedigung der Gläubiger dienen. Weiter erklären sich die Gläubiger damit einverstanden, das Insolvenzverfahren nach quotaler Befriedigung ihrer Forderungen mit Mitteln der Erbschaft als beendet anzusehen und verzichten auf den danach noch nicht befriedigten Teil ihrer Forderungen.

Eine solche Vereinbarung wirft eine Reihe rechtlicher Fragen auf. Problematisch ist, ob der Schuldner und die Gläubiger im laufenden Insolvenzverfahren einen Vertrag solchen Inhalts schließen durften bzw. ob die Parteien die einzelnen Regelungen erfüllen können. Die Wirksamkeit vorausgesetzt, ist fraglich, welche Rechtsfolgen daraus resultieren. Zu prüfen ist, welche Konsequenzen sich für die Zugehörigkeit des Nachlasses (oder Teile dessen) zur Insolvenzmasse ergeben.

Im folgenden sollen die einzelnen Regelungen der Vereinbarung zwischen dem Schuldner und den Gläubigern auf ihren Bestand und ihre Wirkung hin geprüft werden.

---

[151] S. 40.

I. Die Wirksamkeit des Vertrags

Um die Wirksamkeit des Vertrags untersuchen zu können, müssen die einzelnen Bestandteile des abgeschlossenen Vertrags gesondert betrachtet werden. Der Schuldner verpflichtet sich zur Annahme der Erbschaft. Im Gegenzug stimmen die Gläubiger zu, daß die Hälfte des Nachlasses dem Schuldner frei zur Verfügung stehen soll. Sie geben damit einen Teil der Insolvenzmasse frei. Weiter verzichten sie auf ihre Forderungen, die nach Ende des Verfahrens noch nicht befriedigt sind. In diesem Zusammenhang stimmen sie auch einer Beendigung des Verfahrens zu.

Grundsätzlich steht es jedem frei, im Rahmen des geltenden Rechts einen Vertrag beliebigen Inhalts zu schließen. Das ist Ausdruck der Privatautonomie.[152] Doch ist in einigen Fällen die verfassungsrechtlich gewährleistete Privatautonomie (Art. 2 Abs. 1 GG) zugunsten anderer Rechtsgüter eingeschränkt. Ob eine solche Einschränkung in diesem Fall der Wirksamkeit des Vertrags entgegensteht, ist für den Schuldner und die Gläubiger jeweils für die konkrete Verpflichtung gesondert zu untersuchen. Problematisch bei dem hier zu prüfenden Sachverhalt ist die Tatsache, daß die Vereinbarung der Parteien während des laufenden Insolvenzverfahrens getroffen wurde.[153]

1. Die Verpflichtung des Schuldners

Allein die Tatsache, daß über das Vermögen des Schuldners ein Insolvenzverfahren eröffnet wurde, bewirkt eine Einschränkung der Privatautonomie. Der Schuldner ist nicht mehr befugt, sein Vermögen, das nunmehr zur Insolvenzmasse gehört, zu verwalten und Verfügungen zu treffen (§ 81 InsO). Daher ist die Wirksamkeit einer Verpflichtung des Schuldners und deren Durchsetzbarkeit im Rahmen einer nach Verfahrenseröffnung getroffenen Vereinbarung fraglich. Im Normalfall, d. h. vor Eröffnung des Insolvenzverfahrens, obliegt die Gläubigerbefriedigung der privatautonomen Entscheidung des Schuldners bzw. wird

---

[152] *Brox*, BGB AT Rn. 74 (S. 49); *Palandt/Heinrichs*, Überbl. v. § 104 Rn. 1.

[153] Unproblematisch wäre eine außergerichtliche Vereinbarung zur Schuldenregulierung. Solche ausschließlich von der Privatautonomie getragenen Vereinbarungen können vor Eröffnung des Insolvenzverfahrens getroffen werden und so die Durchführung eines Insolvenzverfahrens obsolet machen. Die Möglichkeit der Eröffnung eines Insolvenzverfahrens kann dagegen nicht ausgeschlossen werden. Denn nur so besteht die Möglichkeit, eine Gläubigergleichbehandlung zu erreichen und gleichzeitig festzustellen, daß der Schuldner nicht mehr in der Lage ist, seine Haftungsverhältnisse eigenverantwortlich zu regeln. Vgl. dazu *Häsemeyer*, Rn. 27.05 ff. (S. 681 ff.).

sie durch die Einzelzwangsvollstreckung nach den Regeln der Zivilprozeßordnung verwirklicht. Wird der Schuldner insolvent, hat er bewiesen, daß er seine Vermögensverhältnisse nicht mehr selbstverantwortlich zu regeln vermag. Das Insolvenzrecht schließt daher die privatautonome Kompetenz des Schuldners – neben der Versagung der Einzelzwangsvollstreckung nach § 89 InsO – aus.[154] Die Einschränkung von Rechten aller Beteiligter hat den Sinn, sowohl den Schuldner als auch die Gläubiger zu schützen. Dadurch, daß der Schuldner keinen Einfluß mehr auf die Befriedigung der Gläubiger hat, soll die Gefahr vermieden werden, daß der Schuldner dem Druck bestimmter Gläubiger ausgesetzt ist und aus diesen oder anderen Gründen einzelne bevorzugt.[155] Bewirkt wird dies durch §§ 80 ff. InsO. Das Vermögen des Schuldners wird beschlagnahmt und dem Insolvenzverwalter zur Verwaltung unterstellt. Die Normierung der §§ 80 ff. InsO war deswegen nötig, weil dem Schuldner trotz Verfahrenseröffnung weiter die Rechts- und Geschäftsfähigkeit verbleibt. Er könnte daher weiterhin Verpflichtungsverträge schließen und über sein Vermögen verfügen. Dem wird durch die insolvenzrechtlichen Regeln ab Eröffnung des Verfahrens hinsichtlich solcher Entscheidungen, welche die Insolvenzmasse betreffen, entgegengewirkt. Der Schuldner kann ab Eröffnung des Verfahrens weder wirksame Verpflichtungen für die Masse eingehen noch wirksame Verfügungen treffen (§ 81 InsO).[156] Für neue Verpflichtungen haftet er nur noch mit dem insolvenzfreien Vermögen. Dies ergibt sich aus § 38 InsO. Das beschlagnahmte Vermögen des Schuldners (die Insolvenzmasse) wurde aus der Verpflichtungszuständigkeit des Schuldners herausgenommen und ausschließlich den Insolvenzgläubigern haftungsrechtlich zugewiesen. Verpflichtet sich der Schuldner hinsichtlich einer die Masse betreffenden Sache, ist diese Verpflichtung im Verhältnis zur Masse unwirksam. Die begründete Verbindlichkeit kann nicht gegen die Masse geltend gemacht werden.[157]

In dem oben beispielhaft dargestellten Sachverhalt verpflichtet sich der Schuldner, die Annahme der Erbschaft zu erklären bzw. nicht auszuschlagen. Hinsichtlich der Wirksamkeit einer solchen vertraglichen Verpflichtung des Schuldners ist zunächst festzustellen, ob sich diese auf Massebestandteile bezieht. Wäre dies nicht der Fall, bestünden keine insolvenzrechtlichen Bedenken gegen die Wirk-

---

[154] *Häsemeyer*, Rn. 2.02 (S. 22).

[155] *Häsemeyer*, Rn. 2.03 (S. 22).

[156] *Häsemeyer*, Rn. 2.04 (S. 23); *Uhlenbruck/Uhlenbruck*, § 35 Rn. 2.

[157] *Gerhardt* in Kölner Schrift zur InsO, Rn. 38 (S. 175); *Häsemeyer*, Rn. 10.11 (S. 228); *MüKo/Ott*, InsO, § 80 Rn. 11.

samkeit der Verpflichtung. Auch schuldrechtliche[158] und erbrechtliche Regelungen stehen einer Verpflichtung zur Annahme bzw. der Verpflichtung, nicht auszuschlagen, nicht entgegen. Eine solche ist grundsätzlich zulässig.[159] Ob die Insolvenzmasse in diesem Fall betroffen ist, hängt davon ab, welcher Ansicht in Bezug auf die Zugehörigkeit des Nachlasses zur Insolvenzmasse vor Annahme der Erbschaft gefolgt wird. Geht man mit der herrschenden Meinung davon aus, daß der Nachlaß vor Ablauf der Ausschlagungsfrist noch kein Bestandteil der Masse ist, wäre die Verpflichtung unproblematisch wirksam. Nach der hier vertretenen Auffassung, nach der der Nachlaß bereits mit dem Anfall der Erbschaft in die Insolvenzmasse fällt, betrifft der Vertrag dagegen durchaus einen Teil der Insolvenzmasse. Insofern ist die Wirksamkeit einer Verpflichtung zur Annahme einer Erbschaft fraglich.

Grundsätzlich kann der Schuldner nach Eröffnung des Insolvenzverfahrens keine Verbindlichkeiten für die Insolvenzmasse mehr eingehen. Eine solche Verpflichtung des Schuldners wäre nicht durchsetzbar. Die Erfüllung ist durch §§ 80 ff. InsO ausgeschlossen. Die Wirksamkeit einer Verpflichtung selbst wird durch die §§ 80 ff. InsO dagegen nicht berührt. Der Folge, daß eine Verpflichtung, welche die Masse betrifft, unwirksam wird, bedarf es nicht. Die Unwirksamkeit einer gegebenenfalls durch den Schuldner vorgenommenen Verfügung nach § 81 InsO bewirkt hinreichenden Schutz der Insolvenzmasse und der Gläubiger. Anders verhält es sich dagegen bei einer Erbschaft. Für eine Erbschaft gilt die Sonderregelung des § 83 InsO. Die Erfüllung der Annahmeverpflichtung ist nach dieser Norm möglich. § 83 InsO gestattet dem Schuldner, eine Erbschaft anzunehmen bzw. auszuschlagen. Der ansonsten gewährleistete Schutz der §§ 80 ff. InsO ist hinsichtlich einer Erbschaft gerade nicht gegeben. Deshalb ist fraglich, ob eine Erklärung des Schuldners, in der er sich zur Annahme der Erbschaft und damit stillschweigend auch zur Unterlassung der Ausschlagung verpflichtet, ausnahmsweise unwirksam sein muß. Dies wäre dann anzunehmen, wenn schon die Verpflichtung zur Annahme die Gefahr begründen würde, daß der Sinn und Zweck des § 83 InsO umgangen wird. Der Schutzzweck des § 83 InsO darf nicht durch die Verpflichtung gefährdet werden.[160]

---

[158] Insbesondere § 311 b IV BGB steht einer Verpflichtung zur Annahme nicht entgegen, da es sich hier um eine Verpflichtung nach dem Tod des Erblassers handelt.

[159] Vgl. nur *Staudinger/Otte*, § 1945 Rn. 28.

[160] Auch in anderen zivilrechtlichen Normen kommt der Gedanke zum Ausdruck, daß schon die Verpflichtung den Schutzzweck der jeweiligen Norm gefährden kann: So bestimmt zum Beispiel § 1365 Abs. 1 BGB, daß ein Ehegatte sich nur mit Einwilligung des anderen Ehegatten verpflichten kann, über sein Vermögen im Ganzen zu verfügen.

Zu bedenken sind jedoch die unterschiedlichen Schutzrichtungen der §§ 80 ff. InsO und des § 83 InsO. Sinn und Zweck des § 83 InsO ist es, dem Schuldner die freie Entscheidung über Annahme oder Ausschlagung einer ihm angefallenen Erbschaft zu belassen. Bei dieser Entscheidung soll er gerade nicht dem Druck einzelner oder aller Gläubiger ausgesetzt sein. Im Gegensatz zu § 83 InsO schützen die §§ 80 ff. InsO nicht den Schuldner, sondern die Insolvenzmasse und die Gläubiger. Der Schuldner soll das Vermögen nicht schmälern können, das den Gläubigern zur Befriedigung dient.[161] Die §§ 80 ff. InsO schützen somit andere Rechtsgüter oder Personen als diejenigen, welche die fragliche Handlung vornehmen. § 83 InsO dient dagegen ausschließlich dem Schutz des Schuldners und dessen freier Entscheidungsbefugnis. Da es hier um eine Verpflichtung des Schuldners geht, sind Schutzperson und Handelnder identisch. Der Unwirksamkeit der Verpflichtung bedarf es folglich nicht, um unbeteiligte Dritte zu schützen. Es geht nur um den Schutz des Handelnden selbst. Fraglich ist daher, ob die freie Entscheidung des Schuldners über die Erbschaftsannahme oder -ausschlagung dadurch tangiert wird, daß der Schuldner die Annahme der Erbschaft zur Disposition stellt und sich schließlich zur Annahme verpflichtet. Die endgültige Entscheidung über die Annahme oder Ausschlagung der Erbschaft wäre jedoch allenfalls dann gefallen, wenn die Gläubiger die Verpflichtung des Schuldners notfalls gegen dessen Willen durchsetzen könnten, in der Verpflichtung selbst bereits die Annahme läge oder eine vereinbarungswidrige Ausschlagung des Schuldners unwirksam wäre. Anderenfalls hätte es der Schuldner weiter in der Hand, die Erfüllung des Vertrags zu verweigern. Doch selbst wenn eine der Rechtsfolgen die Konsequenz aus der Verpflichtung des Schuldners wäre, kann dies nicht die Unwirksamkeit der Verpflichtung bewirken. Die Möglichkeit, daß der Schuldner die Entscheidung trifft, die Annahme der Erbschaft als eine Art Gegenleistung für eine Verpflichtung der Gläubiger anzubieten, unterliegt der Privatautonomie des Schuldners. Durch die Verpflichtung hat der Schuldner die ihm zustehende Entscheidung getroffen. Die Privatautonomie wird durch § 83 InsO bzw. deren Zweck nicht eingeschränkt, sondern im Hinblick auf eine Erbschaft gerade aufrecht erhalten. Der Schuldner wird nicht gezwungen, eine Verpflichtung einzugehen. Auch ein mittelbarer Druck besteht nicht, da es für den Schuldner auch andere Möglichkeiten gibt, sich von seinen Schulden zu befreien, ohne auf das ganze Vermögen zu verzichten. Das Restschuldbefreiungsverfahren, das auf Antrag des Schuldners nach Beendigung des Insolvenzverfahrens durchgeführt werden kann, könnte den Schuldner ebenso wie die Vereinbarung mit den Gläubigern von seinen Verbindlichkeiten befreien.[162] Auch nach Durchführung eines Restschuldbe-

---

[161] *MüKo/Ott*, InsO, § 80 Rn. 1.

[162] Siehe zum Restschuldbefreiungsverfahren unten S. 87 ff.

freiungsverfahrens hätte der Schuldner die Hälfte des erbrechtlich erworbenen Vermögens zur freien Verfügung (s. § 295 Abs. 1 Nr. 2 InsO). Eine freie Entscheidung des Schuldners ist damit gewährleistet. Der Schuldner nimmt durch seine Verpflichtung zur Annahme der Erbschaft sein Recht aus § 83 InsO gerade wahr. Es muß dem Schuldner daher möglich sein, seine Entscheidung durch eine Verpflichtung zu treffen.

Im Ergebnis läßt sich damit festhalten, daß auf Seiten des Schuldners keine Gründe gegen die Wirksamkeit der Vereinbarung sprechen. Der Schuldner kann sich trotz Eröffnung des Insolvenzverfahrens und der damit einhergehenden Einschränkung seiner Befugnisse dazu verpflichten, eine Erbschaft nach § 83 InsO anzunehmen. In Bezug auf eine Erbschaft wird die Privatautonomie durch § 83 InsO aufrecht erhalten, so daß einer Verpflichtung des Schuldners zur Annahme der Erbschaft nichts entgegensteht.

2. Die Verpflichtung der Gläubiger

Es ist verständlich, daß die Gläubiger sich auf einen Vertrag wie den hier beispielhaft dargestellten eingelassen haben, wenn man bedenkt, daß anderenfalls das Risiko bestanden hätte, hinsichtlich der Erbschaft leer auszugehen. Es lag im freien Ermessen des Schuldners, die Erbschaft auszuschlagen. Diese Entscheidung wäre wirksam (§ 83 InsO) und unanfechtbar gewesen.[163] Die Entscheidung der Gläubiger, im Fall der Annahme auf die Hälfte der Erbschaft als Verwertungsgrundlage im Insolvenzverfahren und auch anschließend zu verzichten, ist Ausdruck der ihnen grundsätzlich zustehenden Privatautonomie. Auch ein Verzicht auf den nach Beendigung des Verfahrens nicht befriedigten Teil ihrer Forderungen muß grundsätzlich zulässig sein. Der Vertrag der Parteien stellt den Versuch dar, am laufenden Insolvenzverfahren vorbei, den bestmöglichen Ausgleich der sich gegenüber stehenden Interessen zu finden. Dies sind auf Seiten des Schuldners die Befreiung von den nicht getilgten Schulden und der Wunsch, nach Abschluß des Verfahrens nicht mittellos zu sein, und auf Seiten der Gläubiger das Interesse an größtmöglicher Befriedigung. Dem Interesse der Gläubiger wird dabei durch die (wirksame) Erbschaftsannahme des Schuldners und die damit mögliche Verwertung (zumindest der Hälfte) des Nachlasses genüge getan. Ein Verzicht der Gläubiger auf die Hälfte des Nachlasses als Haftungsgrundlage und ein Verzicht auf die nach Beendigung der quotalen Befriedigung nicht gedeckten Forderungen sollen als Gegenleistung dem Interesse des Schuldners zugute kommen. Es handelt sich um einen Ausschluß der Nachhaftung des Schuldners und eine Einschränkung der Haftung mit dem gegenwärti-

---

[163] Siehe oben S. 40 ff.

gen Vermögen.[164] Doch auch auf Seiten der Gläubiger kann die Privatautonomie durch das laufende Insolvenzverfahren eingeschränkt sein. Daher ist im folgenden zu untersuchen, ob sich der Verzicht auf die nicht befriedigten Forderungen und die Hälfte des Nachlasses als Haftungsgrundlage in das Regelungsgeflecht der Insolvenzordnung einfügt oder einen Widerspruch mit der Folge der Unwirksamkeit der Vereinbarung darstellt. Zunächst sollen der gesetzlich vorgesehene Ablauf eines Insolvenzverfahrens inklusive der Schuldenbereinigung sowie der Zweck der Regelungen dargestellt werden, um anschließend die davon abweichende Vereinbarung zwischen Schuldner und Gläubigern auf deren Wirksamkeit hin zu untersuchen.

a) Die Möglichkeiten zur Schuldenbefreiung des Schuldners nach der Insolvenzordnung

Die Insolvenzordnung sieht im wesentlichen zwei Möglichkeiten zur Durchführung eines Insolvenzverfahrens einschließlich einer Schuldenbereinigung vor: eine Entschuldung kraft Gesetzes (a) und eine durch Gläubigerverzicht (b). Beide Möglichkeiten sind nach den Regeln der Insolvenzordnung darauf beschränkt, die Nachhaftung des Schuldners auszuschließen. Eine Einschränkung der Haftung des Schuldners mit dem gegenwärtigen Vermögen sieht das Gesetz nicht vor.

Problematisch ist die Trennung von gegenwärtigem und zukünftigem Vermögen im Sinne der Insolvenzordnung. Gegenwärtiges Vermögen meint das Vermögen des Schuldners, welches in die Insolvenzmasse fällt, das also während des laufenden Insolvenzverfahrens die Haftungsgrundlage für die Gläubiger darstellt. Mit zukünftigem Vermögen kann daher nur der Vermögenserwerb gemeint sein, der nicht mehr Teil der Insolvenzmasse wird, also Vermögen, das der Schuldner nach Beendigung des Insolvenzverfahrens erwirbt. Während die Konkursordnung die Grenze zwischen Insolvenzmasse und insolvenzfreiem Vermögen klar bei Eröffnung des Verfahrens gezogen hat, bestimmt die Insolvenzordnung in § 35 InsO, daß auch nach Eröffnung des Verfahrens erworbenes Vermögen noch in die Insolvenzmasse fällt. Nach der Insolvenzordnung kann für die Trennung von gegenwärtigem und zukünftigem Vermögen also nur die Beendigung des Verfahrens ausschlaggebend sein.[165] Vermögen des Schuldners, das er (z.B.

[164] Mit der Annahme der Erbschaft wäre der Nachlaß unstreitig Bestandteil der Insolvenzmasse und würde damit als Haftungsgrundlage der Befriedigung der Gläubiger dienen. Wird die Haftung des Schuldners auf die Hälfte des Nachlaßwertes begrenzt, bedeutet dies folglich eine Einschränkung der Haftung mit gegenwärtigem Vermögen.

[165] *Häsemeyer*, Rn. 2.39 f. (S. 50 f.); *Uhlenbruck/Uhlenbruck*, § 35 Rn. 39.

durch Arbeit) nach Beendigung des Insolvenzverfahrens, also auch in der Wohlverhaltensperiode (§§ 287 Abs. 2, 295 InsO) erwirbt, stellt keinen Neuerwerb im Sinne des § 35 InsO mehr dar. Daß die Gläubiger auch auf diesen Erwerb nicht im Wege der Einzelzwangsvollstreckung zugreifen können, wenn ein Restschuldbefreiungsverfahren durchgeführt wird (vgl. § 294 Abs. 1 InsO), erklärt sich aus dem auch im Restschuldbefreiungsverfahren geltenden Grundsatz der Gläubigergleichbehandlung und ist Folge der Abtretung dieser Einkünfte durch den Schuldner (s. § 287 Abs. 2 S. 1 InsO). Die Insolvenzmasse wird hiervon nicht betroffen.[166] Die Grenze zwischen gegenwärtigem und zukünftigem Vermögen stellt somit die Beendigung des Insolvenzverfahrens dar, wobei für die Zuordnung auf den Zeitpunkt des Erwerbs abzustellen ist.

aa) Die gesetzliche Schuldenbefreiung

Die gesetzliche Schuldenbefreiung wird durch das Restschuldbefreiungsverfahren nach den §§ 286 ff. InsO verwirklicht. Die Haftung des Schuldners mit seinem künftigen Vermögen wird unter den gesetzlichen Voraussetzungen und nach Ablauf des rechtsförmigen Verfahrens durch die Restschuldbefreiung beendet. Im Unterschied zu einer einvernehmlichen Schuldenbefreiung des Schuldners mit den Gläubigern kann das Gesetz eine Entschuldung nur für natürliche Personen bestimmen. Juristische Personen werden aufgelöst. Sie bedürfen keiner Regelung, die eine Entschuldung gegen den Willen der Gläubiger ermöglicht.[167] Bei natürlichen Personen gibt das Gesetz einen Weg vor, der eine Schuldenbefreiung ermöglichen soll und gleichzeitig darauf bedacht ist, die Rechte der Gläubiger weitestgehend zu bewahren.[168] Ein Restschuldbefreiungsverfahren findet auf Antrag des Schuldners (§ 287 Abs. 1 InsO) nach Beendigung des Insolvenzverfahrens statt. Es soll die Nachhaftung des Schuldners beseitigen und ihm so einen wirtschaftlichen Neuanfang ermöglichen. Dadurch soll außerdem verhindert werden, daß der Schuldner in Schattenwirtschaft und Schwarzarbeit flieht.[169] Auch wird vertreten, die Schmälerung der Gläubigerrechte durch die Restschuldbefreiung könne nur durch die dem Schuldner entgegenzubringende Achtung gerechtfertigt werden.[170] Es dürfe dem Schuldner durch fortdauernde Überschuldung nicht die Fähigkeit genommen werden, ei-

---

166 *Uhlenbruck/Uhlenbruck*, § 35 Rn. 38.

167 *Häsemeyer*, Rn. 26.01 (S. 649).

168 Vgl. *Vallender*, JuS 2004, 665.

169 *Preuss*, Rn. 210 (S. 157).

170 *Häsemeyer*, Rn. 2.40 (S. 51); 26.03 (S. 651); siehe auch *Henckel*, S. 349 ff. hinsichtlich der Grundlagen des Vollstreckungsschutzes.

genverantwortliche Entscheidungen zu treffen. Die Restschuldbefreiung setzt gemäß § 295 Abs. 1 Nr. 1 InsO voraus, daß der Schuldner sich während einer sechsjährigen sog. Wohlverhaltensperiode nach Kräften um die Befriedigung der Gläubiger sorgt und sich selbst mit dem Pfändungsfreibetrag begnügt.[171] Dazu tritt er alle Forderungen auf Bezüge aus einem Dienstverhältnis an einen vom Gericht zu bestimmenden Treuhänder ab (§ 287 Abs. 2 S. 1 InsO).[172] Weiter hat er gewisse Obliegenheiten zu erfüllen. Dazu gehört nach § 295 Abs. 1 Nr. 2 InsO die Obliegenheit, Vermögen, das er von Todes wegen erwirbt, zur Hälfte des Wertes zur Verfügung zu stellen. Mit Erteilung der Restschuldbefreiung können die im Insolvenzverfahren und der anschließenden Wohlverhaltensperiode nicht befriedigten Forderungen nicht mehr zwangsweise durchgesetzt werden. Die Forderungen der Gläubiger verwandeln sich – von Ausnahmen abgesehen (§ 302 InsO) – in Naturalobligationen.[173] Der Schuldner ist von der *Nachhaftung* befreit.

Die Erfassung des Neuerwerbs in der Insolvenzmasse, d. h. des Vermögens, das der Schuldner nach Eröffnung aber vor Beendigung des Insolvenzverfahrens erwirbt, ist im Gegensatz zur Konkursordnung eine Neuerung. Die Konkursordnung hielt den Erwerb, den der Schuldner erst nach Eröffnung des Insolvenzverfahrens erwarb, aus der Insolvenzmasse heraus (§ 1 KO). Begründet wurde diese Regelung u. a. mit der Erwägung, daß es dem Schuldner ermöglicht werden sollte, sich schon während des laufenden Insolvenzverfahrens eine neue Existenz aufzubauen. Unter Geltung der Konkursordnung war jedoch problematisch, daß die Gläubiger nach Beendigung des Konkursverfahrens weiterhin unbeschränkt auf das Vermögen des Schuldners zugreifen konnten. Der Schuldner hatte daher in der Regel kein Interesse daran, eine neue wirtschaftliche Tätigkeit zu beginnen. Das Ziel, dem Schuldner einen Neuanfang zu ermöglichen, wurde damit nicht in der gewünschten Weise erreicht.[174] Die Insolvenzordnung verfolgt dasselbe Ziel daher auf andere Weise. Die Möglichkeit eines Neuanfangs des Schuldners soll ihm durch die Restschuldbefreiung geboten werden. Wenn nun aber ein gesetzlich verankertes Verfahren den Gläubigern die Durchsetzbarkeit ihrer nicht befriedigten Forderungen nimmt und damit eine Nachhaftung des Schuldners ausschließt, kann das Gesetz nicht das im Insolvenzverfahren erworbene Vermögen von der Haftung ausschließen. Vielmehr muß das Gesetz dafür Sorge tragen, daß den Gläubigern grundsätzlich jegliches Vermögen des

---

[171] *Preuss*, Rn. 210 (S. 157 f.).

[172] *Foerste*, Rn. 536 (S. 247).

[173] *Häsemeyer*, Rn. 26.63a (S. 676).

[174] *MüKo/Lwowski*, InsO, § 35 Rn. 3 f.; *Smid* in Smid, InsO, § 35 Rn. 4; *Uhlenbruck/Uhlenbruck*, § 35 Rn. 3.

Schuldners bis zum Abschluß des Insolvenzverfahrens als Haftungsgrundlage zur Verfügung steht. Die §§ 35 f. InsO stellen sich damit (teilweise) als Korrelat zur Restschuldbefreiung dar.[175] Die §§ 35 f. InsO bestimmen, daß das ganze bestehende und neu erworbene Vermögen des Schuldners bis zur Pfändungsfreigrenze den Gläubigern als Haftungsgrundlage zur Verfügung steht. Die Haftung des Schuldners geht dabei möglichst weit, um das Eigentumsrecht der Gläubiger (Art. 14 Abs. 1 GG) nicht zu beeinträchtigen.[176] Der Schuldner haftet also bis zur Pfändungsfreigrenze grundsätzlich unbeschränkt und unbeschränkbar.

Eine Haftungseinschränkung bezüglich des *gegenwärtigen* Vermögens kann es auch aus verfassungsrechtlichen Gründen ohne Einverständnis der Gläubiger nicht geben. Mit dem gegenwärtigen Vermögen haftet der Schuldner ganz und ohne Zustimmung unbeschränkbar. Eine Einschränkung der Haftung mit dem Vermögen, das dem Schuldner bei Eröffnung des Insolvenzverfahrens bereits gehört, wäre mit Art. 14 Abs. 1 GG unvereinbar.[177] Bei der Begründung ihrer vertraglichen Forderungen durften die Gläubiger davon ausgehen, daß ihnen das bestehende Vermögen des Schuldners als Haftungsgrundlage dient. Eine Einschränkung dieser Haftung würde daher einen nicht gerechtfertigten Eingriff in Art. 14 Abs. 1 GG bedeuten, von dessen Schutz auch Forderungen[178] erfaßt werden.

Der mit der umfangreichen Insolvenzmasse bezweckte Schutz der Gläubiger wird durch den Insolvenzbeschlag verwirklicht. Dieser trennt die Insolvenzmasse von dem insolvenzfreien Vermögen.[179] Die Insolvenzmasse wird den Gläubigern als Sondervermögen haftungsrechtlich zugewiesen.[180] Zur Sicherung der Insolvenzmasse vor Einflüssen des Schuldners oder dem Zugriff einzelner Gläubiger wird ein umfassendes und allseitig wirkendes Verpflichtungs-, Verfügungs-, Prozeßführungs- und Vollstreckungsverbot angeordnet.[181]

---

[175] Vgl. *MüKo/Lwowski*, InsO, § 35 Rn. 44.

[176] *Häsemeyer*, Rn. 2.39 (S. 50).

[177] *Häsemeyer*, Rn. 2.39 (S. 50).

[178] BVerfGE 45, 142, 179; 68, 193, 222; 77, 370, 377; *Maunz/Dürig/Papier*, Art. 14 Rn. 201.

[179] *Uhlenbruck/Uhlenbruck*, § 35 Rn. 1.

[180] *Henckel* in Festschrift für Weber, S. 237, 251 f.

[181] *Häsemeyer*, Rn. 9.03 ff. (S. 203 ff.); *Uhlenbruck/Uhlenbruck*, § 35 Rn. 1 f.

bb) Privatautonom bestimmte Schuldenbefreiung

Neben der durch die Restschuldbefreiung gesetzlich festgeschriebenen Möglichkeit des Schuldners, die Schuldenbefreiung zu erlangen, ist es nach der Insolvenzordnung weiter möglich, – neben außergerichtlichen Schuldenbereinigungsversuchen – durch eine Vereinbarung zwischen Schuldner und Gläubigern im Regelverfahren einen Insolvenzplan, im Verbraucher- und Kleininsolvenzverfahren einen Schuldenbereinigungsplan zu verabschieden. Im Verbraucherinsolvenzverfahren ist die Durchführung eines außergerichtlichen Schuldenbereinigungsversuchs Voraussetzung für die Durchführung eines Insolvenzverfahrens (§ 305 Abs. 1 Nr. 1 InsO). Ist ein außergerichtlicher Einigungsversuch gescheitert, muß nach dem Eröffnungsantrag des Schuldners erneut versucht werden, mit Hilfe des Insolvenzgerichts eine Schuldenbereinigung durchzuführen.[182] Erst nach dem Scheitern dieser Bemühungen wird das bis dahin ruhende Verfahren (§ 306 InsO) wieder aufgenommen und über die Eröffnung des Insolvenzverfahrens entschieden (§ 311 InsO).

Wie durch das Regelinsolvenzverfahren selbst soll auch mittels eines Insolvenzplans die Haftung des Schuldners verwirklicht werden (s. § 1 S. 1 InsO). Vorrangiger Zweck eines Insolvenzplans ist die Sanierung des Schuldnervermögens.[183] § 217 InsO beschreibt die Problemkreise, bezüglich derer im Insolvenzplan eine von der Insolvenzordnung unterschiedliche Regelung getroffen werden kann. Einer dieser Punkte betrifft die Haftung des Schuldners nach Beendigung des Insolvenzverfahrens. Im Rahmen des Insolvenzplans kann der Schuldner daher von der Nachhaftung befreit werden. Auch ist es im Rahmen eines Insolvenzplans möglich, die gegenwärtige Haftung zu beschränken. Hier werden gegenwärtiges und zukünftiges Vermögen nicht unterschiedlich behandelt. Die Kooperationsbereitschaft der Gläubiger kann größer sein, wenn es möglich ist, eine umfassende Regelung zu treffen. Für die Befriedigung der Gläubiger kann das sofortige Entgegenkommen bezüglich des gegenwärtigen Vermögens unter Umständen vorteilhaft sein.[184] Um die Entlastung des Schuldners nicht an einzelnen widersprechenden Gläubigern scheitern zu lassen, macht § 244 InsO die Annahme des Plans nicht von der Zustimmung aller Gläubiger abhängig. Im Schuldenbereinigungsplan gilt dagegen zwar das Einstimmigkeitsprinzip. Doch auch hier kommt eine gerichtliche Zustimmungsersetzung in Frage.[185]

---

[182] *Foerste*, Rn. 623 (S. 282).

[183] *Schiessler*, § 2 (S. 5 f.).

[184] *Häsemeyer*, Rn. 2.38 (S. 49).

[185] *Häsemeyer*, Rn. 2.43a f. (S. 52 f.).

cc) Zusammenfassung

Im Ergebnis läßt sich feststellen, daß der hier zu untersuchende Vertrag zwischen Schuldner und Gläubigern im Spannungsfeld zwischen einem Verfahren nach den Vorschriften der Insolvenzordnung und der damit verbundenen Restschuldbefreiung und einem privatautonom bestimmten Verfahren steht. Nach dem Willen der Parteien soll die Haftungsgrundlage im Rahmen des Regelverfahrens leicht modifiziert werden und eine Restschuldbefreiung ohne Einhaltung der gesetzlichen Regeln stattfinden. Die Vereinbarung betrifft damit sowohl die Haftung mit dem gegenwärtigen als auch mit dem zukünftigen Vermögen. Zu prüfen ist, ob diese Modifikationen im Hinblick auf die insolvenzrechtlichen Regelungen zulässig sind.

b) Die Wirksamkeit der selbstbestimmten Restschuldbefreiung im Verhältnis zum Restschuldbefreiungsverfahren

Hinsichtlich der privatautonom geregelten „Restschuldbefreiung" ist zu untersuchen, ob das gesetzlich ausgestaltete Restschuldbefreiungsverfahren der Wirksamkeit entgegensteht. Die Parteien haben einen Verzicht der Gläubiger auf die Forderungen vereinbart, die nach Ende des Insolvenzverfahrens noch nicht befriedigt sind. Es handelt sich um einen Ausschluß der Nachhaftung des Schuldners und betrifft damit das zukünftige Vermögen.

Das von der Insolvenzordnung festgelegte Verfahren und die gesetzlich bestimmten Pflichten werden umgangen, wenn Schuldner und Gläubiger vertraglich eine Art Restschuldbefreiung vereinbaren, welche nicht in einem Insolvenz- oder einem Schuldenbereinigungsplan erfolgt. Ob dies dennoch zulässig ist, hängt davon ab, ob das Verfahren nach den §§ 286 ff. InsO im Rahmen des gesetzlich vorgesehenen Insolvenzverfahrens eine ausschließliche Regelung zur Schuldenbefreiung enthält. Ebenso stünde das Restschuldbefreiungsverfahren der Wirksamkeit der privatautonomen Regelung entgegen, wenn der Zweck des Verfahrens umgangen würde.

Das Restschuldbefreiungsverfahren wird nur auf Antrag des Schuldners eröffnet. Es steht dem Schuldner also frei, ob er von der Möglichkeit des Restschuldbefreiungsverfahrens Gebrauch machen will. Ebenso kann er vertraglich mit einzelnen oder allen Gläubigern im Anschluß an ein Insolvenzverfahren oder davor einen Forderungsverzicht vertraglich vereinbaren. Sich darauf einzulassen, steht in freiem Ermessen der Gläubiger. Ist das Verfahren bereits eröffnet, liegt es allein in der Hand des Schuldners, sich gesetzestreu zu verhalten und die Restschuldbefreiung durch Gerichtsbeschluß zu erlangen. Hält er sich nicht an die Obliegenheiten, kann jeder Insolvenzgläubiger die Versagung der Befreiung nach § 296 InsO beantragen. Es steht den Gläubigern aber ebenso frei, auf die Beantragung der Versagung und somit letztlich auf die Forderung zu verzichten. Das Restschuldbefreiungsverfahren kann daher auch durch Entscheidungen einzelner oder aller Gläubiger mitbestimmt werden. Das Restschuldbefreiungsverfahren ist kein starres Verfahren. Es läßt vielmehr Raum für einen gewissen Einfluß der Gläubiger.

Sinn der Einführung der Restschuldbefreiung war, dem Schuldner die Möglichkeit zu geben, sich eine neue wirtschaftliche Existenz aufzubauen. Er sollte die Chance bekommen, nach Abschluß des Insolvenz- und Restschuldbefreiungsverfahrens schuldenfrei zu sein und so wieder einen Anreiz zur Arbeit haben. Eine Flucht in die Schwarzarbeit sollte vermieden werden.[186] Dieser Zweck wird durch die Vereinbarung zwischen Schuldner und Gläubiger nicht umgangen. Auch hier soll der Schuldner schuldenfrei werden. Die Gelegenheit, wirtschaftlich neu anzufangen, wird ihm nicht genommen. Vielmehr steht der Schuldner nach der privatautonomen Regelung besser dar. Die Gläubiger verzichten auf ihre nicht befriedigten Forderungen schon mit Abschluß des Insolvenzverfahrens. Dem Schuldner bleibt die lange Wohlverhaltensperiode erspart. Der Sinn des Restschuldbefreiungsverfahrens kann daher der Wirksamkeit des Vertrags zwischen Schuldner und Gläubiger nicht entgegenstehen.

Die Restschuldbefreiung nach der Insolvenzordnung kann nach alledem nur eine, aber nicht die einzige Möglichkeit des Schuldners sein, nach Abschluß eines Insolvenzverfahrens schuldenfrei zu werden. Das Restschuldbefreiungsverfahren will keine privatautonomen Entscheidungen ausschließen. Umgekehrt stellt es gerade eine zusätzliche, gesetzlich geregelte Option dar, eine Restschuldbefreiung durch hoheitlichen Gerichtsbeschluß zu erlangen, wenn es dem Schuldner nicht gelingt, durch eine Vereinbarung mit den Gläubigern von der Haftung befreit zu werden.[187] Kann nun aber das Restschuldbefreiungsverfahren eine Haftungsbefreiung des Schuldners ohne, ja sogar gegen den Willen der Gläubiger erreichen, muß es den Gläubigern erst recht gestattet werden, freiwillig – in der Regel wohl als Gegenleistung für eine Leistung des Schuldners – auf ihre Forderungen zu verzichten und dem Schuldner selbstbestimmte Pflichten aufzuerlegen.

Die Regeln über die Restschuldbefreiung stehen einer privatautonomen anderweitigen Vereinbarung zwischen Schuldner und Gläubiger nicht entgegen.[188]

---

[186] Siehe dazu bereits oben S. 3 ff.

[187] Vgl. *Marotzke*, ZVI 2003, 309, 313.

[188] *Häsemeyer*, Rn. 26.45 (S. 667).

Die Wirksamkeit des Verzichts der Gläubiger auf den nicht befriedigten Teil ihrer Forderung ist daher zu bejahen.

c) Die Wirksamkeit der Beschränkung der Haftungsgrundlage

Problematischer als der Forderungsverzicht nach Abschluß des Insolvenzverfahrens ist die Vereinbarung, daß den Gläubigern im laufenden Verfahren nur die Hälfte des Nachlaßwertes als Haftungsgrundlage zur Verfügung stehen soll. Es handelt sich um eine Haftungsbeschränkung des gegenwärtigen Vermögens auf einen bestimmten Teil. Diese Beschränkung ist Folge der vertraglichen Vereinbarung und weicht von der Grundkonzeption der insolvenzrechtlichen Haftungsordnung ab. Nach der Grundregel der §§ 35 ff. InsO wäre mit dem Anfall der Erbschaft der ganze Nachlaß Bestandteil der Insolvenzmasse[189] und würde spätestens mit Ablauf der Ausschlagungsfrist mit seinem ganzen Wert den Gläubigern als Haftungsgrundlage zur Verfügung stehen. Fraglich ist daher, ob eine Vereinbarung, die die Haftung des Schuldners auf einen Teil des Vermögens begrenzt, überhaupt und insbesondere im Insolvenzverfahren zulässig ist.

Das Gesetz normiert Fälle, in denen ein Schuldner ohne die Mitwirkung der Gläubiger seine Haftung beschränken kann. § 1990 BGB sieht vor, daß der Erbe seine Haftung gegenüber den Nachlaßgläubigern auf den Nachlaß beschränken kann, wenn die Anordnung der Nachlaßverwaltung oder die Eröffnung des Nachlaßinsolvenzverfahrens mangels Masse nicht tunlich sind. Es wäre für den Erben unzumutbar, einen zur Deckung der Verfahrenskosten ausreichenden Geldbetrag vorzuschießen.[190] § 1629 a BGB gibt einem Minderjährigen die Möglichkeit, bei Eintritt der Volljährigkeit seine Haftung auf das zu diesem Zeitpunkt bestehende Vermögen zu beschränken. Der Minderjährige soll hier davor geschützt werden, als Folgen der gesetzlichen Vertretungsmacht seiner Eltern mit erheblichen Schulden in die Volljährigkeit entlassen zu werden.[191] Diese Normen setzen den Schutz des Schuldners über den der Gläubiger. Die wirtschaftliche Freiheit des 18-jährigen ist schützenswerter als das Befriedigungsinteresse seiner Gläubiger. Die Nachlaßgläubiger verdienen weniger Schutz als der Erbe, weil sie bei Forderungsbegründung mit dem Erblasser nicht damit rechnen durften, daß ihnen mehr Haftungsmasse zur Verfügung stehen würde als das Vermögen des Erblassers.

---

[189] Zur Gegenansicht siehe oben S. 7 ff.

[190] *MüKo/Siegmann*, § 1990 Rn. 1.

[191] *MüKo/Peter Huber*, § 1629a Rn. 1.

Der Schuldner kann also die Haftung in den genannten Fällen ohne oder gegen den Willen der Gläubiger beschränken. Eine solche Beschränkung muß daher erst recht mit Einverständnis der Gläubiger möglich sein. Eine vertragliche Haftungsbeschränkung auf einen bestimmten Vermögensteil ist daher grundsätzlich ebenso zulässig wie ein Forderungsverzicht.[192]

Bei dem hier zu beurteilenden Sachverhalt handelt es sich jedoch um eine Sonderkonstellation. Die Vereinbarung, die Haftungsgrundlage zu beschränken, wird im laufenden Insolvenzverfahren vorgenommen. Dessen Schutzzweck und dessen Regeln dürfen daher nicht entgegenstehen.

aa) Die Regeln über den Insolvenzplan

Schuldner und Gläubiger modifizieren durch die Vereinbarung inhaltlich einen Teil des Insolvenzverfahrens. Entgegen der Regel der §§ 35 f. InsO bestimmen sie, daß ein Teil des Nachlasses nach Annahme der Erbschaft trotz eigentlicher voller Zugehörigkeit zur Insolvenzmasse insolvenzfrei sein soll. Die Insolvenzordnung sieht Möglichkeiten vor, seitens der Gläubiger auf das Verfahren Einfluß zu nehmen. So bieten die Regeln über den Insolvenzplan bzw. das Schuldenbereinigungsverfahren den Gläubigern eine Alternative zum regulären Verfahren. In dem vorgegebenen Rahmen obliegt es ihnen, das Verfahren anderweitig zu regeln. Die hier zu beurteilende Vereinbarung wurde jedoch weder im Rahmen eines Schuldenbereinigungs- noch im Rahmen eines Insolvenzplans getroffen.[193] Daher ist zu prüfen, ob daneben Raum für weitere privatautonome Regelungen ist.

Der Insolvenzplan soll eine Stärkung der Gläubigerautonomie im Insolvenzverfahren bewirken.[194] Zum Schutz einzelner unterlegener Gläubiger bedarf es jedoch der Einschränkung der Befugnisse. Sinn des Insolvenzplans ist es u. a., eine Entlastung des Schuldners nicht an einzelnen Gläubigern scheitern zu lassen. Daher ist es nach der Insolvenzordnung nicht notwendig, daß sämtliche Gläubiger dem Plan zustimmen (§ 244 InsO). Trotz fehlender Zustimmung einzelner

---

192 *Marotzke*, ZVI 2003, 309, 313; siehe auch *Brox*, Rn. 650 (S. 376); *Staudinger/Marotzke*, Vorbem. zu §§ 1967-2017, Rn. 17.

193 Im Verbraucherinsolvenzverfahren besteht die Möglichkeit zur Verabschiedung eines Insolvenzplans ohnehin nicht (§ 312 Abs. 3 InsO). Auch im Regelverfahren wäre das Zustandebringen eines Insolvenzplans aufgrund der kurzen Erbschaftsausschlagungsfrist (§ 1944 BGB: 6 Wochen) unwahrscheinlich; vgl. *MüKo/Eidenmüller*, InsO, vor §§ 217-269, Rn. 55: „Das Insolvenzplanverfahren ist ein [...] langwieriges Verfahren ...".

194 *Foerste*, Rn. 469 (S. 219).

Gläubiger wird der Insolvenzplan auch diesen Gläubigern gegenüber wirksam. Dieses Übergehen der nicht zustimmenden Minderheit bedarf jedoch der Rechtfertigung und der Einschränkung. Der Gesetzgeber ist dazu angehalten, die Minderheit vor der Übermacht auch privater Dritter zu schützen.[195] § 251 InsO stellt daher eine Begrenzung des Mehrheitsprinzips und der Gläubigerautonomie dar.[196] Auch bestimmt die Insolvenzordnung Regeln zur Erstellung und zum Inhalt des Plans. Nur durch Einhaltung der gesetzlichen Regeln kann das Recht der nicht zustimmenden Gläubiger eingeschränkt werden. So muß der Plan inhaltlich tatsächlich eine Besserstellung der Gläubiger bewirken können und den Grundsatz der Gleichbehandlung aller Gläubiger wahren.[197]

Der hier zu beurteilenden Vereinbarung haben alle Gläubiger zugestimmt. Es bedarf keiner Regelung, die es ermöglicht, einzelne Gläubiger zu überstimmen. Der Schutzzweck der insolvenzrechtlichen Regeln hinsichtlich des Minderheitenschutzes wird nicht berührt. Der Vertrag wirkt gegenüber allen Gläubigern aufgrund der Zustimmung jedes Einzelnen.

Neben einzelnen Gläubigern schützen die Regeln über den Insolvenzplan auch den Schuldner. Auch das darf bei der Beurteilung der Wirksamkeit einer anderweitigen Vereinbarung nicht außer acht gelassen werden. Der Schuldner darf ohne seine Zustimmung zum Insolvenzplan nicht schlechter gestellt werden als er ohne einen solchen Plan stünde. Nach § 247 InsO kann der Schuldner daher dem Insolvenzplan widersprechen. Das Gericht darf dann nach § 248 InsO den Plan nicht bestätigen. Ist eine Schlechterstellung des Schuldners jedoch nicht zu erwarten, kann das Mitwirkungsrecht des Schuldners ausgeschlossen werden (vgl. § 247 Abs. 2 InsO). Auch diese Bestimmungen zum Schutz des Schuldners werden in der hier vorliegenden Vereinbarung nicht tangiert. Der Schuldner hat zum einen dem Vertrag zugestimmt. Und zum anderen bewirkt die Vereinbarung eher eine Verbesserung der Lage des Schuldners als eine Schlechterstellung.

Die Regeln über den Insolvenzplan schließen eine anderweitige selbstbestimmte Vereinbarung nicht aus. Sie sind zwar das Grundkonzept für privatautonome Regelungen und bedeutend insbesondere für den Fall, daß keine einvernehmliche Vereinbarung zwischen dem Schuldner und allen Gläubigern zustande kommt.[198]

---

[195] *Lepa*, S. 252.

[196] *Lepa*, S. 251.

[197] *Häsemeyer*, Rn. 2.44 (S. 53).

[198] *Marotzke*, ZVI 2003, 309, 313.

Ein mit der Zustimmung aller Beteiligter geschlossener Vertrag stellt jedoch eine zusätzliche Option dar.

bb) Die Regeln der §§ 35 f. InsO

Zu prüfen ist weiter, ob die Regeln der §§ 35 f. InsO bzw. deren Schutzzweck einer Vereinbarung zwischen Schuldner und Gläubiger entgegenstehen, wenn die Parteien damit Einfluß auf den Umfang der Masse nehmen. Wie bereits dargestellt, dienen die §§ 35 f. InsO dem Zweck, die Rechte der Gläubiger zu schützen. Sie bestimmen eine möglichst weitgehende Haftung des Schuldners mit dem gegenwärtigen Vermögen. Das gegenwärtige Vermögen umfaßt sowohl das Vermögen, das der Schuldner im Zeitpunkt der Eröffnung des Insolvenzverfahrens besitzt als auch die Vermögenswerte, die er im laufenden Verfahren erwirbt. Diese weitreichende Haftung des Schuldners mit seinem gegenwärtigen Vermögen ist notwendig, um den grundrechtlich gewährleisteten Eigentumsschutz (Art. 14 Abs. 1 GG) der Gläubiger zu wahren. Diese können mit dem Ausschluß der Nachhaftung des Schuldners durch das Restschuldbefreiungsverfahren ihre nicht befriedigten Forderungen verlieren. Mithin ist eine Regelung, die die Haftung des Schuldners mit seinem gegenwärtigen Vermögen einschränkt, problematisch. Eine derartige gesetzliche Regelung wäre unzulässig. Bei der Beurteilung der hier zwischen Schuldner und Gläubigern getroffenen Vereinbarung ist jedoch zu bedenken, daß alle Gläubiger dem Vertrag zugestimmt haben. Die Gläubiger haben in ihrer Gesamtheit auf den sie schützenden Zweck der §§ 35 f. InsO verzichtet.[199] Der Zweck der Normen wird damit nicht umgangen. Hinzu kommt, daß es sich bei dem hier vorliegenden Sachverhalt hinsichtlich der Einschränkung der Haftung mit dem gegenwärtigen Vermögen um einen Teil eines Nachlasses handelt. Wie bereits ausgeführt, nimmt erbrechtlich erworbenes Vermögen im Insolvenzrecht eine Sonderstellung ein. Trotz Zugehörigkeit des Nachlasses zur Insolvenzmasse mit dem Anfall der Erbschaft[200] wird gemäß § 83 InsO dem Schuldner das Recht belassen, über Annahme oder Ausschlagung der Erbschaft frei zu entscheiden. Das Prinzip der §§ 35 f. InsO, jegliches Vermögen und jeglichen Vermögenserwerb ohne zu-

---

[199] Hätte einer der Gläubiger der Vereinbarung dagegen nicht zugestimmt, wäre die Wirksamkeit problematisch. Ihm gegenüber hätte der Verzicht auf die Hälfte des Nachlasses als Haftungsgrundlage keine Wirkung, da er nicht auf den Schutz der §§ 35 f. InsO verzichtet hätte.

[200] So nach der hier zugrunde gelegten Ansicht. Die Argumentation kann aber auch nach der herrschenden Meinung nicht anders sein. In diesem Fall würde der Nachlaß vor der Annahme noch gar nicht in die Insolvenzmasse gehören. Der Schutzzweck der §§ 35 f. InsO wäre noch weiter eingeschränkt.

sätzliche Handlung des Schuldners zur Insolvenzmasse zu ziehen bzw. deren Verwertbarkeit herbeizuführen, wird durchbrochen. Hier hat die Entscheidungsfreiheit des Erben über Annahme oder Ausschlagung der Erbschaft Vorrang vor dem Eigentumsrecht der Gläubiger. Der Erbe hat es durch die Möglichkeit der Ausschlagung der Erbschaft in der Hand, die Gläubiger ganz von der Verwertung des Nachlasses auszuschließen. Wenn der Schuldner damit selbständig und unabänderbar das Ziel der §§ 35 f. InsO aufheben kann, muß es erst recht möglich sein, durch Zusammenwirken von Schuldner und Gläubigern die §§ 35 f. InsO zu modifizieren. Hier stehen sich wiederum bei der Kollision von Insolvenz- und Erbrecht zwei Grundsätze gegenüber: Zum einen der Schutz der Gläubiger, der verlangt, die Masse möglichst umfangreich zu lassen, und zum anderen der Schutz der höchstpersönlichen Entscheidung des Erben, die es dem Schuldner gestattet, den ganzen Nachlaß dem Haftungszugriff der Gläubiger zu entziehen. Die Entscheidung der Parteien, die Hälfte des Nachlasses als Haftungsobjekt zu verwenden, stellt daher einen privatautonomen Ausgleich der Interessen dar. Der Schuldner übt sein Entscheidungsrecht durch die Annahme im Sinne der Gläubiger aus und diese verzichten daraufhin auf einen Teil des ihnen gebührenden und durch die §§ 35 f. InsO verwirklichten Schutzes. Der Sinn und Zweck der insolvenzrechtlichen Haftungsregelung steht daher der Vereinbarung nicht entgegen.

cc) Ergebnis

Die vertragliche Haftungsbeschränkung des gegenwärtigen Vermögens ist damit wirksam. Eine Grenze hinsichtlich der Dispositionsmöglichkeit der Gläubiger kann es nur dann geben, wenn die Rechte anderer Beteiligter verletzt werden.[201] Da die Vereinbarung auf Einigkeit aller Beteiligten beruht, ist die Privatautonomie nicht eingeschränkt. Auch stehen weder die insolvenzrechtlichen Vorschriften über den Insolvenzplan bzw. den Schuldenbereinigungsplan noch Sinn und Zweck der Normen bezüglich der Insolvenzmasse einer derartigen Vereinbarung entgegen.

---

[201] Vgl. *Baur/Stürner*, Rn. 6.10 (S. 63).

II. Die Wirkungen der Verpflichtungen

1. Die Verpflichtung des Schuldners

Der Schuldner hat sich wirksam dazu verpflichtet, die Annahme der Erbschaft zu erklären bzw. die Erbschaft nicht auszuschlagen. Erklärt der Schuldner die Annahme der Erbschaft oder läßt er die Ausschlagungsfrist untätig verstreichen, ist die Verpflichtung erfüllt. Die Erbschaft ist – zumindest zur Hälfte – für die Gläubiger verwertbar. Den Interessen der Gläubiger ist genüge getan. Problematischer ist der Fall, daß der Schuldner die Erbschaft vereinbarungswidrig ausschlägt. Nach § 83 InsO wäre die Ausschlagung wirksam und unanfechtbar. Die Gläubiger hätten in diesem Fall lediglich in Folge der Vertragsverletzung einen Anspruch auf Schadensersatz gemäß den §§ 280 ff. BGB. In der Insolvenz des Schuldners würde ein solcher Anspruch den Interessen der Gläubiger jedoch nicht entsprechen. Fraglich ist daher, wie ein Schutz der Gläubiger zu bewirken ist.

a) Durchsetzung der Verpflichtung des Schuldners durch die Gläubiger

Die Gläubiger könnten die Verpflichtung des Schuldners durchsetzen und so das Ziel, die Annahme der Erbschaft, erreichen. Die Annahme der Erbschaft ist eine Willenserklärung, welche der Schuldner abgeben muß. In der Einzelzwangsvollstreckung findet in einem solchen Fall § 894 Abs. 1 ZPO Anwendung. Wenn der Schuldner zur Abgabe der Willenserklärung – Annahme der Erbschaft – verurteilt wurde, gilt die Erklärung mit Rechtskraft des Urteils als abgegeben. Es handelt sich um eine kraft gesetzlicher Fiktion eintretende Ersatzvornahme.[202] Die Gläubiger könnten grundsätzlich auf diesem Weg die Annahme der Erbschaft erreichen. Der Schuldner könnte nach der Annahme die Erbschaft gemäß § 1943 BGB nicht mehr ausschlagen. Problematisch ist jedoch, daß bis zur Rechtskraft des Urteils in der Regel viel Zeit vergeht und die Effektivität des Gläubigerschutzes damit in Frage gestellt ist. Der Schuldner könnte weiterhin innerhalb der Frist ausschlagen. Weiteres Problem ist, daß die Vereinbarung während eines laufenden Insolvenzverfahrens abgeschlossen wurde.

Bleibt der Schuldner während des Verfahrens der Gläubiger zur Durchsetzung ihres Anspruchs auf Annahme der Erbschaft untätig, läuft die Ausschlagungsfrist gemäß § 1944 Abs. 1 BGB ab und die Erbschaft gilt gemäß § 1943 BGB als angenommen. Die Vollstreckung nach § 894 Abs.1 ZPO wäre überflüssig. Der

---

[202] *Stein/Jonas/Brehm*, § 894 Rn. 1, 21.

Schuldner könnte jedoch statt untätig zu bleiben auch die Erbschaft vor Rechtskraft des Urteils ausschlagen. In diesem Fall würde die Vollstreckung nach § 894 Abs.1 ZPO ebenfalls ins Leere gehen, da die Annahme der Erbschaft nach Ausschlagung nicht mehr möglich ist. Auch eine gegebenenfalls mögliche einstweilige Verfügung könnte den Schuldner an einer vorherigen Ausschlagung der Erbschaft nicht hindern.[203] Um einen effektiven Schutz der Gläubiger zu erreichen, wäre es daher notwendig, neben der Verurteilung des Schuldners zur Abgabe der Willenserklärung „Annahme der Erbschaft" auch eine Unterlassungsverfügung zu erwirken mit dem Ziel, dem Schuldner die Ausschlagung der Erbschaft zu untersagen. Die Verpflichtung des Schuldners zur Annahme der Erbschaft beinhaltet als Nebenpflicht auch, daß der Schuldner es unterläßt die Erbschaft auszuschlagen, um das Vertragsziel nicht unmöglich zu machen. Diese Unterlassungspflicht könnten die Gläubiger im Wege der einstweiligen Verfügung gemäß § 935 ZPO geltend machen. Durch § 935 ZPO kann ein Streitgegenstand gesichert werden.[204] Auch eine Nebenpflicht, die in einem Unterlassen besteht, kann nach § 935 ZPO durch einstweilige Verfügung gesichert werden.[205] Der Erlaß einer einstweiligen Verfügung erfordert jedoch eine Gefährdung des Anspruchs. Sicher ist, daß der Anspruch der Gläubiger auf Annahme der Erbschaft nach der Ausschlagung ins Leere läuft. Macht der Schuldner aber keinerlei Anstalten, die Erbschaftsausschlagung zu erklären, ist fraglich, ob hinreichender Grund für den Erlaß einer einstweiligen Verfügung besteht. Insofern ist fraglich, ob die Durchsetzung des Anspruchs der Gläubiger geeignet ist, den Schutz der Gläubiger zu gewährleisten. Das hinge von dem Verhalten des Schuldners nach Abschluß des Vertrages ab.

Neben der Frage nach der Effektivität der Vollstreckung des Anspruchs auf Annahme der Erbschaft mittels einer einstweiligen Verfügung nach § 935 ZPO ist fraglich, ob eine solche Vorgehensweise im Rahmen eines Insolvenzverfahrens überhaupt zulässig ist. Gemäß § 89 InsO sind Zwangsvollstreckungen für einzelne Gläubiger während der Dauer des Insolvenzverfahrens weder in die Insolvenzmasse noch in das sonstige Vermögen des Schuldners zulässig. Von diesem Verbot werden auch einstweilige Verfügungen nach § 935 ZPO erfaßt.[206] § 89 InsO dient dem Schutz der gesetzlichen Haftungsordnung und insbesondere dem

---

[203] Siehe dazu für den Fall einer Verpflichtung des Schuldners zur Ausschlagung der Erbschaft *Dieterlen*, S. 53 ff.

[204] *Baumbach/Lauterbach/Albers/Hartmann/Hartmann*, § 935 Rn. 1; *Musielak/Huber*, 3. Auflage, § 935 Rn. 1.

[205] *Zöller/Vollkommer*, § 935 Rn. 6.

[206] *MüKo/Breuer*, InsO, § 89 Rn. 13.

Grundsatz der Gläubigergleichbehandlung.[207] Die Norm ist Ausdruck des Grundsatzes, daß das Insolvenzverfahren als Gesamtvollstreckungsverfahren die Einzelzwangsvollstreckung verdrängt.[208] Die gemeinschaftliche Befriedigung der Insolvenzgläubiger aus dem Vermögen des Schuldners als Ziel der Insolvenzordnung könnte nicht erreicht werden, wenn es einzelnen Gläubigern gestattet wäre, während des Verfahrens im Wege der Einzelzwangsvollstreckung auf das Vermögen des Schuldners zuzugreifen.[209] Durch den hier zu vollstrekkenden Anspruch besteht zwar keine Gefahr einer Gläubigerungleichbehandlung, so daß nach dem Schutzzweck der Norm hier unter Umständen eine Vollstreckung in Frage käme. Hier geht es gerade nicht darum, Forderungen außerhalb des Verteilungsverfahrens der Insolvenzordnung durchsetzen. Vielmehr geht es darum, der Insolvenzmasse weitere Vermögenswerte, den Nachlaß, zuzuführen. Dennoch ist der Wortlaut des § 89 InsO eindeutig. Zudem bringt die Vollstreckung nicht den erwünschten Erfolg, da eine einstweilige Verfügung nicht unbedingt erlassen werden kann und selbst bei Erlaß der Verfügung der Schuldner weiterhin wirksam ausschlagen kann. Ein gegebenenfalls eintretender Schadensersatzanspruch bietet keinen ausreichenden Schutz für die Gläubiger.

Im Ergebnis ist der Erlaß einer einstweiligen Verfügung, die dem Schuldner die Ausschlagung der Erbschaft untersagt, nicht geeignet, den Schutz der Gläubiger hinreichend zu gewährleisten.

b) Unwirksamkeit der Erbschaftsausschlagung

Der beste Schutz der Gläubiger bestünde dann, wenn es dem Schuldner in Folge der Verpflichtung nicht mehr möglich wäre, die Erbschaft wirksam auszuschlagen. Dieses Ergebnis könnte auf verschiedenen Wegen herbeigeführt werden. Die Ausschlagung könnte gemäß § 1943 BGB unwirksam sein (a) – dies wäre dann der Fall, wenn man in der Verpflichtung selbst bereits konkludent die Annahme der Erbschaft sehen könnte – oder in Folge der Verpflichtung des Schuldners selbst (b).

aa) Die Annahme der Erbschaft durch die Verpflichtung

Man könnte in dem Verpflichtungsvertrag selbst schon die Annahme der Erbschaft erblicken. Hätte der Schuldner die Erbschaft dadurch bereits angenom-

---

[207] *Häsemeyer*, Rn. 10.34 (S. 242).

[208] *MüKo/Breuer*, InsO, § 89 Rn. 1.

[209] *MüKo/Breuer*, InsO, § 89 Rn. 1.

men, wäre eine spätere Ausschlagung gemäß § 1943 BGB unwirksam. Neben der ausdrücklichen Annahme ist auch ein Verhalten des Erben, das auf seinen Willen, die Erbschaft zu behalten, schließen läßt, als Annahme zu werten.[210] Für die Annahme muß der endgültige Annahmewille durch eine gewisse gewollte Publizität zum Ausdruck kommen.[211] Der Schuldner hat durch seine Verpflichtung zwar den Willen formuliert, daß er die Erbschaft annehmen will. Allein der Wille, daß er die Annahme in Zukunft erklären will, kann jedoch noch nicht die Annahme selbst darstellen. Durch die bloße Verpflichtung hat der Schuldner über den Nachlaß oder Teile dessen – worin unter Umständen eine konkludente Annahme der Erbschaft liegen könnte – noch nicht verfügt. Trotz der Verpflichtung bedarf es einer nochmaligen Entscheidung des Schuldners. Der Schuldner muß die Erbschaft noch annehmen oder die Ausschlagungsfrist verstreichen lassen. Eine konkludente Annahme läßt sich nicht schon durch die bloße Ankündigung zur Annahme erreichen. Das schlüssige Verhalten muß eindeutig auf eine Annahme hinweisen.[212] Selbst eine Verfügung über Erbschaftsgegenstände ist nicht zwingend als konkludente Annahme zu werten, wie sich aus § 1959 Abs. 2 BGB ergibt.[213] Bei den Verhandlungen mit den Gläubigern stellt der Schuldner sein Recht zur Annahme lediglich zur Disposition und verpflichtet sich dazu, sein Recht im Sinne seiner Verpflichtung auszuüben. Die Annahme selbst kann in der Verpflichtung jedoch noch nicht gesehen werden. Eine nach der Verpflichtung des Schuldners erfolgte Ausschlagung der Erbschaft ist folglich nicht gemäß § 1943 BGB unwirksam.

bb) Die Unwirksamkeit der Ausschlagung in Folge der Verpflichtung

(1) Vergleichbare Wirkung wie Prozeßverträge

Der Vereinbarung zwischen dem Schuldner und den Gläubigern könnte eine den Prozeßverträgen im Zivilprozeßrecht vergleichbare Wirkung beigemessen werden. Bei Prozeßverträgen tritt der durch den Vertrag erstrebte prozessuale Erfolg unmittelbar ein. Die Wirkung ist dabei in der Regel durch eine Einrede geltend zu machen.[214] Hat der Schuldner sich also beispielsweise dazu verpflichtet, eine

---

210 *Brox*, Rn. 310 (S. 185).

211 *Lange/Kuchinke*, § 8 II 2. (S. 181).

212 *Michalski*, Rn. 170 (S.67).

213 *Michalski*, Rn. 170 (S.67).

214 *Rosenberg/Schwab/Gottwald*, § 66 II 1. Rn. 2 (S. 420); zu den anderen Ansichten siehe *Wagner*, S. 213.

Klage zurückzunehmen und führt diese dennoch weiter, wird die Klage auf Einrede des Gläubigers hin als unzulässig abgewiesen.[215] Eine ähnliche Wirkung könnte die Vereinbarung zwischen dem Schuldner und den Gläubigern im vorliegenden Fall haben. Die Ausschlagung wäre auf Einrede der Gläubiger unwirksam. Problematisch an einer solchen Wirkung wäre jedoch, daß auf diese Weise nicht der Schuldner, sondern letztlich die Gläubiger über die endgültige Annahme oder Ausschlagung der Erbschaft entschieden. Ob die Gläubiger die Einrede bei Ausschlagung der Erbschaft durch den Schuldner geltend machen, läge in ihrer Hand. Die Rechtssicherheit, die im Normalfall durch die Ausschlagung oder Annahme der Erbschaft eintritt, wäre nicht mehr gegeben. Das Schicksal der Erbschaft wäre weiterhin in einem Schwebezustand und könnte nur durch eine Entscheidung der Gläubiger beseitigt werden. Dies widerspricht dem Prinzip, daß der Schuldner allein über Annahme oder Ausschlagung der Erbschaft entscheiden können soll. Dieser Weg zur Sicherung der Gläubiger ist somit abzulehnen.

(2) Unwirksamkeit nach § 81 InsO

Die Unwirksamkeit einer vereinbarungswidrigen Ausschlagung des Schuldners könnte sich auch aus der allgemeinen Regel des § 81 InsO ergeben. Nach § 81 InsO ist eine Verfügung des Schuldners über einen Gegenstand der Insolvenzmasse, die er nach der Eröffnung des Insolvenzverfahrens tätigt, unwirksam. An sich sieht § 83 InsO hinsichtlich einer Erbschaft eine Ausnahme vor. Gemäß § 83 InsO ist die Ausschlagung einer Erbschaft durch den Schuldner grundsätzlich wirksam. Die Entscheidung über Annahme oder Ausschlagung der Erbschaft als höchstpersönliches Recht ist dem Schuldner vorbehalten. Der Schuldner kann also frei ohne Beeinflussung durch seine Gläubiger entscheiden, ob er die Erbschaft annehmen will. Diese Entscheidung trifft der Schuldner in der Regel dadurch, daß er die Erbschaft ausschlägt oder annimmt bzw. die Ausschlagungsfrist verstreichen läßt. Die Dokumentation der Entscheidung des Erben nach außen durch die Annahme oder die Ausschlagung selbst ist jedoch nicht zwingend. Zur Erfüllung des Sinns und Zwecks des § 83 InsO ist es lediglich geboten, daß der Schuldner die Entscheidung, wie er mit der Erbschaft verfahren will, ohne Zwang und ohne Beeinflussung trifft. Hat der Schuldner sich wirksam dazu verpflichtet, die Erbschaft anzunehmen, hat er damit seine Entscheidung getroffen. Er hat sich dazu entschlossen, die Erbschaft nicht auszuschlagen. Der Schuldner hat sein Recht aus § 83 InsO abschließend wahrge-

[215] BGHZ 20, 198, 205.

nommen.[216] Gleichzeitig hat er durch die Verpflichtung seinen gefaßten Willen dokumentiert. Damit ist der Sinn und Zweck des § 83 InsO erfüllt. Im folgenden bedarf es der Ausnahmeregelung damit nicht mehr. Die Erbschaft unterfällt den allgemeinen Regeln. Da der Nachlaß nach zutreffender Ansicht auch schon vor der Annahme Bestandteil der Insolvenzmasse ist[217], finden die §§ 80 ff. InsO Anwendung. Schlüge der Schuldner die Erbschaft nach seiner Verpflichtung zur Annahme und des damit einhergehenden Wegfalls seines Rechts aus § 83 InsO aus, würde er dadurch Vermögen aus der Insolvenzmasse entfernen. Damit wäre die Verfügung „Ausschlagung" gemäß § 81 InsO unwirksam.

Der Schuldner hat also nur noch das Recht, die Erbschaft anzunehmen. Dieses Recht geht keineswegs durch die Verpflichtung des Schuldners auf die Gläubiger oder den Insolvenzverwalter über. Nimmt der Schuldner die Erbschaft nicht ausdrücklich an, brauchen die Gläubiger nur das Ende der Ausschlagungsfrist abzuwarten. Danach gilt die Erbschaft gemäß § 1943 BGB ohnehin als angenommen. Da auch die Gefahr der Ausschlagung durch den Schuldner nicht mehr besteht, stellt diese Lösung den richtigen Weg dar, die Gläubiger zu schützen und ihnen zu ihrem Recht aus dem Vertrag zu verhelfen.

c) Ergebnis

Die Durchsetzung des Anspruchs der Gläubiger nach § 935 ZPO ist aufgrund des § 89 InsO ausgeschlossen.

In der Verpflichtung des Schuldners zur Annahme der Erbschaft ist nicht gleichzeitig die Annahme selbst zu sehen. Der Schuldner stellt damit lediglich eine zukünftige Entscheidung bestimmten Inhalts in Aussicht. Die Unwirksamkeit einer späteren Ausschlagung ergibt sich somit nicht aus § 1943 BGB.

Auch eine Einrede der Gläubiger, die die Unwirksamkeit einer vereinbarungswidrigen Ausschlagung des Schuldners bewirken würde, ist nicht gegeben. Eine solche würde der Tatsache widersprechen, daß der Schuldner als einziger über die Annahme oder Ausschlagung der Erbschaft soll entscheiden können.

Der einzige Schutz der Gläubiger besteht darin, daß der Schuldner die Erbschaft als Folge der Verpflichtung zur Annahme nicht mehr ausschlagen kann. Dies resultiert daraus, daß der Schuldner durch die Verpflichtung zur Annahme der Erbschaft sein ihm zustehendes Recht aus § 83 InsO abschließend genutzt hat.

---

[216] Zumindest dann, wenn man dem Schuldner nicht unterstellen will, daß er schon bei Vertragsschluß fest entschlossen war, seiner Verpflichtung nicht nachzukommen.

[217] Zur aA siehe oben S. 9 ff.

Er hat seine Entscheidung getroffen. Die Erbschaft fällt nun unter die allgemeinen Regeln der §§ 80 ff. InsO. Die Ausschlagung der Erbschaft ist daher gemäß § 81 InsO unwirksam.

2. Die Verpflichtung der Gläubiger

Als Gegenleistung zu der Verpflichtung des Schuldners, die Erbschaft anzunehmen, haben die Gläubiger erklärt, auf ihre nicht befriedigten Forderungen nach Beendigung des Insolvenzverfahrens zu verzichten. Daneben soll bereits im Insolvenzverfahren nur die Hälfte des Nachlaßwertes als Haftungsgrundlage verwendet werden können. Nach Abschluß der Verwertung soll das Insolvenzverfahren beendet sein. Auch hier ist fraglich, ob die Verpflichtungen direkt Wirksamkeit entfalten oder ob es einer weiteren Erklärung der Gläubiger bedarf.

a) Der Verzicht auf die nicht befriedigten Forderungen

Die Gläubiger können grundsätzlich wirksam auf ihre nach Durchführung des Insolvenzverfahrens nicht befriedigten Forderungen verzichten. Die gesetzlichen Regeln zum Restschuldbefreiungsverfahren stehen dem nicht entgegen. Materiellrechtlich handelt es sich bei einem solchen Verzicht um einen Erlaßvertrag nach § 397 Abs. 1 BGB. Klarstellend sei erwähnt, daß hier jeder Gläubiger gesondert einen Erlaßvertrag mit dem Schuldner abschließen muß. Jeder Gläubiger verzichtet separat auf seine nach Beendigung des Verfahrens nicht befriedigten Forderungen. Fraglich ist jedoch, ob die Gläubiger bereits in dem Vertrag mit dem Schuldner einen solchen Verzicht erklärt haben oder ob sie zunächst lediglich eine Verpflichtung dazu eingegangen sind, einen solchen Erlaß nach Abschluß des Insolvenzverfahrens zu erklären. In aller Regel werden bei Erlaßverträgen Verpflichtungs- und Verfügungsgeschäft einheitlich vorgenommen, weil der Erlaß als Verfügungsgeschäft nur einen Vertrag und keinen Vollzugsakt voraussetzt.[218] Die einzelnen Gläubiger könnten den Verzicht auch unter der aufschiebenden Bedingung erklärt haben, daß die Hälfte des Nachlasses tatsächlich im Insolvenzverfahren verwertet und das Insolvenzverfahrens beendet wurde. Der Erlaßvertrag ist grundsätzlich nicht bedingungsfeindlich.[219] Auch die Tatsache, daß zum Zeitpunkt des Vertragsschlusses die genaue Höhe und Anzahl der Forderungen, auf die verzichtet wird, nicht festliegen, steht einem Erlaßvertrag schon während des laufenden Insolvenzverfahrens nicht entgegen. Die betroffenen Forderungen müssen nur bestimmbar und nicht im Vertrage

---

[218] *Staudinger/Rieble*, § 397 Rn. 41.

[219] *MüKo/Schlüter*, § 397 Rn. 6.

unmittelbar bestimmt sein.[220] Der Verzicht soll alle Forderungen erfassen, die nach Beendigung des Insolvenzverfahrens nicht befriedigt sind. Dies ist für die Bestimmbarkeit der Forderungen ausreichend.

Ob die Gläubiger in dem Vertrag mit dem Schuldner das Verpflichtungs- und das Verfügungsgeschäft abgeschlossen haben, ist durch Auslegung des Vertrags zu ermitteln. Haben Gläubiger und Schuldner den Erlaßvertrag bereits geschlossen, ist dem Interesse des Schuldners hinreichend genüge getan. Die Gläubiger haben dann nach Beendigung des Insolvenzverfahrens keine Ansprüche mehr gegen den Schuldner.

Haben die Parteien dagegen in der vertraglichen Vereinbarung einen Erlaßvertrag noch nicht geschlossen, muß nach Beendigung des Insolvenzverfahrens die Verpflichtung der Gläubiger noch erfüllt werden. Aber auch in diesem Fall sind die Interessen des Schuldners hinreichend gesichert. Für den Schuldner besteht die Möglichkeit, mittels Klage die Gläubiger zur Erfüllung ihrer Verpflichtung zu zwingen. Der Erlaßvertrag kommt dann gemäß § 894 ZPO mit Rechtskraft zustande.[221] § 89 InsO steht der klageweisen Durchsetzung in diesem Fall nicht entgegen. Zum einen handelt es sich nicht um eine Zwangsvollstreckung gegen den Schuldner. Vielmehr soll ein Anspruch des Schuldners gegen die Gläubiger durchgesetzt werden. Zum anderen muß der Erlaß erst nach Beendigung des Insolvenzverfahrens erklärt werden. § 89 InsO ist zu diesem Zeitpunkt nicht mehr anwendbar. Bis zur Rechtskraft des Urteils und dem damit eintretenden Erlaß kann der Schuldner den Anspruch auf Erlaß der zu erlassenden Forderung auch einredeweise entgegenhalten.

Je nach Auslegung der vertraglichen Vereinbarung zwischen dem Schuldner und dem Gläubiger haben die Parteien einen Erlaßvertrag bereits neben der Verpflichtung zum Verzicht abgeschlossen. Alternativ haben die Gläubiger sich lediglich zum Abschluß eines Erlaßvertrags verpflichtet. Im ersten Fall werden die Interessen des Schuldners unmittelbar gewahrt. Im zweiten Fall bedarf es noch eines weiteren Vertrags. Wollen die Gläubiger ihrer Verpflichtung nicht nachkommen, kann der Schuldner diese klageweise durchsetzen. Wollen die Gläubiger vereinbarungswidrig ihre nicht befriedigten Forderungen nach dem Insolvenzverfahren durchsetzen, kann der Schuldner ihnen seinen Anspruch auf Erlaß eben dieser Forderungen als Einrede entgegenhalten. Der Schutz des Schuldners ist in jedem Fall gewahrt.

---

[220] *Staudinger/Rieble*, § 397 Rn. 126.

[221] *Staudinger/Rieble*, § 397 Rn. 146.

b) Die Freigabeerklärung

Die Gläubiger haben wirksam vertraglich auf die Hälfte des Nachlasses als Haftungsgrundlage verzichtet. Problematisch ist die Wirkung dieser Vereinbarung für die Zugehörigkeit des nicht verwertbaren Nachlasses zur Insolvenzmasse. Der Nachlaß wird nach zutreffender Ansicht bereits mit dem Anfall der Erbschaft Teil der Insolvenzmasse.[222] Dem Schuldner ist also daran gelegen, daß die Hälfte des Nachlasses bzw. die Gegenstände, die die Hälfte des Wertes ausmachen, aus der Insolvenzmasse frei gegeben werden. Nur so erhält der Schuldner seine volle Verwaltungs- und Verfügungsbefugnis bzgl. der betroffenen Nachlaßgegenstände zurück. Eine Freigabe der Gegenstände aus der Insolvenzmasse wäre dadurch zu erreichen, daß entweder die Gläubiger selbst eine Freigabeerklärung abgeben oder der Insolvenzverwalter die Gegenstände in Folge der Verpflichtung der Gläubiger freigeben muß.

Freigabe bedeutet die Überführung eines massezugehörigen Rechts in das insolvenzfreie Vermögen des Schuldners. Der Insolvenzbeschlag wird aufgehoben.[223] Im Gesetz ist die Freigabe nicht geregelt, ihre Zulässigkeit wird aber vorausgesetzt (vgl. § 32 Abs. 3 S. 1 InsO).[224] Die Zulässigkeit der Freigabe massezugehöriger Dinge wird daher nach ganz einhelliger Meinung bejaht.[225] Problematisch ist die konkrete Durchführung der Freigabe der Hälfte des Nachlasses. Die Parteien müssen zunächst genau festlegen, welche Sachen oder Rechte des Nachlasses insolvenzfrei werden sollen.[226] Zu klären ist dann, wer den Vollzug der Freigabe erklären muß.

Man könnte annehmen, die Gläubiger hätten bereits im Rahmen der vertraglichen Vereinbarung mit dem Schuldner die Freigabe der Gegenstände erklärt, die wertmäßig die Hälfte des Nachlasses ausmachen. Man könnte hier von einer antizipierten Freigabe ausgehen. Der betroffene Teil des Nachlasses wäre in diesem Fall ab der Vereinbarung kein Bestandteil der Insolvenzmasse, einer nachträglichen Freigabeerklärung bedürfte es nicht. Eine antizipierte Freigabe wäre jedoch nur dann möglich, wenn der Nachlaß nicht schon Teil der Insolvenzmasse wäre. Nach der hier vertretenen Auffassung gehört der Nachlaß jedoch bereits mit dem Erbfall zur Insolvenzmasse. Eine antizipierte Freigabe ist daher

---

222 Siehe oben S. 9 ff.

223 *Häsemeyer*, Rn. 13.14 (S. 287).

224 *MüKo/Ott*, InsO, § 80 Rn. 65.

225 RGZ 122, 51, 55; BGHZ 35, 180, 181; *Kleine/Flöther*, NJW 2000, 405, 406; *Nerlich/Römermann/Andres*, § 148 Rn. 53; *Smid/Rattunde* in Smid, InsO, § 80 Rn. 30.

226 Einschränkend *Marotzke*, ZVI 2003, 309, 316 in Fn. 46.

nicht möglich.[227] Die Hälfte des Nachlasses muß ausdrücklich freigegeben werden. Die Gläubiger können nicht verhindern, daß der Nachlaß in die Insolvenzmasse fällt. Bedenkenswert wäre trotz weiterer Zuordnung des Nachlasses zur Insolvenzmasse allenfalls ein Ausschluß der Verwertbarkeit des halben Nachlasses. Bis zur Annahme der Erbschaft ist der volle Nachlaß als eine Art Sondervermögen in der Insolvenzmasse nicht verwertbar. Aufgrund der Vereinbarung zwischen Schuldner und Gläubiger würde somit nur für die Hälfte des Nachlasses das Verwertungsverbot aufgehoben. Bei dieser Alternative wäre jedoch auch der nicht verwertbare Nachlaß weiterhin Teil der Insolvenzmasse. Da die Befugnisse des Schuldners hinsichtlich der Erbschaft im Insolvenzverfahren spätestens mit der Annahme enden, unterliegt der Nachlaß nunmehr der grundsätzlichen Verwaltungs- und Verwertungsbefugnis des Insolvenzverwalters. Das Interesse des Schuldners besteht jedoch darin, die Hälfte des Nachlasses zur freien Verfügung zu haben. Dies beinhaltet auch das Recht, über die „freigegebenen" Gegenstände des Nachlasses verfügen zu können und diese zu verwerten. Der Vertrag zwischen dem Schuldner und den Gläubigern muß also die völlige Freigabe der betroffenen Gegenstände zur Folge haben.

Fraglich ist, ob die Gläubiger überhaupt die Freigabe von Massebestandteilen bewirken können.[228] Daß eine Freigabe überhaupt zulässig ist, ist unbestritten. Die Wirksamkeit einer Freigabe durch den Insolvenzverwalter ist zu bejahen. Dies ergibt sich aus der Verwaltungs- und Verfügungsbefugnis des Insolvenzverwalters.[229] Da der Insolvenzverwalter dazu berechtigt ist, über massezugehörige Rechte zu verfügen, ist er auch befugt, die haftungsrechtliche Zuordnung im Verhältnis zum Schuldner zu ändern.[230] Diese Befugnisse, die das Gesetz dem Insolvenzverwalter zuschreibt, können die Gläubiger dagegen nicht für sich in Anspruch nehmen. Sie können gegebenenfalls auf Handlungen des Insolvenzverwalters Einfluß nehmen, ein eigenes Handlungsrecht haben sie dagegen nicht. Zwar dient die Insolvenzordnung durch die ausschließliche Verwaltungs- und Verfügungsbefugnis des Insolvenzverwalters gerade der Gleichbehandlung der Gläubiger.[231] Insofern könnte man annehmen, daß eine einvernehmliche

---

[227] AA konsequent *Marotzke*, ZVI 2003, 309, 314, der davon ausgeht, daß der Nachlaß erst mit der Annahme Teil der Insolvenzmasse wird.

[228] Siehe dazu *Marotzke*, ZVI 2003, 309, 314: „In Rechtsprechung und Schrifttum wird die Möglichkeit einer Freigabeerklärung der Gläubiger (statt: des Insolvenzverwalters) bisher nicht mit der Klarheit diskutiert, die man sich in Fällen wie dem vorliegenden wünschen würde."

[229] *MüKo/Ott*, InsO, § 80 Rn. 65.

[230] *Häsemeyer*, Rn. 13.15 (S. 287).

[231] *MüKo/Ott*, InsO, § 80 Rn. 1.

Entscheidung aller Gläubiger den Schutzzweck nicht verletzt und daher möglich ist. Es ist jedoch zu bedenken, daß nach dem Gesetz nur der Insolvenzverwalter rechtlich wirksam über Gegenstände der Insolvenzmasse verfügen kann. Rechtsträger der Massegegenstände ist trotz Eröffnung des Insolvenzverfahrens weiterhin der Schuldner, verfügungsbefugt ist der Insolvenzverwalter. Würde man den Gläubigern ermöglichen, selbst die Freigabe von Rechten der Insolvenzmasse zu erklären, würde man ihnen eine Kompetenz zusprechen, die nach dem Gesetz dem Insolvenzverwalter obliegt. Die privatautonome Vereinbarung würde ein Recht des Insolvenzverwalters einschränken, das ihm das Gesetz ausdrücklich zuspricht. Nach der von der Rechtsprechung und der überwiegend in der Literatur vertretenen Ansicht zum Amt des Insolvenzverwalters übt dieser kraft eines ihm übertragenen privaten Amtes die Verwaltungs- und Verfügungsbefugnis über die Insolvenzmasse im eigenen Namen aus.[232] Er vertritt weder den Schuldner noch die Gläubiger. Der Insolvenzverwalter übt seine Verwaltungs- und Verfügungsbefugnis fremdnützig aus. Diese ist objektiv an sein Amt gebunden.[233] Insofern kann eine vertragliche Vereinbarung zwischen Schuldner und Gläubigern nicht bewirken, daß eine Aufgabe des Insolvenzverwalters auf die Gläubiger übergeht. Der Insolvenzverwalter ist eben nicht Vertreter der Gläubiger.[234] Die Befugnisse und Pflichten des Insolvenzverwalters ergeben sich aus dem Gesetz und werden nicht von den Gläubigern bestimmt. Auch wenn die Insolvenzmasse den Gläubigern haftungsrechtlich zugewiesen ist, ist es Aufgabe des Insolvenzverwalters, über die Verwertung der Masse zu bestimmen. So ist es auch allein seine Aufgabe, Gegenstände oder Rechte der Insolvenzmasse freizugeben. Daß die Gläubiger wirksam auf einen Teil des Nachlasses als Haftungsgrundlage verzichten können, bedeutet nicht, daß sie den entsprechenden Teil des Nachlasses auch freigeben können. Dieser Teil steht ihnen lediglich nicht mehr als Haftungsgrundlage zur Verfügung. Eine Freigabe aus der Insolvenzmasse ist damit nicht zwingend verbunden. Die Gläubiger konnten also nicht im Rahmen der Vereinbarung die Freigabe der betroffenen Nachlaßsachen erklären.

Zu prüfen ist jedoch, ob der Insolvenzverwalter die Freigabe bestimmter Nachlaßgegenstände als Folge der Verpflichtung der Gläubiger gegenüber dem Schuldner erklären darf oder sogar muß. Der Verwalter ist zu allen Maßnahmen berechtigt und verpflichtet, die zur Erreichung des Zwecks des Insolvenzverfah-

---

[232] Siehe dazu und zu den anderen Ansichten *Häsemeyer*, Rn. 15.02 ff. (S. 327 ff.)

[233] *Häsemeyer*, Rn. 15.06 (S. 333).

[234] Anders die früher vertretene sog. „Gläubigervertretungstheorie"; s. *Seuffert*, § 26 II (S. 157 ff.).

rens geeignet und dienlich sind.[235] Der Insolvenzverwalter handelt bei der Freigabe nach freiem wirtschaftlichem Ermessen. Dieses ist daran auszurichten, was für den Zweck des Insolvenzverfahrens am besten ist.[236] Für eine möglichst umfassende Befriedigung der Gläubiger ist sicherlich die Verwertung des ganzen Nachlasses am geeignetsten. Grundsätzlich ist die Freigabe von Bestandteilen der Insolvenzmasse, die einen wirtschaftlichen Wert aufweisen und damit der Befriedigung der Gläubiger hätten dienen können, keine dem Verfahren dienliche Handlung. Insofern könnte der Insolvenzverwalter bei einer Freigabe pflichtwidrig im Sinne von § 60 InsO handeln. Der Verzicht der Gläubiger auf die Hälfte des Nachlasses als Haftungsgrundlage ist jedoch wirksam. Durch den Vertrag der Gläubiger mit dem Schuldner ist die eine Hälfte des Nachlasses nicht verwertbar. Sie hat also für die Befriedigung der Gläubiger und für die diesem Zweck dienende Insolvenzmasse keinen Wert. Deshalb ist es nicht pflichtwidrig, wenn der Insolvenzverwalter den Teil, bzw. die Gegenstände der Insolvenzmasse freigibt, die ohnehin der Verwertung nicht zugänglich sind.[237] Hinzu kommt, daß der Insolvenzverwalter nicht pflichtwidrig handeln kann, wenn er dem konkreten Willen der Gläubiger folgt. Nur deren Schutz wird durch die geringere Befriedigungsmöglichkeit eingeschränkt. Haben die Gläubiger einstimmig beschlossen, die Hälfte des Nachlasses nicht zur Befriedigung ihrer Forderungen heranzuziehen, handelt der Insolvenzverwalter bei Umsetzung dieser Entscheidung nicht pflichtwidrig und kann sich damit auch nicht schadensersatzpflichtig machen.

Problematischer ist dagegen der Fall, daß der Insolvenzverwalter entgegen dem Willen der Gläubiger und des Schuldners die Freigabe nicht erklären will. In diesem Fall könnte man eine Pflichtverletzung annehmen. Dies wäre jedoch nur der Fall, wenn der Insolvenzverwalter an den Vertrag zwischen dem Schuldner und den Gläubigern gebunden ist. Eine Pflicht des Insolvenzverwalters könnte sich aus einer Art „Ermessensreduzierung auf Null" ergeben. Der Insolvenzverwalter würde pflichtwidrig handeln, weil er einer ihn verpflichtenden Vereinbarung zwischen Schuldner und Gläubigern nicht nachkommt. Daraus ergäbe sich dann die Pflicht, nach dem Willen der Gläubiger unverwertbare Bestandteile der Insolvenzmasse freizugeben. Grundsätzlich handelt der Insolvenzverwalter nach seinem Ermessen. Er entscheidet frei, was für die Durchführung des Insolvenzverfahrens dienlich und zweckmäßig ist. Dabei berücksichtigt er auch die Interessen der Gläubiger an Befriedigung ihrer Forderungen. Die von der Vereinba-

---

[235] *Hess/Weis/Wienberg/Hess*, § 80 Rn. 148.

[236] *App*, KKZ 2002, 185, 186.

[237] Gerade die Freigabe eines unverwertbaren Gegenstands ist ein „klassischer" Fall der Freigabe, *HK/Eickmann*, § 35 Rn. 43.

rung betroffenen Gegenstände haben jedoch ohnehin für die Befriedigung der Gläubiger keinen Wert. Der Insolvenzverwalter ist nicht berechtigt, die entsprechenden Nachlaßgegenstände zu verwerten. Dennoch ist der Insolvenzverwalter unabhängig von Schuldner und Gläubigern. Dies ist Voraussetzung für seine Ernennung, die in pflichtgemäßem Ermessen des Gerichts steht.[238] Steht die Neutralität des Insolvenzverwalters oder dessen Unabhängigkeit in Frage, kann dieser sogar nach § 59 InsO aus wichtigem Grund entlassen werden.[239] Es kann daher nicht rechtmäßig sein, daß von dem Insolvenzverwalter einerseits Neutralität und Unabhängigkeit gegenüber dem Schuldner und den Gläubigern verlangt wird, er aber andererseits durch einen Vertrag zwischen den Gläubigern und dem Schuldner zur konkreten Ausführung seines Amtes in einem Punkt mittelbar gezwungen wird. Der Insolvenzverwalter hat den Entschluß der Gläubiger, die Hälfte des Nachlasses nicht als Haftungsgrundlage heranzuziehen, zu respektieren und ist somit an der Verwertung gehindert. Er kann jedoch nicht gezwungen werden, den Nachlaß auch tatsächlich frei zu geben.

Den Interessen des Schuldners ist bei einer Unterlassung der Freigabe des Insolvenzverwalters zwar nicht genüge getan. Dennoch darf die Hälfte des Nachlasses nicht verwertet werden und verbleibt dem Schuldner nach Beendigung des Insolvenzverfahrens zur eigenen Verfügung. Insofern werden auch ohne eine Freigabeerklärung die Interessen des Schuldners gewahrt. Um von dem Insolvenzverwalter auch schon während des laufenden Insolvenzverfahrens eine Freigabeerklärung verlangen zu können, hätte der Schuldner auch mit dem Insolvenzverwalter eine Freigabevereinbarung treffen müssen. Diese wäre dann Masseverbindlichkeit nach § 55 Abs. 1 Nr. 1 InsO und der Schuldner hätte einen Anspruch auf Freigabe auch gegen den Verwalter.

c) Die Beendigung des Insolvenzverfahrens

Zur Beendigung eines Insolvenzverfahrens gibt es die Möglichkeiten der Aufhebung und der Einstellung des Verfahrens. Wurde das Insolvenzverfahren ordnungsgemäß zu Ende geführt, erläßt das Insolvenzgericht nach § 200 Abs. 1 InsO einen Aufhebungsbeschluß, sobald die Schlußverteilung vollzogen ist. Der Schuldner erhält die volle Verfügungsgewalt über sein Vermögen zurück, soweit es nicht verwendet worden ist.[240] Die Einstellung ist die außerordentliche, vorzeitige Beendigung des Insolvenzverfahrens.[241] Sie erfolgt, wenn

---

[238] *Gogger*, S. 89.

[239] *Gogger*, S. 90.

[240] *Bork*, Rn. 304 (S. 149).

[241] *Foerste*, Rn. 465 (S. 217).

die Masseverbindlichkeiten nicht erfüllbar sind (§ 207 bzw. § 211 InsO), auf Antrag des Schuldners bei Wegfall des Eröffnungsgrundes (§ 212 InsO) oder auf Antrag des Schuldners bei Zustimmung der Insolvenzgläubiger (§ 213 InsO). Da das Insolvenzverfahren hauptsächlich den Gläubigern und dem Schuldner dient, fehlt dem Verfahren die Grundlage, wenn die Gläubiger und der Schuldner an dem Verfahren nicht festhalten wollen.[242] Sind sich Schuldner und Gläubiger also darin einig, daß sie neben der Durchführung der übrigen eingegangenen Verpflichtungen das Insolvenzverfahren beenden wollen, stellt § 213 InsO eine Möglichkeit zur Beendigung des Verfahrens dar. Die Parteien können auf diese Weise das Insolvenzverfahren ohne den Insolvenzverwalter beenden. Das Verfahren richtet sich dann nach § 214 InsO.

Fraglich ist lediglich, ob die Gläubiger die Zustimmungserklärung erneut abgeben müssen oder ob bereits in der vertraglichen Vereinbarung mit dem Schuldner die Zustimmung erklärt wurde. Die Zustimmungserklärung ist eine reine Prozeßhandlung und als solche bedingungsfeindlich.[243] Nicht möglich ist daher eine Zustimmung der Gläubiger unter der Bedingung, daß der Schuldner die Erbschaft auch tatsächlich annimmt. Bevor das Insolvenzverfahren beendet werden soll, muß der Schuldner die Erbschaft angenommen haben und die Hälfte des Nachlasses muß als Teil der Insolvenzmasse verwertet worden sein. Da die Zustimmung der Gläubiger zur Einstellung des Insolvenzverfahrens unwiderruflich erteilt werden muß,[244] entspricht es daher dem Interesse der Gläubiger, eine Erklärung erst in dem Zeitpunkt abzugeben, zu dem das Verfahren tatsächlich beendet werden soll. Die Erklärungen der Gläubiger in dem Vertrag mit dem Schuldner sind daher nicht als unbedingte, unwiderrufliche und somit im Sinne des § 213 InsO wirksame Zustimmungserklärungen aufzufassen. Die Gläubiger müssen erneut eine Erklärung abgeben, wozu sie in Folge des Vertrags verpflichtet sind. Der Schuldner kann seinen Anspruch auf Zustimmung zur Beendigung des Insolvenzverfahrens klageweise durchsetzen. § 89 InsO steht dem nicht entgegen. Es handelt sich hier nicht um die Durchsetzung eines Anspruchs gegen den Schuldner. Die Gleichbehandlung der Gläubiger ist bei einer zwangsweisen Durchsetzung eines Anspruchs des Schuldners nicht gefährdet. Die allgemeinen Regeln zur insolvenzrechtlichen Durchsetzung solcher Verträge sind damit nicht anwendbar. Es spricht daher nichts gegen eine zwangsweise Durchsetzung des Anspruchs des Schuldners auf Zustimmung zur Beendigung des Insolvenzverfahrens. In der Einzelzwangsvollstreckung findet in einem solchen Fall § 894 Abs. 1 ZPO Anwendung. Wenn der Schuldner zur

---

[242] *MüKo/Hefermehl*, InsO, § 213 Rn. 1.

[243] *MüKo/Hefermehl*, InsO, § 213 Rn. 8.

[244] *MüKo/Hefermehl*, InsO, § 213 Rn. 8.

Abgabe der Willenserklärung verurteilt wurde, gilt die Erklärung mit Rechtskraft des Urteils als abgegeben. Es handelt sich um eine kraft gesetzlicher Fiktion eintretende Ersatzvornahme.[245] Hat der Schuldner auf diesem Weg die Zustimmung aller Gläubiger zur Beendigung des Insolvenzverfahrens erhalten, kann das Verfahren nach § 213 InsO beendet werden.

Neben der Einstellung des Insolvenzverfahrens nach § 213 InsO kommt die ordnungsgemäße Beendigung durch Aufhebung des Verfahrens in Betracht. Gemäß § 200 Abs. 1 InsO beschließt das Insolvenzgericht die Aufhebung des Verfahrens, sobald die Schlußverteilung nach § 196 InsO vollzogen ist. Die Schlußverteilung ist nach § 196 Abs. 2 InsO von der Zustimmung des Insolvenzgerichts abhängig. Das Gericht hat zu prüfen, ob infolge eines Fehlverhaltens die Masse noch nicht verwertet wurde.[246] Die Verwertung der Masse muß nach § 296 Abs. 1 InsO beendet sein.[247] Das Insolvenzgericht könnte sich bei einem wie dem vorliegenden Sachverhalt auf den Standpunkt stellen, daß eine Hälfte des Nachlasses noch nicht verteilt worden sei und damit noch keine vollständige Verwertung stattgefunden habe und so die Zustimmung zur Schlußverteilung nicht erteilen. Das Insolvenzgericht ist aber nur dann zur Verweigerung der Zustimmung berechtigt, wenn die von der Vereinbarung zwischen Schuldner und Gläubigern betroffenen Gegenstände des Nachlasses sich noch in der Insolvenzmasse befinden. Hat der Insolvenzverwalter diese bereits durch Freigabe aus der Insolvenzmasse entfernt, kann das Gericht die Zustimmung nicht verweigern. Die Verwertung der Insolvenzmasse ist in diesem Fall abgeschlossen.[248] Anders verhält es sich, wenn der Insolvenzverwalter die entsprechenden Nachlaßgegenstände nicht freigegeben hat. Aber auch dann darf das Gericht eine Zustimmung zur Schlußverteilung nicht verweigern. Wenn in der Insolvenzmasse nur noch unverwertbare Gegenstände vorhanden sind, kann dies die Schlußverteilung nicht hindern. Unverwertbare Gegenstände können die Teilungsmasse nicht vermehren.[249] Die Gläubiger haben wirksam auf die Verwertung der Hälfte des Nachlasses verzichtet. Eine Verwertung ist daher unzulässig. Das Gericht kann die Zustimmung nicht verweigern.[250]

---

245 *Stein/Jonas/Brehm*, § 894 Rn. 1, 21.

246 *MüKo/Füchsl /Weishäupl*, InsO, § 196 Rn. 4.

247 *MüKo/Füchsl /Weishäupl*, InsO, § 196 Rn. 2.

248 *Marotzke*, ZVI 2003, 309, 317.

249 *MüKo/Füchsl /Weishäupl*, InsO, § 196 Rn. 2.

250 *Marotzke*, ZVI 2003, 309, 317.

Das Insolvenzverfahren kann sowohl ordentlich als auch außerordentlich beendet werden. Im ersten Fall muß das Gericht der Schlußverteilung nach § 196 InsO zustimmen und anschließend das Verfahren aufheben. Erteilt das Gericht die Zustimmung nicht, kommt eine Einstellung des Verfahrens auf Antrag des Schuldners und Zustimmung der Gläubiger nach § 213 InsO in Betracht.

d) Ergebnis

Der Verzicht auf die nicht befriedigten Forderungen des Gläubigers nach Abschluß des Insolvenzverfahrens ist als Erlaßvertrag zu qualifizieren, den jeder Gläubiger gesondert mit dem Schuldner abschließt. Ob dieser Verfügungsvertrag bereits zeitgleich mit der Verpflichtung abgeschlossen wurde, ist durch Auslegung zu ermitteln. Ist dies nicht der Fall, kann der Schuldner auf Durchsetzung des Vertrags klagen. § 89 InsO steht dem nicht entgegen. Bis zum Erlaß kann der Schuldner den Gläubigern eine Einrede entgegenhalten, wenn sie versuchen, ihre Forderungen durchzusetzen.

Eine Freigabe der Hälfte des Nachlasses aus der Insolvenzmasse im laufenden Verfahren durch die Gläubiger kommt nicht in Betracht. Die Freigabe massezugehöriger Sachen obliegt ausschließlich dem Insolvenzverwalter. Diese Aufgabe können die Gläubiger nicht in einem Vertrag mit dem Schuldner auf sich übertragen. Der Insolvenzverwalter kann dagegen entscheiden, ob er die Gegenstände, die die Hälfte des Nachlasses ausmachen, freigibt. Eine Verpflichtung seinerseits dazu besteht jedoch nicht. Der Insolvenzverwalter handelt unabhängig und ist an Vereinbarungen zwischen dem Schuldner und den Gläubigern nicht gebunden.

Die Beendigung des Insolvenzverfahrens läßt sich auf zwei Wegen erreichen. Die Gläubiger können ihre Zustimmung zur Beendigung des Verfahrens erklären. Das Insolvenzverfahren wird dann gemäß § 213 InsO auf Antrag des Schuldners beendet. Die Zustimmungserklärung müssen die Gläubiger in Folge ihrer Verpflichtung gegenüber dem Schuldner abgeben. Neben dieser außerordentlichen Beendigung des Insolvenzverfahrens kann das Verfahren auch ordentlich nach § 200 Abs. 1 InsO beendet werden. Das Gericht muß der Schlußverteilung gemäß § 196 InsO zustimmen. In der Insolvenzmasse befinden sich keine verwertbaren Vermögenswerte mehr.

III. Ergebnis

Der Schuldner und die Gläubiger können wirksam einen Vertrag schließen, in dem sich der Schuldner dazu verpflichtet, eine ihm angefallene Erbschaft anzunehmen. Es bestehen keine Gründe gegen die Wirksamkeit einer solchen Vereinbarung. Der Schuldner kann sich trotz Eröffnung des Insolvenzverfahrens und der damit einhergehenden Einschränkung seiner Befugnisse dazu verpflichten, eine Erbschaft nach § 83 InsO anzunehmen. In Bezug auf eine Erbschaft wird die Privatautonomie durch § 83 InsO aufrecht erhalten.

In Folge der Verpflichtung zur Annahme kann der Schuldner die Erbschaft nicht mehr ausschlagen. Dies resultiert daraus, daß der Schuldner durch die Verpflichtung zur Annahme der Erbschaft seine Entscheidung getroffen hat. Die Erbschaft fällt nun unter die allgemeinen Regeln der §§ 80 ff. InsO. Die Ausschlagung der Erbschaft ist daher gemäß § 81 InsO unwirksam.

Als Gegenleistung für die Annahmeverpflichtung des Schuldners können sich die Gläubiger wirksam dazu verpflichten, auf die Hälfte der Erbschaft als Haftungsgrundlage und alle nach Beendigung des Insolvenzverfahrens nicht befriedigten Forderungen zu verzichten. Weder das Restschuldbefreiungsverfahren noch die gesetzlichen Regelungen zum Insolvenzplan stehen einer solchen privatautonomen Schuldenbefreiung entgegen. Ebenso kann das Insolvenzverfahren in Folge der Vereinbarung zwischen Schuldner und Gläubigern sowohl ordentlich als auch außerordentlich beendet werden.

Die Parteien können folglich wirksam neben den gesetzlich vorgesehenen Möglichkeiten einen Vertrag schließen, in dem sie sich gegenseitig Pflichten auferlegen. Ein solcher Vertrag stellt eine gute Lösung dar, um den Interessen sowohl des Schuldners als auch der Gläubiger gleichermaßen gerecht zu werden.

3. Teil: Die Erbschaft im Restschuldbefreiungsverfahren

A. Einleitung

Gemäß § 1 S. 2 InsO ist es neben der gemeinschaftlichen Befriedigung der Insolvenzgläubiger Ziel des Insolvenzverfahrens, dem redlichen Schuldner Gelegenheit zu geben, sich von seinen Verbindlichkeiten zu befreien. Als Mittel dient das in den §§ 286 ff. InsO normierte Restschuldbefreiungsverfahren, welches sich an das Insolvenzverfahren anschließt.[251] Hat der Schuldner das Verfahren durchlaufen und gegen keine der ihn treffenden Obliegenheiten verstoßen, spricht das Insolvenzgericht die Restschuldbefreiung aus. Mit Rechtskraft der Entscheidung verlieren die Insolvenzgläubiger ihre durchsetzbaren Forderungen. Die Forderungen bestehen nunmehr lediglich als Naturalobligationen.[252] Ohne das Restschuldbefreiungsverfahren hätten die Gläubiger mit Abschluß des Insolvenzverfahrens unbeschränkten Zugriff auf das (auch künftig zu erwerbende) Vermögen des Schuldners (§ 201 Abs. 1 InsO). Während des Restschuldbefreiungsverfahrens ist dagegen gemäß § 294 Abs. 1 InsO die Einzelzwangsvollstreckung in das Vermögen des Schuldners ausgeschlossen. Durchläuft der Schuldner also erfolgreich das Restschuldbefreiungsverfahren, wird die Nachhaftung des Schuldners durch die erteilte Restschuldbefreiung beendet.

B. Verfahrensgang

Die Restschuldbefreiung steht am Ende eines rechtsförmigen Verfahrens. Durch die Befreiung des Schuldners von seiner Nachhaftung verlieren die Gläubiger ihre Forderungen gegen den Schuldner. Die Restschuldbefreiung stellt somit einen Eingriff in das Eigentumsrecht der Gläubiger aus Art. 14 Abs. 1 GG dar.[253] Eine Rechtfertigung kann sich nur daraus ergeben, daß dem Schuldner mit Hilfe der Restschuldbefreiung wieder die Möglichkeit gegeben werden soll, frei und eigenverantwortlich am Rechtsverkehr teilzunehmen. Seine Arbeitskraft soll der Gesellschaft nicht verloren gehen. Dies sind volkswirtschaftliche Erwägungen zum Wohl der Allgemeinheit und als solche dazu geeignet, den Eingriff in das Grundrecht der Gläubiger aus Art. 14 Abs. 1 GG zu rechtfertigen.[254] Doch auch die Achtung vor dem Schuldner als Person legitimiert die Eingriffe in die

[251] *Preuss*, Rn. 212 (S. 159).

[252] *Forsblad*, S. 225.

[253] *Forsblad*, S. 277 ff.

[254] *Trendelenburg*, S. 221.

Gläubigerrechte.[255] Die Entscheidung des Gesetzgebers für die Restschuldbefreiung zu Lasten der Gläubiger ist verfassungsrechtlich daher nicht zu beanstanden.[256] Notwendig ist jedoch, daß der Schuldner ein rechtsförmiges Verfahren durchläuft und seine Redlichkeit (vgl. § 1 S. 2 InsO) unter Beweis stellt. Auch er muß den Gläubigern die nötige Achtung entgegenbringen und sein Möglichstes tun, die Forderungen seiner Gläubiger zu befriedigen.[257]

Das Restschuldbefreiungsverfahren teilt sich in drei Abschnitte. Erster Schritt ist ein Antrag des Schuldners auf Restschuldbefreiung. Dieser soll mit dem Antrag auf Eröffnung des Insolvenzverfahrens verbunden werden (§ 287 Abs. 1 InsO). Geschieht dies nicht, muß der Restschuldbefreiungsantrag spätestens zwei Wochen nach dem Hinweis auf die Möglichkeit zur Restschuldbefreiung gemäß § 20 Abs. 2 InsO gestellt werden. Das Insolvenzgericht prüft nunmehr, ob für den Schuldner überhaupt eine Restschuldbefreiung in Betracht kommt. Primäre Voraussetzungen dafür sind, daß der Schuldner eine natürliche Person und das Insolvenzverfahren eröffnet worden ist. Grund dieser letzten Voraussetzung ist, daß die Möglichkeit der Restschuldbefreiung nur dann gegeben sein soll, wenn der Schuldner tatsächlich zahlungsunfähig ist oder ihm die Zahlungsunfähigkeit droht.[258] Da Zahlungsunfähigkeit bzw. drohende Zahlungsunfähigkeit gemäß §§ 17 f. InsO Voraussetzungen für die Eröffnung des Insolvenzverfahrens darstellen und mithin vor derselben geprüft werden, kann auf diese Weise verhindert werden, daß der Schuldner den Antrag zur Restschuldbefreiung mißbräuchlich stellt.[259] Außerdem soll vor dem (potentiellen) Forderungsverlust der Gläubiger bereits ein förmliches Verfahren durchlaufen worden sein, in dem das Vermögen des Schuldners ermittelt und so weit wie möglich zur Tilgung der Schulden eingesetzt wurde.[260]

Bis Ende 2001 war in diesem Zusammenhang problematisch, daß einem Schuldner, der die Verfahrenskosten für ein Insolvenzverfahren nicht aufbringen konnte, der Weg zur Restschuldbefreiung verwehrt war. In diesem Fall wurde das Insolvenzverfahren mangels Masse (§ 26 Abs. 1 S. 1 InsO) abgewiesen oder

---

[255] *Häsemeyer*, Rn. 26.02 f. (S. 650 f.).

[256] Siehe dazu *Forsblad*, S. 282 ff.; aA das AG München, welches das Restschuldbefreiungsverfahren für verfassungswidrig hält (Vorlage zum BVerfG), Juni 2004; s. aber BVerfG NZI 2003, 162

[257] *Häsemeyer*, Rn. 26.02 (S. 650).

[258] *Häsemeyer*, Rn. 26.13 (S. 654).

[259] *Häsemeyer*, Rn. 26.13 (S. 654).

[260] *Preuss*, Rn. 211 (S. 158).

später eingestellt (§ 207 Abs. 1 S. 1 InsO). Dieses Problem wurde durch das Insolvenzrechtsänderungsgesetz[261], das am 1. 12. 2001 in Kraft getreten ist, behoben. Die Stundung der Verfahrenskosten steht nunmehr der Deckung gleich.[262]

Neben dem Antrag auf Restschuldbefreiung muß der Schuldner gemäß § 287 Abs. 2 S. 1 InsO eine Abtretungserklärung abgeben. Er muß alle Bezüge, die er aus einem Dienstverhältnis erhält oder an deren Stelle tretende Bezüge für eine Laufzeit von sechs Jahren an einen vom Gericht zu bestimmenden Treuhänder herausgeben. Zweck der Abtretung ist die Warnung des Schuldners. Ihm soll bewußt werden, daß er für den kommenden Zeitraum lediglich geringe Mittel zur eigenen Verfügung hat.[263] Die Abtretung bewirkt, daß die Gläubiger während der Laufzeit des Restschuldbefreiungsverfahrens nicht nur aus dem (in der Regel ausgezehrten) bestehenden Vermögen, sondern auch aus den Einkünften befriedigt werden, die der Schuldner während dieser Zeit erlangt.

Hat der Schuldner den Antrag gestellt und die Abtretungserklärung abgegeben, entscheidet das Gericht gemäß § 289 Abs. 1 S. 2 InsO durch Beschluß im Schlußtermin über die Zulassung zur Restschuldbefreiung. Um der Voraussetzung des § 1 S. 2 InsO, der Redlichkeit des Schuldners, zu genügen, zählt das Gesetz in § 290 InsO Gründe auf, bei deren Vorliegen dem Schuldner die Restschuldbefreiung von vornherein zu versagen ist. Liegt einer der Gründe zur Versagung der Restschuldbefreiung vor und wurde dies von einem der Gläubiger im Schlußtermin beantragt, versagt das Gericht die Restschuldbefreiung. Ist dagegen kein solcher Grund ersichtlich, kündigt das Gericht gemäß § 291 Abs. 1 InsO die Restschuldbefreiung für den Fall an, daß der Schuldner seinen Obliegenheiten nach § 295 InsO nachkommt und die weiteren Voraussetzungen für eine Versagung nach § 297 InsO oder § 298 InsO nicht vorliegen. Gleichzeitig wird gemäß § 291 Abs. 2 InsO ein Treuhänder bestimmt. Sobald der Beschluß hinsichtlich der Zulassung zur Restschuldbefreiung rechtskräftig ist, wird das Insolvenzverfahren aufgehoben (§ 289 Abs. 2 S. 2 InsO). Mit Aufhebung des Insolvenzverfahrens endet der Insolvenzbeschlag. Die Wirkungen der Abtretungserklärung des Schuldners beginnen. Nach Annahme seines Amtes nimmt der Treuhänder seine gesetzlichen Rechte und Pflichten wahr. Der Schuldner muß nun in der sog. Wohlverhaltensfrist[264] den vom Gesetz in § 295

---

[261] Vom 26.10.2001 (BGBl I, 2710).

[262] *Foerste*, Rn. 533 (S. 246).

[263] *MüKo/Stephan*, InsO, § 287 Rn. 27.

[264] Die Laufzeit beträgt sechs Jahre und beginnt gemäß § 287 Abs. 1 S. 1 InsO mit der Eröffnung des Insolvenzverfahrens.

InsO bestimmten Obliegenheiten nachkommen und damit seine Redlichkeit unter Beweis stellen. Er muß sich ernstlich und nach besten Kräften bemühen, die Forderungen der Gläubiger zu tilgen.[265] Verletzt er eine der Obliegenheiten und beeinträchtigt er damit die Befriedigung der Gläubiger, versagt das Gericht nach § 296 InsO auf Antrag eines Gläubigers die Restschuldbefreiung bereits während der Wohlverhaltensfrist. Ist die Wohlverhaltensphase abgelaufen, ohne daß die Restschuldbefreiung versagt wurde, wird gemäß § 300 InsO über die Restschuldbefreiung entschieden. Wird die Restschuldbefreiung versagt (vgl. § 300 Abs. 2 InsO) oder später widerrufen (§ 303 InsO) haftet der Schuldner für alle nicht getilgten Forderungen unbeschränkt weiter (§ 201 InsO). Wird dagegen die Restschuldbefreiung ausgesprochen, verwandeln sich die nicht befriedigten Insolvenzforderungen in Naturalobligationen.[266] Der Schuldner ist von seiner Nachhaftung befreit. Das Ziel, dem Schuldner einen wirtschaftlichen Neuanfang zu ermöglichen, ist damit erreicht.

C. DIE OBLIEGENHEITEN DES SCHULDNERS HINSICHTLICH EINER ERBSCHAFT

Während der sog. Wohlverhaltensperiode muß der Schuldner die Obliegenheiten nach § 295 InsO erfüllen. Der Schuldner soll so seine Redlichkeit unter Beweis stellen. Er hat nach § 295 InsO Obliegenheiten, die bei Einhaltung eine möglichst umfassende Befriedigung der Gläubiger gewährleisten sollen. Der Schuldner muß sich nach Kräften bemühen, die Tilgung seiner Schulden während der Wohlverhaltensperiode herbeizuführen.[267] Hauptaufgabe des Schuldners ist es nach § 295 Abs. 1 Nr. 1 InsO, eine angemessene Erwerbstätigkeit auszuüben bzw. sich um eine solche zu bemühen. § 295 Abs. 1 Nr. 2 InsO trifft eine Regelung hinsichtlich des Vermögens, das der Schuldner von Todes wegen oder mit Rücksicht auf ein künftiges Erbrecht erwirbt. Danach hat der Schuldner solches Vermögen zur Hälfte des Wertes an den Treuhänder herauszugeben. Nach dem Konzept des Restschuldbefreiungsverfahrens soll der Schuldner an sich nur mit seinem pfändbaren *Arbeitseinkommen* den Gläubigern während der Wohlverhaltensperiode haften. Das übrige Vermögen soll seinen neuen Gläubigern als Haftungsgrundlage zur Verfügung stehen.[268] Der Gesetzgeber hielt es jedoch für unbillig, dem Schuldner Restschuldbefreiung zu gewähren, ohne daß dieser Vermögen, das er von Todes wegen erwirbt, antasten muß. Eine vollstän-

---

[265] Begr. RegE, BT-Drucks. 12/2443, S. 192; *MüKo/Ehricke*, InsO, § 295 Rn. 1.

[266] *Forsblad*, S. 225.

[267] BT-Drucks. 12/2443, S. 192.

[268] *MüKo/Ehricke*, InsO, § 295 Rn. 49.

dige Abführung des Erworbenen an den Treuhänder hielt man dagegen nicht für geboten. Dem Schuldner sollte ein Anreiz gegeben werden, die Erbschaft anzunehmen.[269] Nimmt der Schuldner die Erbschaft an, trifft ihn damit unstreitig die Obliegenheit des § 295 Abs. 1 Nr. 2 InsO. Problematischer ist dagegen der Fall, daß der Schuldner die Erbschaft ausschlägt. Daß der Schuldner diese Möglichkeit hat, ist unbestritten. Der Schuldner kann trotz des laufenden Restschuldbefreiungsverfahrens wirksam eine Erbschaft ausschlagen. Die von ihm abgegebene Abtretungserklärung umfaßt lediglich Einkünfte aus einem Dienstverhältnis oder an deren Stelle tretende Bezüge. Hinsichtlich eines anderweitigen Vermögenserwerbs ist die Verfügungsbefugnis des Schuldners unbeschränkt. Hinzu kommt, daß das Gesetz für die Zeit des Insolvenzverfahrens in § 83 InsO eine ausdrückliche Regelung trifft, die dem Schuldner trotz des Übergangs der Verfügungsbefugnis auf den Insolvenzverwalter nach § 80 InsO das Recht beläßt, die Erbschaft nach freiem Willen auszuschlagen. Normiert das Gesetz eine solche Regelung ausdrücklich für die Zeit des laufenden Insolvenzverfahrens, muß dies erst recht für die Zeit der Wohlverhaltensperiode gelten.[270] Die Möglichkeit der Ausschlagung der Erbschaft besteht damit sowohl während des Insolvenzverfahrens als auch während der Wohlverhaltensperiode.

Für den Fall der Ausschlagung der Erbschaft durch den Schuldner normiert das Gesetz ausdrücklich keine Obliegenheitsverletzung. Die Folge wäre, daß dem Schuldner die Restschuldbefreiung nicht versagt werden könnte, obwohl er die Erbschaft – unter Umständen sogar bewußt zum Nachteil seiner Gläubiger – gegebenenfalls zugunsten seiner Kinder oder anderer Verwandter ausgeschlagen hat. Das Ergebnis könnte man bei dieser Konstellation als ebenso unbefriedigend ansehen wie die Situation bei Ausschlagung der Erbschaft im laufenden Insolvenzverfahren. Bei beiden Verfahren hat es der Schuldner in der Hand, die Gläubiger von dem Zugriff auf den Nachlaß auszuschließen. In beiden Fällen ist daher fraglich, ob die Gläubiger diese Situation hinnehmen müssen oder ob es eine Möglichkeit gibt, das ererbte Vermögen doch der Insolvenzmasse zuzuführen bzw. den Verlust der Forderungen zu verhindern. Bei der Ausschlagung der Erbschaft im Insolvenzverfahren stellt sich darum die Frage nach der Möglichkeit der Anfechtung der Ausschlagung. Diese Möglichkeit besteht jedoch aufgrund der Freiheit des Erben, über die Ausschlagung zu entscheiden, und weiterer bereits eingehend untersuchter Gründe nicht.[271]

---

[269] BT-Drucks. 12/2443, S. 192.

[270] *Braun/Buck*, § 295 Rn. 14; *Häsemeyer*, Rn. 26.37 (S. 664); vgl. auch *MüKo/Ehricke*, InsO, § 295 Rn. 49.

[271] Siehe dazu oben S. 38 ff.

Man könnte jedoch annehmen, daß sich der Schuldner mit der Ausschlagung einer Erbschaft der Möglichkeit begibt, später Restschuldbefreiung zu erhalten. Dies wäre dann der Fall, wenn man die Ausschlagung trotz fehlender ausdrücklicher Regelung als eine Obliegenheitsverletzung ansehen würde. Zu differenzieren wäre dabei nach dem Zeitpunkt der Ausschlagung. In Frage käme, dem Schuldner die Restschuldbefreiung sowohl dann zu versagen, wenn er bereits im Insolvenzverfahren eine Erbschaft ausschlägt als auch dann, wenn er erst in der Wohlverhaltensphase den Zugriff der Gläubiger auf die Erbschaft durch die Ausschlagung verhindert. Kann man den Schuldner aus gerechtfertigten Erwägungen schon nicht „zwingen", die Erbschaft anzunehmen und kommt auch die Anfechtung der Ausschlagung nicht in Betracht mit der Folge, daß im Insolvenzverfahren keinerlei Zugriffsmöglichkeit auf die Erbschaft besteht, so kann man doch unter Umständen annehmen, daß zumindest dann dem Schuldner die Restschuldbefreiung versagt werden muß. Verhindert der Schuldner durch die Ausschlagung, daß der Nachlaß der Befriedigung der Gläubiger dient, so stellt sich die nicht ganz unberechtigte Frage, ob der Schuldner sich nach Kräften bemüht hat, die gegen ihn bestehenden Forderungen zu tilgen und ob er die geforderte Redlichkeit nach § 1 S. 2 InsO bewiesen und es damit verdient hat, Restschuldbefreiung zu erlangen.

Fraglich ist daher, ob sich die Erbschaftsausschlagung unter einen der Tatbestände des § 295 InsO subsumieren läßt. In Betracht käme dabei vorwiegend § 295 Abs. 1 Nr. 2 InsO. Wollte man jedoch die Ausschlagung der Erbschaft (auch) während des laufenden Insolvenzverfahrens als Obliegenheitsverletzung in diesem Sinne erfassen, muß zunächst untersucht werden, ob die Obliegenheiten des § 295 InsO den Schuldner auch schon zur Zeit des Insolvenzverfahrens, also vor der Ankündigung der Restschuldbefreiung (§ 291 Abs. 1 InsO) treffen. Dies könnte deswegen der Fall sein, weil die Frist für die Abtretungserklärung gemäß § 287 Abs. 2 S. 1 InsO bereits mit Eröffnung des Insolvenzverfahrens zu laufen beginnt und die Obliegenheiten des § 295 InsO an sich während der Laufzeit der Abtretungserklärung, der Wohlverhaltensperiode zu beachten sind. Lehnt man jedoch die Anwendbarkeit des § 295 InsO im laufenden Insolvenzverfahren ab, könnte man bei Ausschlagung einer Erbschaft vor dem Ankündigungsbeschluß des Gerichts lediglich daran denken, dem Schuldner die Restschuldbefreiung von vornherein nach §§ 289 Abs. 1, 290 Abs. 1 Nr. 4 InsO bereits im Schlußtermin zu versagen. Daher ist zunächst zu klären, ab welchem Zeitpunkt § 295 InsO eingreift.

I. Beginn der Obliegenheiten des Schuldners nach § 295 InsO

Gemäß § 287 Abs. 2 S. 1 InsO muß der Schuldner neben seinem Antrag auf Restschuldbefreiung eine Erklärung abgeben, mit der er alle Bezüge aus einem Dienstverhältnis oder an deren Stelle tretende Bezüge für die Zeit von sechs Jahren an einen Treuhänder abtritt (sog. Wohlverhaltensperiode). Die Sechsjahresfrist der Abtretungserklärung beginnt mit der Eröffnung des Insolvenzverfahrens. Gemäß § 295 Abs. 1 InsO hat der Schuldner die dort aufgeführten Obliegenheiten während der Laufzeit der Abtretungserklärung zu beachten. Aus dem Wortlaut ließe sich daher schließen, daß den Schuldner die Obliegenheiten bereits ab Eröffnung des Insolvenzverfahrens, also auch schon während des laufenden Insolvenzverfahrens treffen. Zu beachten sind jedoch ebenso die Entstehungsgeschichte und Sinn und Zweck der jeweiligen Norm.

Bis zur Änderung der Insolvenzordnung zum 1. 12. 2001[272] war der Schuldner nach § 287 Abs. 2 S. 1 InsO a. F. verpflichtet, seine pfändbaren Forderungen für die Zeit von sieben Jahren nach Aufhebung des Insolvenzverfahrens an einen Treuhänder abzutreten. Vor der Gesetzesänderung begann die Wohlverhaltensperiode erst nach Aufhebung des Insolvenzverfahrens. Das Restschuldbefreiungsverfahren war strikt nach Zulassungs- und Hauptverfahren getrennt. § 295 InsO galt daher unbestritten erst ab Beendigung des Insolvenzverfahrens.[273] Durch die Änderung des § 287 Abs. 2 S. 1 InsO, nach der die Laufzeit der Abtretung nunmehr bereits mit Eröffnung des Insolvenzverfahrens beginnt, ließe sich nun schließen, daß auch der Beginn der Obliegenheiten des Schuldners auf diesen Zeitpunkt vorverlegt wurde.[274] Dennoch sprechen gewichtige Gründe gegen diese Annahme.

Die §§ 294 ff. InsO und § 287 Abs. 2 S. 1 InsO verwenden unterschiedliche Formulierungen. Insofern muß aus dem Wortlaut der Normen nicht zwingend gefolgert werden, daß der Zeitpunkt des § 287 Abs. 2 S. 1 InsO (Eröffnung des Insolvenzverfahrens) auch gleichzeitig den Zeitpunkt darstellt, in dem die Wirkungen der §§ 294 ff. InsO beginnen. Vielmehr weist der unterschiedliche Wortlaut gerade auf einen voneinander abweichenden Regelungsgehalt hin. § 287 Abs. 2 S. 1 InsO bestimmt lediglich eine Frist und stellt eine Berechnungsregel auf. Die Norm ermöglicht es, den Endpunkt der Forderungsübertra-

---

272 Gesetz zur Änderung der Insolvenzordnung und anderer Gesetze vom 26. 10. 2001 (BGBl I, 2710).

273 *MüKo/Stephan*, InsO, § 286 Rn. 31.

274 So das AG Göttingen, NZI 2003, 217.

gung zu bestimmen.[275] Dagegen bestimmen die §§ 294 ff. InsO die Wirkungen in einem bestimmten Verfahrensabschnitt des Restschuldbefreiungsverfahrens. Die Formulierungen hier deuten anders als bei § 287 Abs. 2 InsO gerade nicht auf eine Fristberechnung hin. Der unterschiedlichen Wortwahl der Normen ist also durchaus auch ein unterschiedlicher Sinngehalt zu entnehmen. Der Normtext spricht damit nicht zwingend dafür, daß die Wirkungen der §§ 294 ff. InsO parallel zu dem Fristbeginn in § 287 InsO einsetzen.

Mit der Änderung des § 287 Abs. 2 InsO sollte eine Besserstellung des Schuldners erreicht werden. Es sollte dem Schuldner ermöglicht werden, die Restschuldbefreiung früher als bislang zu erhalten.[276] Nach der alten Regelung begann die damals siebenjährige Laufzeit erst mit Abschluß des Insolvenzverfahrens. Je nach Dauer des Insolvenzverfahrens konnte die Zeit bis zur Restschuldbefreiung demnach deutlich länger sein. Dies sollte mit der Neufassung des § 287 Abs. 2 InsO geändert werden. Die Laufzeit des Insolvenzverfahrens wird nun in die Berechnung, durch die der Endpunkt der Abtretung fixiert wird, miteinbezogen. Eine inhaltliche Änderung derart, daß nunmehr auch die Wirkungen der §§ 294 ff. InsO früher als zuvor beginnen sollen, war dagegen nicht beabsichtigt.[277]

Vielmehr wird zu Recht darauf verwiesen, daß der Schuldner der Obliegenheit, seine Einkünfte gemäß § 295 Abs. 1 Nr. 1 InsO abzutreten, schon rechtlich während des laufenden Insolvenzverfahrens gar nicht nachkommen könne.[278] Mit Eröffnung des Insolvenzverfahrens verliert der Schuldner nach § 80 InsO die Verfügungsmacht über sein pfändbares Vermögen und den Neuerwerb. Der Schuldner hat damit nicht mehr die Rechtsmacht, Einkünfte abzutreten. § 295 InsO und § 80 InsO würden sich widersprechen. Dies kann nicht gewollt gewesen sein. Die Wirkung der Abtretungserklärung kann daher nicht schon mit der Eröffnung des Insolvenzverfahrens beginnen, sondern tritt erst mit der Ankündigung der Restschuldbefreiung ein. Die Laufzeit der Abtretungserklärung mit den Obliegenheiten des § 295 InsO ist während der Zeit des laufenden Insolvenzverfahrens „suspendiert"[279]. Der in § 287 Abs. 2 S. 1 InsO erwähnte Zeitpunkt der Eröffnung des Insolvenzverfahrens soll nur der Berechnung des Endpunkts der Abtretungserklärung dienen.

---

275 AG Köln, NZI 2004, 331, 332; *Ahrens*, NZI 2003, 219, 220.

276 BT-Drucks. 14/6468, S. 18.

277 *Uhlenbruck/Vallender*, § 287 Rn. 45; *Vallender*, NZI 2001, 561, 567.

278 *Uhlenbruck/Vallender*, § 287 Rn. 44; *Vallender*, NZI 2001, 561, 567; so auch *Gerigk*, ZInsO 2001, 931, 937.

279 *Uhlenbruck/Vallender*, § 287 Rn. 44; *Vallender*, NZI 2001, 561, 567.

Als Anfangszeitpunkt für die Wirkungen der §§ 294 ff. InsO ist er dagegen nicht geeignet.

Auch die Systematik des Gesetzes spricht gegen die Anwendung der Obliegenheitsvorschrift bereits ab dem Zeitpunkt der Eröffnung des Insolvenzverfahrens. Nach § 291 Abs. 1 InsO stellt das Insolvenzgericht fest, daß der Schuldner die Restschuldbefreiung erlangt, wenn er den Obliegenheiten des § 295 InsO nachkommt und die Voraussetzungen für eine Versagung der Restschuldbefreiung nach den §§ 297 f. InsO nicht vorliegen. Der Schuldner kann damit durch sein Verhalten die Restschuldbefreiung herbeiführen. Der Beschluß nach § 291 Abs. 1 InsO weist ihn ausdrücklich darauf hin. Würden die Obliegenheiten des § 295 InsO den Schuldner nun aber bereits ab Eröffnung des Insolvenzverfahrens treffen, käme der Hinweis des Gerichts erst zu einem Zeitpunkt, zu dem der Schuldner die Obliegenheiten bereits seit einiger Zeit zu beachten hatte. Das kann rechtssystematisch nicht überzeugen.[280]

Ein weiterer Grund gegen die Geltung der §§ 294 ff. InsO im laufenden Insolvenzverfahren ist, daß viele der Regelungen der §§ 294 ff. InsO ohne inhaltliche Einschränkung oder Korrekturen während der Laufzeit des Insolvenzverfahrens gar nicht anwendbar wären.[281] [282] So kollidiert beispielsweise das Vollstreckungsverbot des § 294 Abs. 1 InsO mit § 89 InsO. Aber auch hinsichtlich einer Erbschaft käme es zu Überschneidungen. § 295 Abs. 1 InsO bestimmt, daß der Schuldner die Hälfte des Wertes der Erbschaft an den Treuhänder herauszugeben hat. Einen Treuhänder gibt es im Insolvenzverfahren im übrigen nicht. Unabhängig davon, ob man die Ausschlagung der Erbschaft als Obliegenheitsverletzung qualifizieren will oder nicht[283], geriete die Regelung in Kollision mit § 35 InsO. Spätestens mit der Annahme der Erbschaft[284] wird der gesamte Nachlaß gemäß § 35 InsO Teil der Insolvenzmasse. Nach § 295 Abs. 1 Nr. 2 InsO hätte der Schuldner jedoch nicht nur die Obliegenheit, den Nachlaß zur Hälfte des Wertes herauszugeben, sondern auch das korrespondierende Recht, eine Hälfte zu behalten. Das kann während des laufenden Insolvenzverfahrens

---

280 AG Köln, NZI 2004, 331, 332; *Ahrens*, NZI 2003, 219, 220.

281 Dieses Problem erkennt auch das AG Göttingen, NZI, 217, 218. Das Gericht will jedoch im Einzelfall prüfen, ob eine Anwendung geboten oder auszuschließen ist.

282 *Ahrens*, NZI 2003, 219, 220: „Dies kann nicht überraschen, da die Vorschriften für einen anderen Verfahrensabschnitt vorgesehen waren und eine Übertragung zwangsläufig zu Koordinationsschwierigkeiten führen muss."

283 Dazu unten S. 96 ff.

284 siehe zu dem Streit oben S. 7 ff.

nicht gewollt sein und widerspricht § 35 InsO.[285] Insofern ist § 35 InsO vorrangig. § 295 Abs. 1 Nr. 2 InsO kann zwischen der Eröffnung des Insolvenzverfahrens und der Ankündigung der Restschuldbefreiung nicht anwendbar sein.

Nach alledem ist davon auszugehen, daß die Wirkungen der §§ 294 ff. InsO erst mit der Ankündigung der Restschuldbefreiung beginnen.[286] Schlägt der Schuldner eine ihm angefallene Erbschaft damit während des laufenden Insolvenzverfahrens aus (vgl. § 83 InsO), kann dies mangels Anwendbarkeit des § 295 Abs. 1 Nr. 2 InsO auf diesen Zeitraum schon keine Obliegenheitsverletzung, die zu einer Versagung der Restschuldbefreiung nach § 296 InsO führen könnte, darstellen. Bezweifelt man die Redlichkeit des Schuldners (§ 1 S. 2 InsO) aufgrund der Ausschlagung der Erbschaft im Insolvenzverfahren und will ihm daher die Restschuldbefreiung versagen, kommt allenfalls eine Versagung nach § 290 Abs. 1 Nr. 4 InsO bereits vor Beginn der Wohlverhaltensperiode in Betracht.

II. Die Ausschlagung der Erbschaft als Versagungsgrund bzw. Obliegenheitsverletzung

Fällt dem Schuldner während des laufenden Insolvenzverfahrens oder in der anschließenden Wohlverhaltensperiode eine Erbschaft an, steht es dem Schuldner frei, über Annahme oder Ausschlagung der Erbschaft zu entscheiden.[287] Schlägt der Schuldner die Erbschaft aus, verhindert er damit jegliche Zugriffsmöglichkeit der Gläubiger auf den Nachlaß. Auch eine Anfechtung gemäß §§ 129 ff. InsO kommt nach zutreffender Ansicht bei einer Ausschlagung der Erbschaft während oder vor Eröffnung des Insolvenzverfahrens nicht in Betracht.[288] Nach Beendigung des Insolvenzverfahrens kann eine Anfechtung von einzelnen Gläubigern nur noch nach Maßgabe des Anfechtungsgesetzes geltend gemacht wer-

---

[285] Siehe dazu LG Göttingen, NZI 2004, 678, 679.

[286] So auch LG Göttingen, NZI 2004, 596; LG Göttingen, NZI 2004, 678, 679; AG Köln, NZI 2004, 331, 332; *Braun/Buck*, § 295 Rn. 1; *FK/Ahrens*, § 287 Rn. 89a ff., § 295 Rn. 7a ff.; *Häsemeyer*, Rn. 26.29 (S. 661); *Kübler/Prütting/Wenzel*, § 287 Rn. 7a.; *MüKo/Ehrike*, InsO, § 295 Rn. 12; *Uhlenbruck/Vallender*, § 287 Rn. 44 f., § 295 Rn. 1; *Vallender*, NZI 2001, 561, 566 f.

[287] Für die Zeit des Insolvenzverfahrens ist dieses Recht trotz des Übergangs der Verfügungsbefugnis auf den Insolvenzverwalter dem Schuldner gemäß § 83 InsO ausdrücklich vorbehalten.

[288] Siehe dazu oben S. 40 ff.

den.[289] Während der Laufzeit der Abtretungserklärung im Restschuldbefreiungsverfahren sind Zwangsvollstreckungsmaßnahmen einzelner Insolvenzgläubiger jedoch im Interesse gleichmäßiger Befriedigung gemäß § 294 Abs. 1 InsO ausgeschlossen. Hierzu zählt auch die Anfechtung nach dem Anfechtungsgesetz.[290] Wenn sich dem Insolvenzverfahren ein Restschuldbefreiungsverfahren anschließt, sind die Gläubiger damit machtlos und gehen hinsichtlich des Nachlasses leer aus. Der Schuldner dagegen möchte von den gegen ihn bestehenden Forderungen befreit werden. Zu diesem Zweck hat er das Restschuldbefreiungsverfahren beantragt. Die Befreiung des Schuldners von seinen Verbindlichkeiten ist nach § 1 S. 2 InsO ein Ziel der Insolvenzordnung. Voraussetzung dafür ist die Redlichkeit des Schuldners. Diese Redlichkeit, also das Bemühen des Schuldners, seine Verbindlichkeiten zu tilgen, kann in Frage gestellt werden, wenn der Schuldner durch die Ausschlagung einer Erbschaft den Gläubigern einen Vermögenswert vorenthält, der unter Umständen einen nicht unwesentlichen Teil zur Befriedigung der Gläubiger beigetragen hätte. Möglich wäre daher, die Ausschlagung der Erbschaft als Obliegenheitsverletzung im Sinne des § 295 Abs. 1 Nr. 2 InsO oder des § 290 Abs. 1 Nr. 4 InsO analog für den Fall anzusehen, daß der Schuldner während der Wohlverhaltensphase ausschlägt, und als Versagungsgrund nach § 290 Abs. 1 Nr. 4 InsO, wenn der Schuldner bereits während des laufenden Insolvenzverfahrens ausgeschlagen hat.

1. Ansichten in der Literatur und der Rechtsprechung

Die dargestellten Erwägungen rufen in der Literatur zum Teil gewisse Zweifel an der Redlichkeit des Schuldners hervor, wenn der Schuldner eine Erbschaft ausschlägt. Aus diesem Grund wird teilweise angenommen, daß § 295 Abs. 1 Nr. 2 InsO auch die Obliegenheit des Schuldners begründet, die Erbschaft anzunehmen.[291] Die Freiheit des Schuldners, über die Annahme oder Ausschlagung der Erbschaft zu entscheiden, werde nicht berührt. Man müsse aber dem Schuldner, der sich gegen die Annahme entscheidet, die Restschuldbefreiung versagen. Wenn man vom Schuldner erwarte, während der Wohlverhaltensperiode einer Arbeitstätigkeit nachzukommen, damit der Verdienst den Gläubigern zugute kommt, könne man vom Schuldner auch erwarten, daß er anderweitig

---

[289] *Uhlenbruck/Hirte*, § 129 Rn. 26.

[290] *Uhlenbruck/Vallender*, § 294 Rn. 9.

[291] *Bruckmann*, Rn. 59 (S. 207 f.); *Thora*, ZInsO 2002, 176, 177 ff.; *Uhlenbruck/Uhlenbruck*, § 83 Rn. 6; *Windel*, KTS 1995, 367, 406; wohl auch *Forsblad*, S. 220; siehe auch *Dieckmann* in Leipold, S. 127, 133, der zumindest die Notwendigkeit einer diesbezüglichen Obliegenheitsverletzung sieht.

erworbenes Vermögen der Verteilungsmasse zuführe.[292] Es könne von den Gläubigern nicht verlangt werden, den Verlust ihrer Forderungen im Rahmen eines gesellschaftspolitisch begründeten Instituts hinzunehmen und Verständnis dafür zu haben, daß ihnen eine dem Schuldner angefallene Erbschaft nicht zugute komme.[293] Auch der Wille des Gesetzgebers stehe einer Entscheidung für eine Obliegenheitsverletzung bei Ausschlagung der Erbschaft nicht entgegen.[294] Der Gesetzgeber habe dieses Problem gesehen, jedoch ausdrücklich offen gelassen. Man habe gemeint, das Problem damit umgangen zu haben, daß man dem Schuldner nach § 295 Abs. 1 Nr. 2 InsO die Hälfte des Wertes der Erbschaft belasse und so den Schuldner zur Annahme der Erbschaft verleite. Da das Problem aber dennoch bestehe, komme man nicht umhin, bei Ausschlagung der Erbschaft eine Obliegenheitsverletzung anzunehmen. Auch § 295 Abs. 1 Nr. 2 InsO selbst zwinge den Schuldner schon zur Annahme der Erbschaft, da er sonst nicht in der Lage sei, die Hälfte des Nachlaßwertes abzuführen.[295] Kritisiert wird an der gesetzlichen Regelung jedoch, daß die Norm des § 295 Abs. 1 Nr. 2 InsO nicht mit § 83 InsO abgestimmt sei. Es könne nicht sein, daß der Schuldner im laufenden Insolvenzverfahren die Erbschaft sanktionslos ausschlagen und dennoch später Restschuldbefreiung erlangen könne.[296] Zur Vermeidung dieser Unstimmigkeit wird daher vorgeschlagen, bei Ausschlagung der Erbschaft während des laufenden Insolvenzverfahrens die Restschuldbefreiung bereits nach § 290 Abs. 1 Nr. 4 InsO zu versagen. Es sei als eine Vermögensverschwendung zum Nachteil der Gläubiger anzusehen, wenn der Schuldner während des Insolvenzverfahrens nicht wenigstens entsprechend § 295 Abs. 1 Nr. 2 InsO den halben Wert der Erbschaft für die Gläubiger realisiere.[297] Als Tatbestand für eine Obliegenheitsverletzung bei Ausschlagung der Erbschaft während der Wohlverhaltensperiode komme § 290 Abs. 1 Nr. 4 InsO (analog) dagegen nicht in Betracht. Der Schuldner müsse genau wissen, welche Obliegenheiten während der Wohlverhaltensperiode für ihn bestünden. Die Rechtssicherheit in

---

292 *Bruckmann*, Rn. 59 (S. 207 f.); *Dieckmann* in Leipold, S. 127, 133.

293 *Bartels*, KTS 2003, 41, 65.

294 *Bartels*, KTS 2003, 41, 65; *Thora*, ZInsO 2002, 176, 177; siehe auch BT-Drucks. 12/2443, S. 192.

295 *Uhlenbruck/Uhlenbruck*, § 83 Rn. 6.

296 *Uhlenbruck/Uhlenbruck*, § 83 Rn. 6.

297 *Windel*, KTS 1995, 367, 406. Unklar bleibt jedoch, wie die Realisierung rechtlich zu handhaben sein soll. Nimmt der Schuldner die Erbschaft im Insolvenzverfahren an, fällt der ganze Nachlaß (spätestens dann) ohnehin in die Insolvenzmasse gemäß § 35 InsO. Der Ansicht im wesentlichen folgend: *Bartels*, KTS 2003, 41, 65.

diesem Bereich verbiete daher eine Erweiterung der Obliegenheiten durch eine Analogie.[298]

Trotz der angeführten Argumente für eine Obliegenheitsverletzung bzw. einen Versagungsgrund bei Ausschlagung einer Erbschaft wird überwiegend – wenn auch zum Teil kritisch[299] – angenommen, daß eine Obliegenheitsverletzung bzw. ein Versagungsgrund der aktuellen gesetzlichen Regelung nicht zu entnehmen sei.[300] Schon der Wortlaut des § 295 Abs. 1 Nr. 2 InsO spreche gegen die Annahme einer Obliegenheitsverletzung bei Ausschlagung der Erbschaft in der Wohlverhaltensperiode. Die Norm meine nur Vermögen, das der Schuldner bereits erworben hat und stelle nicht auf die Möglichkeit eines Erwerbs ab.[301] Mit dem Anfall der Erbschaft sei das Erbschaftsvermögen jedoch noch nicht in diesem Sinne erworben. Auch generell sei in der Ausschlagung einer Erbschaft im Insolvenz- oder Restschuldbefreiungsverfahren keine Unredlichkeit zu erblikken. Die erbrechtlichen Regeln (§ 1942 BGB) stellten die Ausschlagung einer Erbschaft in das freie Belieben des Erben. Die Erbschaft dürfe daher auch an einen anderen weitergeleitet werden. Es solle gerade verhindert werden, daß dem Erben ein Vermögen aufgedrängt werde.[302] Nutze der Schuldner dieses ihm als Erbe zustehende Recht, könne man nicht dem Schuldner bei Ausschlagung einer Erbschaft daher die Redlichkeit nach § 1 S. 2 InsO absprechen.[303] Der vom Bürgerlichen Gesetzbuch verfolgte Sinn werde gerade durch § 83 InsO aufrecht erhalten. Daher folge auch aus der Regelung des § 83 InsO, daß die Ausschlagung der Erbschaft keine Obliegenheitsverletzung darstellen könne. Die persönliche Entscheidungsmacht des Schuldners müsse auch im Restschuldbefreiungs-

---

298 *Windel*, KTS 1995, 367, 407.

299 *Häsemeyer*, Rn. 9.24 (S. 218) und Rn. 26.37 (S. 664); *Messner*, ZVI, 433, 434; *Preuss*, Rn. 249 (S. 180).

300 LG Mainz, ZVI 2003, 362, 363; *Braun/Buck*, § 295 Rn. 14; *Damrau*, MDR 2000, 255, 256; *Döbereiner*, S. 167; *FK/Ahrens*, § 295 Rn. 36; *Häsemeyer*, Rn. 9.24 (S. 218) und Rn. 26.37 (S. 664); *Hess/Kranemann/Pink*, Rn. 407 (S. 303); *Hess/Weis/Wienberg/Hess*, § 295 Rn. 27; *HK/Landfermann*, § 295 Rn. 6; *Kesseler*, RNotZ 2003, 557, 559; *Kübler/Prütting/Wenzel*, § 295 Rn. 19 b; *Leipold* in FS für Gaul, S. 370 ff.; *Limmer*, ZEV 2004, 133, 137; *Messner*, ZVI, 433, 434; *MüKo/Ehricke*, InsO, § 295 Rn. 49; *Nerlich/Römermann/Römermann*, § 295 Rn. 27; *Preuss*, Rn. 249 (S. 180); *Uhlenbruck/Vallender*, § 295 Rn. 34.

301 LG Mainz, ZVI 2003, 362, 363; *MüKo/Ehricke*, InsO, § 295 Rn. 49; *Nerlich/Römermann/Römermann*, § 295 Rn. 27; *Preuss*, Rn. 249 (S. 180); *Uhlenbruck/Vallender*, § 295 Rn. 34.

302 *Lange/Kuchinke*, § 8 I 4. (S. 194).

303 *Döbereiner*, S. 167.

verfahren aufrecht erhalten bleiben. Wenn der Nachlaß den Gläubigern im Insolvenzverfahren nicht dem Zugriff unterliege, könne für das anschließende Restschuldbefreiungsverfahren nichts anderes gelten. Die gesetzgeberische Entscheidung, der Entscheidungsfreiheit des Erben hinsichtlich Ausschlagung oder Annahme einer Erbschaft höheres Gewicht einzuräumen als dem Befriedigungsinteresse der Gläubiger, müsse auch in der Wohlverhaltensperiode gelten.[304] Schlage der Schuldner die Erbschaft im Insolvenzverfahren aus, unterliege die Ausschlagung selbst dann nicht der Anfechtung nach den §§ 129 ff. InsO, wenn der Schuldner die Ausschlagung in der Absicht vorgenommen habe, die Gläubiger zu benachteiligen. Daher sei es nur konsequent, die Ausschlagung der Erbschaft auch nicht als Obliegenheitsverletzung anzusehen.[305]

Auch ein Versagungsgrund nach § 290 Abs. 1 Nr. 4 InsO komme nicht in Betracht.[306] Eine Subsumtion unter die Norm ergebe keinen Versagungsgrund bei Ausschlagung einer Erbschaft im Insolvenzverfahren. Eine Vermögensverschwendung als einziger in Betracht kommender Tatbestand sei dann gegeben, wenn der Wertverzehr außerhalb einer nachvollziehbaren Verhaltensweise liege.[307] Dies sei bei der Ausschlagung einer Erbschaft nicht der Fall, zumal auch hier die Wertung des § 83 InsO nicht umgangen werden dürfe. Auch seien die Tatbestände des § 290 InsO einer erweiterten Interpretation nicht zugänglich und abschließend. Im Ergebnis könne die Restschuldbefreiung daher weder bei Ausschlagung einer Erbschaft im Insolvenzverfahren nach § 290 Abs. 1 Nr. 4 InsO noch bei Ausschlagung in der Wohlverhaltensperiode nach §§ 295 Abs. 1 Nr. 2, 296 InsO versagt werden.

2. Stellungnahme

Das Ergebnis der Befürworter einer Versagung der Restschuldbefreiung bei Ausschlagung einer Erbschaft im Insolvenz- bzw. Restschuldbefreiungsverfahren mag auf den ersten Blick gesehen überzeugen. Dennoch ist zunächst zu prüfen, ob die genannten Normen eine derartige Beurteilung zulassen. Ist dies der Fall, muß untersucht werden, welches Ergebnis durch die gesetzgeberischen Wertungen vorgegeben ist. Dieses Ergebnis soll dann einer kritischen Beurteilung unterzogen werden.

---

[304] LG Mainz, ZVI 2003, 362, 363; *Döbereiner*, S. 167; *Messner*, ZVI, 433, 434; *MüKo/Ehricke*, InsO, § 295 Rn. 49; in diesem Sinne auch *Kesseler*, RNotZ 2003, 557, 559.

[305] LG Mainz, ZVI 2003, 362, 363; *Uhlenbruck/Vallender*, § 295 Rn. 34.

[306] LG Mainz, ZVI 2003, 362, 363; *Messner*, ZVI, 433, 434.

[307] Siehe *Uhlenbruck/Vallender*, § 290 Rn. 54.

a) Die gegenwärtige Rechtslage

§ 295 Abs. 1 Nr. 2 InsO normiert die Obliegenheit des Schuldners, Vermögen, das er von Todes wegen oder mit Rücksicht auf ein künftiges Erbrecht „erwirbt", zur Hälfte an den Treuhänder herauszugeben. Ob es dieser Terminus auch ermöglicht, die Annahme einer Erbschaft als Obliegenheit anzusehen, hängt von der Interpretation der erbrechtlichen Regeln zur Stellung des Erben zwischen Anfall und Ausschlagung bzw. Annahme der Erbschaft ab. Wie oben[308] bereits ausführlich dargelegt, besteht Uneinigkeit darüber, wann der Nachlaß Vermögensbestandteil des Erben wird. Daß der Erbe bereits mit dem Anfall der Erbschaft nach §§ 1922, 1942 BGB Vermögensinhaber wird, das Vermögen also „erwirbt", wird aufgrund der Rückwirkungsfiktion des § 1953 Abs. 1 BGB bestritten. Der Erbe werde mit dem Anfall der Erbschaft zunächst nur vorläufiger Erbe.[309] Der Anfall der Erbschaft gebe dem Erben nur die Möglichkeit, das Erbe zu erwerben. Legt man diese Ansicht zugrunde, muß man zu dem Ergebnis kommen, daß eine Obliegenheitsverletzung in § 295 Abs. 1 Nr. 2 InsO bei Ausschlagung der Erbschaft nicht normiert ist. Der Tatbestand würde erst eingreifen, wenn der Schuldner die Erbschaft angenommen bzw. nicht ausgeschlagen, in diesem Sinne das Vermögen von Todes wegen also „erworben hat". Das „Ob" des Erwerbs wäre von der Norm nicht erfaßt und könnte bei Ablehnung der Erbschaft keine Obliegenheitsverletzung darstellen. Interpretiert man dagegen die erbrechtlichen Normen des Bürgerlichen Gesetzbuchs auf andere Weise, läßt sich auch die Ausschlagung einer Erbschaft unter den Wortlaut des § 295 Abs. 1 Nr. 2 InsO subsumieren.[310] Der Anfall der Erbschaft schafft nicht nur die Möglichkeit eines Erwerbs. Vielmehr wird der Erbe mit dem Anfall der Erbschaft bereits Inhaber eines Vermögens. Er hat lediglich das Recht, den angefallenen Erwerb durch Ausschlagung wieder rückgängig zu machen. Dies ändert jedoch nichts an der Tatsache, daß der Erbe bis zur Ausschlagung der Erbschaft Inhaber eines Vermögens war, er das Vermögen also bereits mit

---

[308] Siehe oben S. 7 ff.

[309] *Brox*, Rn. 315 (S. 188); *Ebenroth*, Rn. 348 (S. 242); *Fischer*, Vonselbsterwerb und Antrittserwerb, S. 77; *Friederichs*, S. 17 ff.; *Kipp/Coing*, § 86 I 2 (S. 479); *Kirchhofer*, S. 15; *Lange/Kuchinke*, § 8 I 4. (S. 194); *Leipold*, Rn. 607 (S. 223); *Michalski*, Rn. 167 (S. 66); *MüKo/Schumann*, InsO, § 83 Rn. 3; *Palandt/Edenhofer*, § 1942 Rn. 2, § 1943 Rn. 1; *Planck*, Vorbemerkung zu § 1942 II. 3; *Schlüter*, Rn. 502 (S. 202); *Soergel/Stein*, vor § 1942 Rn. 4; *Staudinger/Otte*, § 1942 Rn. 10.

[310] Siehe dazu *Thora*, ZInsO 2002, 176, 177, der darauf hinweist, daß der Wortlaut des § 295 Abs. 1 Nr. 2 InsO auch auf andere Weise verstanden werden kann. „Erwirbt" bedeute hier eher „erwerben wird" als „erworben hat". Die Wortlautauslegung verneine daher (auch nach der soeben oben dargestellten Ansicht) nicht, daß eine Obliegenheitsverletzung in der Ausschlagung einer Erbschaft liegen könne.

dem Anfall der Erbschaft „erworben hatte“.[311] § 295 Abs. 1 Nr. 2 InsO kann daher durchaus so interpretiert werden, daß die Obliegenheit, die Hälfte des von Todes wegen erworbenen Vermögens herauszugeben, bereits ab dem Zeitpunkt des Anfalls der Erbschaft besteht. Dann kann der Schuldner die Obliegenheit tatsächlich nur erfüllen, wenn er die Erbschaft nicht ausschlägt.[312] Die Norm kann jedoch ebenso auf einen Zeitpunkt abstellen, zu dem der Schuldner bereits in der Lage ist, die Hälfte des erworbenen Vermögens endgültig auf den Treuhänder zu übertragen. „Erwirbt“ kann auch im Sinne eines „endgültigen Erwerbs“ verstanden werden. Dann bestünde die Herausgabeobliegenheit erst, wenn der erbrechtliche Erwerb „endgültig“ eingetreten ist, wenn also die Ausschlagungsfrist abgelaufen ist. Die Ausschlagung der Erbschaft würde in diesem Fall von der Norm nicht erfaßt und würde keine Obliegenheitsverletzung darstellen.

Nach dem Wortlaut des § 295 Abs. 1 Nr. 2 InsO ist es daher sowohl möglich, die Ausschlagung der Erbschaft als Obliegenheitsverletzung anzusehen als auch eine solche Obliegenheit zu verneinen. Die Wortlautinterpretation allein kann daher zu keinem Ergebnis führen. Auch der Wille des Gesetzgebers ist in diesem Punkt nicht eindeutig. Der Gesetzgeber hat diese Frage nicht beantwortet. Vielmehr ging er davon aus, das Problem durch die „Anreizlösung“ umgangen zu haben.[313]

Auch der Wortlaut des § 290 Abs. 1 Nr. 4 InsO läßt es grundsätzlich zu, die Ausschlagung der Erbschaft als Versagungsgrund anzunehmen. Doch auch hier muß man die Möglichkeit dieser Annahme schon nach dem Wortlaut verneinen, wenn man davon ausgeht, daß der Erbe das Vermögen erst mit Ablauf der Ausschlagungsfrist erwirbt. Wenn der Erbe mit dem Anfall der Erbschaft noch kein Vermögen hat, kann man schwerlich davon sprechen, daß er solches mit der Ausschlagung verschwendet hat. Geht man jedoch zutreffend davon aus, daß der Erbe das Vermögen schon mit dem Anfall der Erbschaft erworben hat, läßt sich die Ausschlagung der Erbschaft eventuell unter den Begriff „Vermögensverschwendung“ subsumieren.

Der Gesetzgeber hat sich mit Einführung des § 9 KO bzw. später § 83 InsO dafür entschieden, dem höchstpersönlichen Recht des Erben, über Annahme oder Ausschlagung einer Erbschaft zu entscheiden, im Insolvenzverfahren den Vor-

---

[311] Siehe zur ausführlichen Begründung oben S. 19 ff. und S. 31 ff.

[312] Vgl. *Uhlenbruck/Uhlenbruck*, § 83 Rn. 6.

[313] Siehe dazu *Ivo*, ZErb 2003, 250, 252: Diese „Anreizlösung“ verträgt sich nicht mit der Ansicht, daß ohnehin eine Annahmeobliegenheit besteht.

rang gegenüber dem Befriedigungsinteresse der Gläubiger zu geben. Trotz des in § 1 S. 1 InsO normierten Ziels der Insolvenzordnung (gemeinschaftliche Befriedigung der Gläubiger) kann daher der Schuldner eine Erbschaft im laufenden Insolvenzverfahren ausschlagen und damit den Zugriff der Gläubiger auf den Nachlaß verhindern. Die Entscheidung hinsichtlich Annahme oder Ausschlagung einer Erbschaft wird oftmals auch durch persönliche Verhältnisse zwischen dem Erblasser und dem Erben geprägt, so daß diese Entscheidung nicht auf den Insolvenzverwalter übertragen werden sollte.[314] Schlägt der Erbe aus, müssen die Gläubiger seine Entscheidung hinnehmen. Eine Anfechtung der Ausschlagung kommt nicht in Betracht.[315] Die Entscheidung des Gesetzgebers, der Freiheit der Erbenentscheidung Vorrang zu geben, darf nicht mittels der Insolvenzanfechtung nach den §§ 129 ff. InsO umgangen werden.

Fraglich ist dagegen, ob im Falle der Erbschaftsausschlagung dem Schuldner die Restschuldbefreiung versagt werden kann, ob also im Restschuldbefreiungsverfahren von der bis dahin durchgehend bestehenden Vorrangstellung der Entscheidungsfreiheit des Erben Abstand genommen werden soll. § 83 InsO ist im Restschuldbefreiungsverfahren nicht anwendbar. Dennoch könnte man auch hier die Wertung der Norm heranziehen.[316] Im Insolvenzverfahren läßt sich aus § 83 InsO die Höherrangigkeit der freien Entscheidung des Erben entnehmen. Versagt man dem Schuldner die Restschuldbefreiung, weil er eine Erbschaft ausgeschlagen und damit im Sinne des § 290 Abs. 1 Nr. 4 InsO „Vermögen verschwendet" oder eine Obliegenheit nach § 295 Abs. 1 Nr. 2 InsO verletzt hat, kann die Entscheidungsfreiheit des Schuldners eingeschränkt sein. Der Schuldner kann mittelbar zur Annahme der Erbschaft bestimmt werden, da er anderenfalls befürchten muß, die Möglichkeit der Restschuldbefreiung zu verlieren. Will man also an der Maxime, daß die höchstpersönliche Entscheidung des Erben Vorrang gegenüber der Befriedigung der Gläubiger haben soll, festhalten, kann man dem Schuldner die Restschuldbefreiung nicht aufgrund der Ausschlagung einer Erbschaft versagen. Die Ausschlagung der Erbschaft wäre dann weder ein Versagungsgrund im Sinne des § 290 Abs. 1 Nr. 4 InsO noch eine Obliegenheitsverletzung im Sinne des § 295 Abs. 1 Nr. 2 InsO. Die Gläubiger stünden hier ebenso wie im laufenden Insolvenzverfahren der Ausschlagung einer Erbschaft machtlos gegenüber.

Man muß jedoch bei der Bewertung auch die vom Insolvenzverfahren verschiedene Ausgangslage bedenken. Im Insolvenzverfahren stehen sich lediglich das

---

[314] Zur ausführlichen Begründung des § 83 InsO siehe oben S. 9 ff.

[315] Siehe hierzu ebenfalls die ausführliche Darstellung oben S. 40 ff.

[316] So auch *Ivo*, ZErb 2003, 250, 252; aA *Thora*, ZInsO 2002, 176, 178.

Befriedigungsinteresse der Gläubiger und die Entscheidungsfreiheit des Erben hinsichtlich Annahme oder Ausschlagung einer Erbschaft gegenüber. Zu diesem Zeitpunkt geht es nicht um den Verlust nicht befriedigter Forderungen der Gläubiger gegen den Schuldner. Würde sich das Restschuldbefreiungsverfahren dem Insolvenzverfahren nicht anschließen, könnten die Gläubiger nach Beendigung des Insolvenzverfahrens weiter versuchen, ihre Forderungen gegen den Schuldner im Wege der Einzelzwangsvollstreckung durchzusetzen. Folge des Restschuldbefreiungsverfahrens ist dagegen, daß die Gläubiger ihre Forderungen verlieren. Hinsichtlich des Restschuldbefreiungsverfahrens ist damit neben der Entscheidungsfreiheit des Erben und dem Befriedigungsinteresse der Gläubiger bei einer Abwägung der einander gegenüberstehenden Positionen ebenso die Tatsache zu berücksichtigen, daß der Schuldner hier die Befreiung von seinen Verbindlichkeiten will. Das Restschuldbefreiungsverfahren führt damit zu deutlich höheren Einbußen auf Seiten der Gläubiger als das Insolvenzverfahren. Die Lage während des Insolvenzverfahrens und des Restschuldbefreiungsverfahrens ist damit verschieden. Es ist daher fraglich, ob sich die Wertentscheidung des § 83 InsO ohne weiteres auch auf das Restschuldbefreiungsverfahren übertragen läßt. Zu bedenken ist nämlich, daß die Norm des § 9 KO bzw. § 83 InsO wesentlich älter ist als das Restschuldbefreiungsverfahren an sich. Bei der Entscheidung des Gesetzgebers für den Vorrang der freien Erbenentscheidung über Annahme oder Ausschlagung der Erbschaft war daher nicht zu berücksichtigen, daß die Gläubiger ihre Forderungen im Rahmen eines nach Abschluß des Insolvenzverfahrens durchzuführenden Verfahrens verlieren würden. Daher ist die Übertragung der Wertung des § 83 InsO auch auf das Restschuldbefreiungsverfahren keineswegs selbstverständlich. Vor Einführung des Restschuldbefreiungsverfahrens bestand für den Schuldner ein höherer Anreiz, eine angefallene Erbschaft nicht auszuschlagen. Es bestand so die Möglichkeit, daß die Gläubiger in höherem Maße während des Insolvenzverfahrens befriedigt werden. Anderenfalls konnten die Gläubiger nach Abschluß des Verfahrens unbeschränkt auf das Vermögen des Schuldners zugreifen. Die Erbschaft war damit eine Möglichkeit des Schuldners, sich durch die Anreicherung der Insolvenzmasse schneller von der Haftung zu befreien. Nach Einführung des Restschuldbefreiungsverfahrens besteht die Notwendigkeit für den Schuldner, die Erbschaft anzunehmen, damit er schneller von seinen Verbindlichkeiten befreit wird, nicht mehr. Das Restschuldbefreiungsverfahren ermöglicht dem Schuldner nun, Befreiung von den gegen ihn bestehenden Forderungen – evtl. auch nach Ausschlagung einer Erbschaft – zu erlangen. Der Schuldner ist daher eventuell weniger schutzbedürftig als früher. Im Gegensatz dazu hat sich die Position der Gläubiger verschlechtert. Sie verlieren ihre Forderungen. Für sie stellt sich die Restschuldbefreiung des Schuldners als ein Eingriff in ihr durch Art. 14 Abs. 1 GG geschütztes Eigentum dar.

Trotz der angeführten Bedenken ist jedoch die freie Entscheidung des Erben auch im Restschuldbefreiungsverfahren vorrangig. Der Gesetzgeber selbst hat es nicht für nötig befunden, die Ausschlagung einer Erbschaft als Obliegenheitsverletzung oder Versagungsgrund zu normieren, auch wenn er sich nicht ausdrücklich dagegen ausgesprochen hat. Vielmehr ist davon auszugehen, daß der Gesetzgeber ebenso wie im Insolvenzverfahren daran festhalten wollte, die Freiheit der Entscheidung des Erben hinsichtlich Annahme oder Ausschlagung einer Erbschaft aufrecht zu erhalten. Wäre der Gesetzgeber davon ausgegangen, daß die Ausschlagung der Erbschaft die Restschuldbefreiung des Schuldners verhindert, wäre es unnötig gewesen, die Anreizlösung des § 295 Abs. 1 Nr. 2 InsO zu schaffen.[317] Grund dafür, daß der Schuldner die Hälfte der angenommenen Erbschaft behalten darf, war, daß er dadurch zur Annahme der Erbschaft verleitet werden sollte. Hätte der Gesetzgeber gewollt, daß der Schuldner bei Ausschlagung der Erbschaft die Möglichkeit der Restschuldbefreiung verliert, hätte es eines solchen Anreizes nicht bedurft. Die Gefahr, die Möglichkeit der Restschuldbefreiung zu verlieren, wäre in diesem Fall Anreiz genug dafür gewesen, daß der Schuldner die Erbschaft nicht ausgeschlagen hätte. Auch im Restschuldbefreiungsverfahren sollte demnach das höchstpersönliche Recht des Erben Vorrang vor den Rechten und Interessen der Gläubiger haben. Im Ergebnis gestattet es die Wertung des Gesetzes daher nicht, dem Schuldner die Restschuldbefreiung als Folge der Ausschlagung einer Erbschaft zu versagen. Die Entscheidungsfreiheit des Erben hat auch im Restschuldbefreiungsverfahren Vorrang.

Neben der Wertentscheidung des Gesetzgebers spricht auch die Rechtssicherheit gegen die Versagung der Restschuldbefreiung bei Ausschlagung der Erbschaft. Der Schuldner muß klar und deutlich wissen, welche Handlungen zu einer Versagung führen könnten. Aus § 290 InsO muß hervorgehen, welches Verhalten vor Ankündigung der Restschuldbefreiung zu einer Versagung der Restschuldbefreiung führt und dem § 295 InsO muß der Schuldner entnehmen können, was er nach Ankündigung der Restschuldbefreiung zu tun oder zu unterlassen hat. Schlägt der Schuldner eine Erbschaft zu Lasten der Gläubiger – unter Umständen sogar vorsätzlich – aus, kann dies im moralischen Sinne gegebenenfalls als unredlich bezeichnet werden. Was im Sinne der Insolvenzordnung jedoch als unredlich im Sinne des § 1 S. 2 InsO bezeichnet wird, bestimmen die §§ 290 und 295 InsO.[318] Diesen Normen läßt sich aber gerade nicht mit der gebotenen Eindeutigkeit entnehmen, daß der Schuldner bei Ausschlagung als unredlich an-

---

[317] So auch *Ivo*, ZErb 2003, 250, 251.

[318] So auch *Ivo*, ZErb 2003, 250, 253.

zusehen ist. Auch aus diesem Grund kann die Ausschlagung einer Erbschaft nicht zu einer Versagung der Restschuldbefreiung führen.

Im Ergebnis sprechen die dargelegten Argumente somit dagegen, die Restschuldbefreiung in Folge der Ausschlagung einer Erbschaft nach § 290 Abs. 1 Nr. 4 oder § 295 Abs. 1 Nr. 2 InsO zu versagen. Die gegenwärtige Rechtslage läßt ein anderes Ergebnis nicht zu.

b) Normierung einer Obliegenheit

Ist die Ausschlagung der Erbschaft nach der geltenden Rechtslage nicht als Obliegenheitsverletzung bzw. als Versagungsgrund zu qualifizieren, so stellt sich dennoch die Frage, ob es sinnvoll oder gar notwendig wäre, eine Norm mit entsprechender Regelung einzuführen. Gemäß § 1942 Abs.1 BGB geht die Erbschaft auf den Erben unbeschadet des Rechts über, sie auszuschlagen. Grund dafür ist die freie Entscheidung des Erben, die auch durch andere als vermögensrechtliche Aspekte beeinflußt werden kann.[319] Dem Erben soll kein Vermögen aufgedrängt werden. Es ist daher auch das Recht des Erben, die Erbschaft durch die Ausschlagung einem anderen zukommen zu lassen.[320] Diese gesetzgeberische Entscheidung wird in der gesamten Rechtsordnung aufrecht erhalten, sogar im Insolvenzverfahren, wo es dadurch zu einer Benachteiligung der Gläubiger kommen kann. Im gesamten Vollstreckungsrecht wird an der Prämisse festgehalten, daß die Entscheidung des Erben nicht nur vermögensrechtliche Aspekte aufweist und letztlich Ausfluß des Persönlichkeitsrechts ist.[321] Es bedarf daher eines höheren Begründungsaufwands, um die gesetzgeberische Abwägung der gegeneinanderstehenden Positionen einzig im Restschuldbefreiungsverfahren anders ausfallen zu lassen. Anders als im Insolvenzverfahren geht es im Restschuldbefreiungsverfahren nicht lediglich um die möglichst umfassende Befriedigung der Gläubiger im Rahmen eines Verfahrens. Vielmehr steht für die Gläubiger hier der Verlust ihrer nicht befriedigten Forderungen zu befürchten.[322] Dieser Umstand könnte hier ein anderes Abwägungsergebnis rechtfertigen. Den Forderungen der Gläubiger wird durch die Restschuldbefreiung ihre Durchsetzbarkeit genommen. Damit liegt ein Eingriff in Art. 14 Abs. 1 GG

---

[319] *Lange/Kuchinke*, § 8 IV 1. (S. 202).

[320] *Lange/Kuchinke*, § 8 I 4. (S. 194).

[321] Siehe *Kesseler*, RNotZ 2003, 557, 559.

[322] Auch Forderungen fallen unter den Schutz des Art. 14 GG: BVerfGE 45, 142, 179; 68, 193, 222; 77, 370, 377; *Maunz/Dürig/Papier*, Art. 14 Rn. 201.

vor.[323] Dogmatisch handelt es sich hierbei um eine Inhalts- und Schrankenbestimmung. Die Betroffenen behalten ihre Rechtsposition, sie wird lediglich beschränkt. Durch die Restschuldbefreiung wird der Inhalt der Forderungen mit einer Haftungsbeschränkung behaftet.[324] Dem Persönlichkeitsrecht des Schuldners steht damit ein weitaus gravierenderer Eingriff in Art. 14 Abs. 1 GG gegenüber als im übrigen Vollstreckungsrecht, bei dem es lediglich um den Umfang der Befriedigung der Forderungen, nicht aber um deren Verlust geht. Um den Eingriff in das Grundrecht der Gläubiger zu rechtfertigen, kann es daher notwendig sein, wenigstens während der Wohlverhaltensperiode so viel Vermögen wie möglich der Befriedigung der Gläubiger zur Verfügung zu stellen.[325] Die Gläubiger stehen dem Eingriff in ihr Eigentumsrecht machtlos gegenüber. Die dagegen abzuwägende Entscheidungsfreiheit des Erben und damit sein Persönlichkeitsrecht besteht dagegen weiter. Der Schuldner hat weiterhin das Recht, über die Annahme oder Ausschlagung der Erbschaft frei zu entscheiden. Es bestünde lediglich eine Annahmeobliegenheit, bei deren Verletzung er die Restschuldbefreiung verlieren würde. Eine rechtseinschränkende Pflicht bestünde dagegen nicht.[326] Zu bedenken ist jedoch, daß es auch für den Erben beträchtliche Gründe geben kann, warum er die Erbschaft ausschlägt. Eine eventuell vom Gericht anzustellende Unterscheidung, welche Motive des Schuldners, die ihn zur Ausschlagung verleitet haben, als redlich anzusehen sind und welche nicht, ist jedoch nicht sinnvoll.[327] Dies hätte eine erhebliche Rechtsunsicherheit zur Folge. Die Ausschlagung einer Erbschaft muß unabhängig von den Gründen des Schuldners zur Versagung der Restschuldbefreiung führen oder nicht. Führt man eine diesbezügliche Obliegenheit ein, wäre dies unter Umständen jedoch für den Schuldner mittelbar eine Pflicht zur Annahme der Erbschaft. Die Restschuldbefreiung ist in der Regel die einzige Möglichkeit eines Schuldners, sich aus der lebenslangen Haftung zu befreien. Dem Schuldner diese Befreiung aus dem „Schuldenturm“ zu ermöglichen, ist gerade das Ziel der Restschuldbefreiung. Der Schuldner müßte sich bei Bestehen einer Annahmeobliegenheit also zwischen seinem Recht auf freie Entscheidung zur Ausschlagung bzw. Annahme der Erbschaft und seinem Recht, Restschuldbefreiung zu erlangen, entscheiden. In diesem Fall kann nicht mehr von der Freiheit der Entscheidung gesprochen werden. Das Persönlichkeitsrecht des Schuldners ist betroffen. Im Ergebnis stehen sich daher das Persönlichkeitsrecht des Schuldners und das Eigentums-

---

[323] *Forsblad*, S. 278 ff.; *Trendelenburg*, S. 220.

[324] *Trendelenburg*, S. 221.

[325] So bereits *Dieckmann* in Leipold, S. 127, 133.

[326] *Thora*, ZInsO 2002, 176, 178.

[327] So aber *Thora*, ZInsO 2002, 176, 179.

recht der Gläubiger gleichrangig gegenüber. Mit der Einführung einer Obliegenheit zur Annahme der Erbschaft würde man eine Prämisse aufgeben, die im Bürgerlichen Gesetzbuch normiert und bislang im gesamten Vollstreckungsrecht aufrecht erhalten wurde. Für eine solche Bestimmung besteht somit kein Anlaß. Vielmehr schafft § 295 Abs. 1 Nr. 2 InsO einen interessengerechten Ausgleich. Dem Schuldner verbleibt die freie Entscheidung, ob er das Erbe annehmen oder ausschlagen will. § 295 Abs. 1 Nr. 2 InsO soll ihm einen Anreiz zur Annahme verschaffen, jedoch ohne die Freiheit seiner Entscheidung zu beeinflussen. Schlägt der Schuldner die Erbschaft nicht aus, erhalten die Gläubiger die Hälfte des Nachlasses. In diesem Fall ist beiden Parteien gedient. Eine Obliegenheit, die ganze Erbschaft herauszugeben, würde den Interessen der Gläubiger im Ergebnis nicht dienen. Für den Schuldner bestünde keinerlei Anreiz, die Erbschaft anzunehmen. Es mag zwar verwundern, daß im Insolvenzverfahren mit der Annahme der Erbschaft der ganze Nachlaß in die Insolvenzmasse fällt und im Restschuldbefreiungsverfahren nur die Hälfte, obwohl der Schuldner hier mehr bekommt, nämlich die Befreiung von seinen Verbindlichkeiten. Das erklärt sich jedoch hinsichtlich des Restschuldbefreiungsverfahrens daraus, daß dem Schuldner ein ausreichender Anreiz zur Annahme der Erbschaft geboten werden muß. Eine solche Notwendigkeit besteht im Insolvenzverfahren nur eingeschränkt. Im Insolvenzverfahren müssen die Gläubiger nicht den Verlust ihrer Forderungen befürchten. Im Gegenteil ging es zumindest vor Einführung der Restschuldbefreiung für den Schuldner darum, einen möglichst hohen Teil seiner Schulden im Insolvenzverfahren zu begleichen. Das vom Schuldner zu befürchtende freie Nachforderungsrecht der Gläubiger war daher Anreiz genug, die Erbschaft anzunehmen. Problematisch ist seit Einführung des Restschuldbefreiungsverfahrens aber, daß der Schuldner bereits während des laufenden Insolvenzverfahrens weiß, daß er die Möglichkeit der Restschuldbefreiung hat. Der vormals bestehende Anreiz zur Annahme im Insolvenzverfahren besteht daher nicht mehr. Es besteht zwar noch keine Gewißheit des Schuldners, daß ihm die Restschuldbefreiung auch tatsächlich erteilt wird, schon deshalb weil die gerichtliche Ankündigung der Restschuldbefreiung nach § 291 InsO noch nicht erfolgt ist. Dennoch ist eher darüber nachzudenken, ob im Insolvenzverfahren ein Anreiz zur Erbschaftsannahme für den Schuldner geschaffen werden muß, um auch hier den Interessen der Gläubiger mehr entgegenzukommen. Die Anreizlösung im Restschuldbefreiungsverfahren abzuschaffen ist dagegen wenig sinnvoll. Um das freie Entscheidungsrecht des Schuldners aufrecht erhalten, den Interessen der Gläubiger aber dennoch weitestgehend genüge tun zu können, ist § 295 Abs. 1 Nr. 2 InsO gut geeignet. Eine Gesetzesänderung ist daher nicht angebracht.[328]

---

[328] Siehe auch *Trendelenburg*, S. 261, die im Ergebnis § 295 Abs. 1 Nr. 2 InsO ebenso für

3. Ergebnis

Ob die Ausschlagung einer Erbschaft eine Obliegenheitsverletzung nach § 295 Abs. 1 Nr. 2 InsO oder einen Versagungsgrund nach § 290 Abs. 1 Nr. 4 InsO darstellt oder zumindest ein solcher normiert werden sollte, wird unterschiedlich gesehen. Während zum Teil die Redlichkeit des Schuldners bei Ausschlagung einer Erbschaft in Frage gestellt wird und das Restschuldbefreiungsverfahren somit keinen Erfolg haben kann, sehen andere in der gesetzlichen Regelung keine Möglichkeit, die Restschuldbefreiung aufgrund der Ausschlagung einer Erbschaft zu versagen. Sowohl der Wortlaut der Normen als auch die gesetzgeberische Wertentscheidung stünden dem entgegen.

Der Wortlaut des § 290 Abs. 1 Nr. 4 InsO und des § 295 Abs. 1 Nr. 2 InsO lassen es an sich zu, die Ausschlagung einer Erbschaft als Obliegenheitsverletzung bzw. als Versagungsgrund anzusehen. Abzuwägen sind die unterschiedlichen Wertungen des Gesetzes. Das höchstpersönliche Recht des Erben, über Annahme und Ausschlagung einer Erbschaft frei entscheiden zu können, steht dem Befriedigungsinteresse der Gläubiger und dem drohenden Verlust der Durchsetzbarkeit ihrer Forderungen gegenüber. Im Ergebnis muß jedoch auch hier wie im übrigen Vollstreckungsrecht das erbrechtliche Prinzip einer freien Entscheidung des Erben gewahrt bleiben. Dieses Prinzip wäre verletzt, wenn der Schuldner befürchten müßte, seine Restschuldbefreiung in Folge einer Erbschaftsausschlagung zu verlieren. Es bestünde für ihn ein mittelbarer Zwang, die Erbschaft anzunehmen, wenn er von der einzigen Möglichkeit, schuldenfrei zu werden, Gebrauch machen will. Dies wäre mit der gesetzlichen Wertung unvereinbar.

Zusätzlich spricht die Rechtssicherheit gegen einen Obliegenheitsverstoß bzw. einen Versagungsgrund im Fall einer Erbschaftsausschlagung. Was redlich im Sinne des Gesetzes ist, bestimmen die §§ 290, 295 InsO. Diesen Normen läßt sich nicht eindeutig entnehmen, daß der Schuldner mit einer Erbschaftsausschlagung seine Restschuldbefreiung gefährdet.

Damit besteht für den Schuldner nach der gegenwärtigen Rechtslage keine Gefahr, die Restschuldbefreiung in Folge der Ausschlagung einer Erbschaft zu verlieren.

Zu denken wäre allenfalls daran, eine Obliegenheit zur Erbschaftsannahme für die Zukunft zu normieren. Der Grund dafür wäre der Eingriff in die durch Art. 14 Abs. 1 GG geschützten Eigentumsrechte der Gläubiger. Doch auch hier

---

geeignet hält und auf die praktischen Probleme einer Obliegenheit zur Herausgabe der ganzen Erbschaft hinweist.

sprechen die Wertungen des Gesetzes für den Schuldner. Sein Recht, eine Restschuldbefreiung zu erlangen und sein Recht, frei über eine angefallene Erbschaft entscheiden zu können, dürfen sich nicht gegenseitig ausschließen. Bei einer Obliegenheit, die Erbschaft anzunehmen, müßte der Schuldner sich jedoch im Ergebnis zwischen seinen beiden Rechten entscheiden. Will er die Restschuldbefreiung, ist er gezwungen, die Erbschaft anzunehmen. Dies widerspricht den Wertungen des Gesetzes. Eine Einführung einer Obliegenheit zur Annahme einer Erbschaft ist daher abzulehnen.

III. Die Rechtslage bei Annahme der Erbschaft

Hat der Schuldner die Erbschaft angenommen, trifft ihn die Obliegenheit des § 295 Abs. 1 Nr. 2 InsO. Er muß den Nachlaß zur Hälfte an den Treuhänder herausgeben. Problematisch ist der Fall, daß zwar die Annahme der Erbschaft bzw. das Ende der Ausschlagungsfrist in die Zeit der Wohlverhaltensperiode fällt, der Anfall der Erbschaft dagegen schon während des Insolvenzverfahrens stattgefunden hat. In diesem Fall ist eine Nachtragsverteilung gemäß § 203 InsO vorzunehmen. Für die Zuordnung des Nachlasses zur Insolvenzmasse, kommt es auf den Zeitpunkt des Anfalls an.[329] Nur dann, wenn der Anfall der Erbschaft zeitlich in die Periode der Restschuldbefreiung fällt, trifft den Erben die Obliegenheit nach § 295 Abs. 1 Nr. 2 InsO. Liegt der Anfall erst nach dem Restschuldbefreiungsverfahren, ist es fraglich, ob den Schuldner auch dann noch die Obliegenheit des § 295 Abs. 1 Nr. 2 InsO trifft und der Nachlaß auch nachträglich noch verteilt werden muß. Nach herrschender Meinung trifft den Schuldner keine Verpflichtung zur Herausgabe des hälftigen Erbschaftserwerbs mehr, wenn der Schuldner die Ausschlagungsfrist voll ausgeschöpft hat und die Annahme erst nach der Restschuldbefreiung erklärt.[330] Eine Nachtragsverteilung wie bei der Insolvenz gibt es im Restschuldbefreiungsverfahren nicht. In Betracht kommt allenfalls ein Widerruf der Restschuldbefreiung nach § 303 InsO. Das würde jedoch die Verletzung einer Obliegenheit voraussetzen. Daß der Schuldner die Erbschaft angenommen hat, kann ihm jedoch in keinem Fall vorgeworfen werden. Zu denken wäre allenfalls an einen Widerruf der Restschuldbefreiung, weil der Schuldner die Erbschaft nicht rechtzeitig, d. h. noch während der Wohlverhaltensperiode angenommen und damit den Zugriff der Gläubiger auf den Nachlaß verhindert hat. Dann würde man dem Schuldner jedoch vorwerfen, daß er die volle Frist, die ihm durch das Gesetz gegeben wird (nach § 1944

---

329 Siehe dazu bereits oben S. 35 ff.

330 *MüKo/Ehricke*, InsO, § 295 Rn. 52.

Abs. 1 BGB sechs Wochen) ausnutzt. Der Schuldner hat aber nicht nur das Recht, überhaupt frei über Annahme und Ausschlagung einer Erbschaft zu entscheiden, sondern auch das Recht, die volle Frist auszunutzen. Hierfür streitet auch der Rechtsgedanke des § 83 InsO.[331]

Ein Widerruf der Restschuldbefreiung wegen „verspäteter" Annahme einer Erbschaft widerspräche damit erbrechtlichen Prinzipien, die auch im Insolvenzverfahren aufrecht erhalten bleiben sollen. Läuft die Ausschlagungsfrist erst nach dem Restschuldbefreiungsverfahren ab oder nimmt der Schuldner erst zu diesem Zeitpunkt die Erbschaft an, steht der gesamte Nachlaß zu seiner freien Verfügung.

---

[331] Siehe dazu *Messner*, ZVI 2004, 433, 435.

4. Teil: Das Vermächtnis im Insolvenzverfahren

A. Allgemeines

Gemäß § 1939 BGB kann der Erblasser einem anderen einen Vermögensvorteil zuwenden, ohne ihn als Erben einzusetzen. Ein solches Vermächtnis begründet einen schuldrechtlichen Anspruch gemäß § 2174 BGB gegen den Beschwerten (§§ 2147 f. BGB) auf Leistung des vermachten Gegenstands. Die Forderung des Vermächtnisnehmers fällt diesem gemäß § 2176 BGB mit dem Erbfall ebenso wie eine Erbschaft ipso iure an. Einer Annahme bedarf es nicht. Auch hier besteht grundsätzlich das Recht, das Vermächtnis auszuschlagen. Die Annahme bewirkt, daß der Vermächtnisnehmer das Vermächtnis nicht mehr ausschlagen kann (§ 2180 Abs. 1 BGB). Will der Vermächtnisnehmer den Beschwerten verklagen, bedarf es zuvor der Annahme des Vermächtnisses.[332] Der Anspruch kann nach der Annahme lediglich durch einen Erlaßvertrag gemäß § 397 Abs. 1 BGB mit dem Beschwerten aufgehoben werden. Schlägt der Vermächtnisnehmer das Vermächtnis aus, wirkt dies ebenfalls wie bei der Erbschaft gemäß §§ 2180 Abs. 3, 1953 BGB auf den Erbfall zurück. Eine Ausschlagungsfrist besteht nicht. In Folge dessen kann es zu einem dreißigjährigen Schwebezustand kommen. Der Vermächtnisnehmer kann die Forderung bis zum Ablauf der Verjährung gemäß § 197 Abs. 1 Nr. 2 BGB (30 Jahre) durchsetzen.

B. Die Zugehörigkeit des Vermächtnisses zur Insolvenzmasse

Wird über das Vermögen des Vermächtnisnehmers ein Insolvenzverfahren eröffnet, stellt sich auch hinsichtlich eines Vermächtnisses die Frage nach der Zugehörigkeit der Vermächtnisforderung zur Insolvenzmasse und der Möglichkeit der Gläubiger, auf diesen Anspruch zugreifen zu können. Ist dem Vermächtnisnehmer das Vermächtnis vor Eröffnung des Insolvenzverfahrens angefallen oder fällt es ihm während des Verfahrens an, würde die Forderung grundsätzlich gemäß § 35 InsO in die Insolvenzmasse fallen und damit der gemeinschaftlichen Befriedigung der Gläubiger dienen. Doch auch hinsichtlich eines Vermächtnisses trifft das Gesetz in § 83 InsO eine Sonderregelung. Parallel zur Erbschaft obliegt es auch hier ausschließlich dem Vermächtnisnehmer, über Annahme

[332] *Schlüter*, Rn. 922 (S. 363).

oder Ausschlagung eines Vermächtnisses zu entscheiden.[333] Welche Konsequenzen diese Regelung für die Zugehörigkeit zur Insolvenzmasse und die Verwertbarkeit des Vermächtnisses in der Insolvenz des Vermächtnisnehmers hat, ist im folgenden zu untersuchen.

I. Die Rechtslage bei Untätigbleiben des Schuldners

Für den Zeitraum zwischen dem Anfall des Vermächtnisses und dessen Annahme bzw. Ausschlagung stellt sich vergleichbar der Erbschaft die Frage nach der Zugehörigkeit des Vermächtnisses zur Insolvenzmasse. Die Argumente der herrschenden Meinung decken sich hier mit denen bei der Erbschaft. Auch bei einem Vermächtnis wird angenommen, daß der Anfall des Vermächtnisses noch nicht die Zugehörigkeit des Vermächtnisses zur Insolvenzmasse bewirkt. Mit dem Anfall des Vermächtnisses sei dieses dem Schuldner haftungsrechtlich noch nicht zugewiesen.[334] Der Grund müsse auch hier die über § 2180 Abs. 2 BGB geltende Rückwirkungsfiktion des § 1953 Abs. 1 BGB sein. Der Vermächtnisnehmer sei daher mit dem Anfall des Vermächtnisses noch nicht Träger eines Vermögenswertes. Erst mit der Annahme des Vermächtnisses werde der Vermächtnisnehmer Vermögensinhaber. Erst dann falle das Vermächtnis in die Insolvenzmasse und sei für die gemeinschaftliche Befriedigung der Gläubiger verwertbar.[335]

Wie bei der Erbschaft können auch hier die Argumente der herrschenden Meinung widerlegt werden.[336] Die Rückwirkungsfiktion des § 1953 Abs. 1 BGB (i. V. m. § 2180 Abs. 2 BGB) bewirkt auch bei einem Vermächtnis nicht, daß der Vermächtnisnehmer mit dem Anfall des Vermächtnisses noch nicht Träger eines Vermögenswertes wird. Grund der Rückwirkungsfiktion ist auch bei Ausschlagung eines Vermächtnisses nur der, daß niemandem gegen seinen Willen ein Recht aufgedrängt werden darf und der ipso-iure-Erwerb beim Nächstberufenen voll durchgeführt werden soll. § 83 InsO ist damit auch bei einem Vermächtnis nicht bloß Folge der erbrechtlichen Regelungen. Die Begründung für die Norm

---

[333] Kritisch dazu noch zur Geltung des entsprechenden § 9 KO *Hess*, § 9 Rn. 3: Der höchstpersönliche Charakter dürfe bei einem Vermächtnis nicht so hoch gewertet werden. Im Gegensatz zur Erbschaft handele es sich bei einem Vermächtnis lediglich um einen obligatorischen Anspruch.

[334] *Häsemeyer*, Rn. 9.24 (S. 217).

[335] *Hess/Weis/Wienberg/Hess*, § 83 Rn. 3.

[336] Siehe dazu oben S. 19 ff.

des § 83 InsO kann auch bei einem Vermächtnis nur in der Freiheit, über die Annahme oder die Ausschlagung des erbrechtlichen Vermögenserwerbs entscheiden zu können, liegen.[337] Das Vermächtnis ist seit dem Anfall Teil der Insolvenzmasse. Einzig die Verwertbarkeit ist wie bei einer Erbschaft bis zur Annahme des Vermächtnisses ausgeschlossen.

Der Unterschied zur Erbschaft besteht bei einem Vermächtnis lediglich in der unterschiedlichen Zeitspanne, die zwischen dem Anfall und der Entscheidung des Erben bzw. des Vermächtnisnehmers liegen kann. Während der Erbe sich in einer Frist von in der Regel sechs Wochen (§ 1944 Abs. 1 BGB) entscheiden muß, kann der Vermächtnisnehmer die volle Zeitspanne bis zur Verjährung (30 Jahre – § 197 Abs. 1 Nr. 2 BGB) ausnutzen. Der Vermächtnisnehmer hat damit eine weitaus höhere Chance, den endgültigen Erwerb des Vermächtnisses auf einen Zeitpunkt nach Beendigung des Insolvenzverfahrens oder gar nach dem Ende eines unter Umständen stattfindenden Restschuldbefreiungsverfahrens zu legen, als ein Erbe. Daß dem Vermächtnisnehmer diese Möglichkeit offen steht, kann aufgrund der dem Vermächtnisnehmer durch § 83 InsO zustehenden Entscheidungsfreiheit nicht bezweifelt werden.[338] Daraus folgt jedoch keineswegs, daß sich das Vermächtnis hinsichtlich der Zugehörigkeit zur Insolvenzmasse und der Verwertbarkeit vor Annahme anders verhält als eine Erbschaft.

Angesichts der langen Zeitspanne, die dem Schuldner bleibt, um den Vermächtnisanspruch durchzusetzen, stellt sich die Frage, ob der Insolvenzverwalter oder die Gläubiger eine rechtliche Handhabe gegen den Schuldner haben, ihn zur Annahme des Vermächtnisses oder zumindest zu einer Entscheidung überhaupt zu zwingen. Zu denken wäre dabei an die Möglichkeit einer Anfechtung nach den insolvenzrechtlichen Regeln der §§ 129 ff. InsO. Die Vernachlässigung von Vermächtnisansprüchen könnte als ein die Gläubiger benachteiligendes Verhalten angefochten werden. Auch hier käme wie bei der Erbschaftsausschlagung eine analoge Anwendung der §§ 129 ff. InsO in Betracht, wenn das Vermächtnis erst nach der Eröffnung des Insolvenzverfahrens angefallen ist. In direkter Anwendung erfassen die Anfechtungsregeln nur solche Rechtshandlungen bzw. solche Unterlassungen, die vor Eröffnung des Insolvenzverfahrens vorgenommen worden sind. Der Sinn der Einschränkung der §§ 129 ff. InsO auf Handlungen oder Unterlassungen, die vor Eröffnung des Insolvenzverfahrens vorgenommen worden sind, besteht wie bereits dargelegt[339] darin, daß es für nach-

---

337 Siehe *MüKo/Schumann*, InsO, § 83 Rn. 12.

338 *Bartels*, KTS 2003, 41, 57; *Leipold* in FS für Gaul, S. 371; *Limmer*, ZEV 2004, 133, 136; *Schumann*, InsO, § 83 Rn. 12.

339 Siehe oben S. 38.

träglich angefallenen Vermögenszuwachs des Schuldners der Anfechtungsregeln an sich nicht bedarf. Nach § 35 InsO würde ein solcher Erwerb als Neuerwerb in die Insolvenzmasse fallen und wäre damit dem Verfügungsrecht des Schuldners ohnehin gemäß § 81 InsO entzogen. Bei einem nach Eröffnung des Insolvenzverfahrens angefallenen Vermächtnis trifft dies dagegen nicht zu. Wegen § 83 InsO steht es dem Schuldner weiter frei, die Verwertbarkeit des Vermächtnisses für die Insolvenzmasse durch Ausschlagung zu verhindern. Der Sinn der Anfechtungsregeln würde damit dem Prinzip nach auch hier eingreifen.

Die Tatsache, daß es sich bei der Vernachlässigung von Vermächtnisansprüchen nicht um die Anfechtung einer aktiven Handlung, sondern eines Unterlassens handelt, steht einer eventuellen Anfechtung seit Geltung der Insolvenzordnung nicht mehr entgegen.[340] § 129 Abs. 2 InsO setzt ein Unterlassen im Sinne des insolvenzrechtlichen Anfechtungsrechts ausdrücklich einer Rechtshandlung gleich. Voraussetzung ist jedoch, daß die Unterlassung wissentlich und willentlich erfolgt.[341] Der Schuldner müßte von dem Vermächtnis wissen und die Geltendmachung bewußt unterlassen.

Die herrschende Meinung muß eine Anfechtung jedoch bereits aus anderem Grund verneinen. Wie die aktive Handlung ist auch ein Unterlassen nur anfechtbar, wenn aus dem Vermögen des Schuldners ein Zugriffsobjekt aufgegeben wird.[342] Dies ist nach herrschender Meinung nicht der Fall. Hat der Schuldner das Vermächtnis noch nicht angenommen, ist es noch nicht seinem Vermögen zuzuordnen. Nach zutreffender Ansicht gehört der Vermächtnisanspruch jedoch bereits mit dem Anfall zum Vermögen des Schuldners. Durch die unterlassene Annahme des Vermächtnisses ist der Anspruch für die Gläubiger jedoch noch nicht verwertbar. Insofern geht den Gläubigern durch das Unterlassen des Schuldners, den Anspruch geltend zu machen, ein Vermögenswert verloren.

Problematisch ist bei der Anfechtung der Vernachlässigung von Vermächtnisansprüchen jedoch, daß dem Schuldner ein Gebot zum Handeln auferlegt werden müßte.[343] Dieses Gebot müßte sich aus den insolvenzrechtlichen Anfechtungsnormen ergeben. Ein gläubigerbenachteiligendes Unterlassen kann das Gebot zum Handeln hervorrufen. In Frage kämen ein Gebot, das Vermächtnis alsbald anzunehmen oder ein Gebot, die Entscheidung über Annahme oder Ausschla-

---

340 Unter Geltung der Konkursordnung war es strittig, ob ein Unterlassen angefochten werden konnte. Siehe dazu *Windel*, KTS 1995, 367, 385 ff.

341 *Hess/Weis/Wienberg/Weis*, § 129 Rn. 18.

342 *Hess/Weis/Wienberg/Weis*, § 129 Rn. 24.

343 *Bartels*, KTS 2003, 41, 57.

gung des Vermächtnisses zu treffen, um die insoweit unsichere Lage zu beenden.[344] Im Ergebnis kann jedoch keines der beiden Gebote begründet werden. Sinn der Anfechtungsvorschriften ist es, ein Verhalten des Schuldners, das die Gläubiger benachteiligt, zu vermeiden bzw. rückgängig zu machen. Bleibt der Schuldner untätig, kann dies für die Gläubiger zwar nachteilig sein. Man kann ihn jedoch keinesfalls zwingen, das Vermächtnis anzunehmen. Dies widerspräche dem Sinn des § 83 InsO. Dem Schuldner steht danach die Entscheidung, ob er das Vermächtnis annehmen will oder nicht, frei. Er soll nicht durch die Gläubiger oder den Insolvenzverwalter beeinflußt oder gar in eine bestimmte Richtung gezwungen werden. Könnten die Gläubiger den Schuldner nun dazu zwingen, ein Vermächtnis anzunehmen, liefe das Recht zur freien Entscheidung praktisch leer. Die Entscheidung über Annahme oder Ausschlagung läge bei einem durch Anfechtung durchsetzbaren Gebot zur Annahme eines Vermächtnisses letztlich bei den Gläubigern. Die Entscheidungsfreiheit des Erben, die durch § 83 InsO geschützt wird, wäre nicht gewahrt. Eine durch Anfechtung erzwungene Annahme des Vermächtnisses würde auf eine Pflicht des Vermächtnisnehmers zur Annahme hinauslaufen. Diese Pflicht besteht jedoch gerade nicht.[345]

Bedenkenswert wäre allenfalls, ob die Gläubiger mittels einer Anfechtung den Schuldner zu einer Entscheidung zwingen können mit dem Ziel, die unsichere Rechtslage die Verwertbarkeit des Vermächtnisses betreffend zu beenden. Nach dem Erbrecht hat der Vermächtnisnehmer bis zum Verjährungseintritt Zeit, den Anspruch geltend zu machen. Diese Zeitspanne würde verkürzt, wenn man den Schuldner mittels einer Anfechtung zwingen könnte, eine Entscheidung herbeizuführen. Doch auch die Zeit, die das Erbrecht und das allgemeine Verjährungsrecht dem Erben oder Vermächtnisnehmer geben[346], muß durch § 83 InsO geschützt sein und kann nicht mittels Anfechtung unterlaufen werden. Der Schuldner soll überlegen können, ob er das Erbe oder das Vermächtnis annimmt oder ausschlägt. Damit wäre ein Recht der Gläubiger, den Schuldner zu einer Entscheidung zu zwingen, unvereinbar. Es gibt keinen Grund, die Überlegungsfrist des Erben bzw. des Vermächtnisnehmers im Insolvenzverfahren zu verkürzen.

---

[344] Dies nimmt *Bartels*, KTS 2003, 41, 58 an.

[345] Siehe nur *Leipold* in FS für Gaul, S. 368.

[346] Bei der Erbschaft geschieht dies durch den Ablauf der Ausschlagungsfrist. Beim Vermächtnis beläßt das Erbrecht dem Schuldner gerade die Entscheidung ohne zeitliche Einschränkung. Die Durchsetzbarkeit ist hier nur an die allgemeinen Verjährungsregeln (§ 197 Abs. 1 Nr. 2 BGB) gebunden.

Neben dieses allgemeine Argument gegen ein durch Anfechtung begründetes Gebot zur Entscheidung des Schuldners zur Annahme oder Ausschlagung tritt noch ein weiteres nicht zu vernachlässigendes Argument. Es ist fraglich, ob sich die Rechtslage für die Gläubiger überhaupt als eine benachteiligende Situation und das Unterlassen des Schuldners somit als anfechtbar darstellt. Entscheidet der Schuldner sich noch im laufenden Insolvenzverfahren für die Annahme, ist den Interessen der Gläubiger genüge getan, eine Benachteiligung scheidet aus. Nimmt der Schuldner das Vermächtnis erst nach Beendigung des Insolvenzverfahrens an, ist die Rechtslage unklar.[347] Doch auch hier kann eine Benachteiligung der Gläubiger nicht angenommen werden. Auch bei einer Annahme zu einem Zeitpunkt nach Beendigung des Insolvenzverfahrens kommt das Vermächtnis den Gläubigern noch im Rahmen einer Nachtragsverteilung gemäß § 203 InsO zugute. Schlägt der Schuldner das Vermächtnis aus, stellt sich allenfalls die Frage nach der Anfechtbarkeit der Ausschlagung. Dies ist jedoch zu verneinen.[348] Eine Benachteiligung für die Gläubiger kann sich damit allenfalls aus der möglicherweise langen Wartezeit bis zur Entscheidung des Schuldners ergeben. Dies muß jedoch in Folge der Wertung des § 83 InsO hingenommen werden. Zudem bewirkt diese rechtliche Unsicherheit alleine keine Vermögensminderung der Insolvenzmasse und kann schon damit nicht als Anfechtungsgrund im Sinne der §§ 129 ff. InsO dienen. Damit läßt sich im Ergebnis durch die insolvenzrechtliche Anfechtung weder ein Gebot zur Annahme des Vermächtnisses noch ein Gebot zu einer raschen Entscheidung begründen. Das Ermessen, das dem Schuldner durch einen ihm eröffneten Entscheidungsspielraum eingeräumt wird, darf nicht durch das Anfechtungsrecht unterlaufen werden. Die Vernachlässigung eines Vermächtnisanspruchs ist nicht anfechtbar.

II. Die Rechtslage bei Ausschlagung des Vermächtnisses

Nutzt der Vermächtnisnehmer sein ihm durch § 83 InsO auch im Insolvenzverfahren aufrechterhaltenes Recht zur Ausschlagung des Vermächtnisses, fällt der Vermächtnisanspruch aus der Insolvenzmasse heraus. Für die Gläubiger besteht damit keine Zugriffsmöglichkeit mehr. Auch hier ist damit ebenso wir bei der Ausschlagung einer Erbschaft fraglich, ob die Gläubiger eine Möglichkeit haben, das Vermächtnis trotz Ausschlagung der Insolvenzmasse zuzuführen. In Betracht käme eine Anfechtung der Vermächtnisausschlagung nach den §§ 129 ff. InsO.

---

[347] Dazu ausführlich unten S. 119.

[348] Dazu ebenfalls unten ausführlicher S. 118 ff.

Im Ergebnis sprechen jedoch dieselben Erwägungen wie bei der Erbschaft gegen die Zulassung einer solchen Anfechtung.[349]

Die herrschende Meinung muß auch bei der Ausschlagung eines Vermächtnisses die Anfechtung bereits deswegen verneinen, weil der Insolvenzmasse durch die Ausschlagung des Vermächtnisses kein Vermögenswert entzogen worden ist, sondern nur ein angetragener Erwerb abgelehnt wurde[350] und es damit bereits an der ersten Voraussetzung einer Anfechtung nach der Insolvenzordnung fehlt. Doch auch wenn man diese erste Voraussetzung bejaht und zutreffend davon ausgeht, daß der Insolvenzmasse mit der Ausschlagung des Vermächtnisses durchaus ein Vermögenswert entzogen wurde, muß die Möglichkeit der Anfechtung im Ergebnis verneint werden. Wenn § 83 InsO dem Schuldner das Recht gibt, bei einem Vermächtnis über Annahme oder Ausschlagung frei zu entscheiden, kann diese Wertung nicht durch die Anfechtung umgangen werden. Auch hier muß das persönliche Verhältnis zwischen dem Erblasser und dem Vermächtnisnehmer vorrangig vor dem Befriedigungsinteresse der Gläubiger sein. Als höchstpersönliches Recht ist daher die Entscheidung des Vermächtnisnehmers zur Ausschlagung des Vermächtnisses nicht anfechtbar.[351] Hat der Schuldner ein Vermächtnis ausgeschlagen, ist es gänzlich dem Zugriff der Gläubiger entzogen.

III. Die Rechtslage bei Annahme des Vermächtnisses

Nimmt der Schuldner das Vermächtnis an, so wird dieses wie eine Erbschaft spätestens jetzt Bestandteil der Insolvenzmasse und ist für die Gläubiger verwertbar.[352] Der Insolvenzverwalter ist nunmehr berechtigt und verpflichtet, den Vermächtnisanspruch des Schuldners gegen den Beschwerten geltend zu machen.[353]

Problematisch ist jedoch beim Vermächtnis wie bei einer Erbschaft die Situation, daß der Vermächtnisnehmer das Vermächtnis erst nach Beendigung des In-

---

349 Siehe daher die ausführliche Begründung oben S. 43 ff.

350 *Hess/Weis/Wienberg/Hess*, § 83 Rn. 19; *Uhlenbruck/Uhlenbruck*, § 83 Rn. 9.

351 So auch *MüKo/Schumann*, InsO, § 83 Rn. 12; *Soergel/Wolf*, § 2180 Rn. 7; RGZ 67, 425, 430 f.

352 *Jaeger/Henckel*, § 9 Rn. 6; *Kuhn/Uhlenbruck*, § 9 Rn. 4; *MüKo/Lwowski*, InsO, § 35 Rn. 49; *MüKo/Schumann*, InsO, § 83 Rn. 12; *Uhlenbruck/Uhlenbruck*, § 83 Rn. 3.

353 *Messner*, ZVI 2004, 433, 439.

solvenzverfahrens annimmt. Das Problem kann bei einem Vermächtnis aufgrund des durch die lange Verjährungszeit hervorgerufenen andauernden Schwebezustands deutlich leichter eintreten als bei einer Erbschaft. Während die Frist zur Ausschlagung einer Erbschaft recht kurz ist[354] und damit die Problematik auf einen geringen Zeitraum begrenzt ist, kann ein Vermächtnis dreißig Jahre lang durchgesetzt werden. Folgt man der Ansicht der herrschenden Meinung, daß ein Vermächtnis vor Annahme noch nicht Teil der Insolvenzmasse ist, muß man beim Vermächtnis ebenso wie bei einer Erbschaft zu dem Ergebnis kommen, daß eine Annahme des Vermächtnisses nach Beendigung des Insolvenzverfahrens nicht mehr bewirken kann, daß das Vermächtnis den Gläubigern zugute kommt.[355] Nimmt man an, das Vermächtnis fällt erst mit der Annahme in die Insolvenzmasse, ist es konsequent, für die Frage der Verwertbarkeit auf den Zeitpunkt der Annahme abzustellen. Nimmt der Schuldner das Vermächtnis daher erst nach dem Insolvenzverfahren an, hat sein Verhalten nach herrschender Meinung keine Konsequenz mehr für das Insolvenzverfahren. Man kann dem § 83 InsO auch nichts anderes entnehmen, als daß der Schuldner die Möglichkeit und das Recht hat, das Vermächtnis durch eine spätere Annahme aus dem Insolvenzverfahren herauszuhalten.[356] Das Vermächtnis ist dann lediglich im Rahmen eines gegebenenfalls stattfindenden Restschuldbefreiungsverfahren zu verwerten oder es steht bei einer Annahme nach dem Restschuldbefreiungsverfahren zur freien Verfügung des Schuldners.

Zu einem anderen Ergebnis muß man jedoch kommen, wenn man davon ausgeht, daß das Vermächtnis bereits mit dem Anfall Bestandteil der Insolvenzmasse war. Ist das Vermächtnis dem Vermächtnisnehmer vor oder während des Insolvenzverfahrens angefallen und nimmt dieser das Vermächtnis erst Jahre danach an, kann es zwar durchaus problematisch sein, eine Nachtragsverteilung anzustellen. So schwierig die Situation in der Praxis sein kann, dogmatisch kann auch hier nichts anderes gelten wie bei der Erbschaft. Der Vonselbsterwerb des Vermächtnisses bewirkt, daß dieses seit dem Anfall Teil der Insolvenzmasse ist. Lediglich die Durchsetzbarkeit, also die Verwertbarkeit seitens des Insolvenzverwalters, ist untersagt. Die Gläubiger bzw. der Insolvenzverwalter haben auch keine Möglichkeit, den Vermächtnisnehmer rechtlich dazu zu zwingen, das Vermächtnis anzunehmen. Der Vermächtnisnehmer hat die Möglichkeit und das Recht, die Annahme zu einen Zeitpunkt nach Beendigung des Insolvenzverfahrens zu erklären. Nimmt der Schuldner das Vermächtnis an, wandelt sich das

---

[354] Siehe § 1944 BGB.

[355] So *FK/Ahrens*, § 295 Rn. 36; *Leipold* in FS für Gaul, S. 371; *Limmer*, ZEV 2004, 133, 136; *MüKo/Ehricke*, InsO, § 295 Rn. 51 f.

[356] *MüKo/Schumann*, InsO, § 83 Rn. 12; *Uhlenbruck/Uhlenbruck*, § 83 Rn. 7.

Verbot der Verwertbarkeit in die Pflicht des Insolvenzverwalters, das Vermächtnis gegen den Beschwerten durchzusetzen. Das Vermächtnis dient nun der gemeinschaftlichen Befriedigung der Gläubiger. Nichts anderes kann für den Fall gelten, daß die Annahme erst nach Beendigung des Insolvenzverfahrens erfolgt. Das Vermächtnis hat sich mit der Annahme für die Insolvenzmasse realisiert. Auch hier ist das Ergebnis konsequent. Der Sinn der dreißigjährigen Verjährungsfrist kann nicht sein, es dem Schuldner zu ermöglichen, ein Vermächtnis aus einem Insolvenzverfahren herauszuhalten. Während dem Schuldner das Recht zur Annahme oder Ausschlagung unzweifelhaft zusteht und auch eine Umgehung des Sinns und Zwecks dieser Entscheidungsfreiheit nicht in Betracht kommt, kann die lange Verjährungsfrist nicht das Recht des Schuldners als Vermächtnisnehmer begründen, das Vermächtnis durch langes Warten aus dem Insolvenzverfahren herauszuhalten. Auch beim Vermächtnis muß es für die Zuordnung desselben zur Insolvenzmasse, zum Restschuldbefreiungsverfahren oder zum insolvenzfreien Vermögen auf den Zeitpunkt des Anfalls ankommen.[357]

IV. Ergebnis

Hat der Schuldner ein ihm angefallenes Vermächtnis angenommen, ist dies spätestens zu diesem Zeitpunkt unstreitig Bestandteil der Insolvenzmasse. Dem Insolvenzverwalter obliegt es nunmehr, den Anspruch durchzusetzen und so für die Gläubiger verwertbar zu machen. Schlägt der Schuldner das Vermächtnis aus, ist es dem Zugriff der Gläubiger entzogen. Auch eine Anfechtung der Ausschlagung kommt aus Wertungsgesichtspunkten nicht in Betracht. Die Entscheidungsfreiheit des Vermächtnisnehmers über Annahme oder Ausschlagung eines Vermächtnisses ist vorrangig gegenüber dem Befriedigungsinteresse der Gläubiger.

Während der Zeitspanne zwischen dem Anfall des Vermächtnisses und dessen Annahme bzw. Ausschlagung gehört das Vermögen ebenfalls zur Insolvenzmasse. Der Vermächtnisanspruch ist jedoch noch nicht verwertbar. Aufgrund der dreißigjährigen Verjährungszeit kann der Schuldner mit seiner Entscheidung warten, bis das Insolvenzverfahren und auch ein sich eventuell anschließendes Restschuldbefreiungsverfahren beendet sind. Die Gläubiger haben keine Möglichkeit, den Schuldner zu einer Entscheidung zu zwingen. Die Vernachlässigung eines Vermächtnisanspruchs kann ebensowenig wie die Ausschlagung an-

[357] Siehe zur Gegenansicht *Leipold* in FS für Gaul, S. 371.

gefochten werden. Auch hier stehen die Wertungen des Gesetzes einer solchen Vorgehensweise entgegen.

Das Vermächtnis gehört also seit dem Anfall zur Insolvenzmasse. In Folge dessen ist der Vermächtnisanspruch auch dann noch im Rahmen eines Insolvenzverfahrens zu verwerten, wenn die Annahme erst nach der Beendigung des Verfahrens erklärt wurde. Für die Zuordnung des Vermächtnisses zur Insolvenzmasse oder zum insolvenzfreien Vermögen des Schuldners kommt es somit auf den Zeitpunkt des Anfalls des Vermächtnisses an.

5. Teil: Das Vermächtnis im Restschuldbefreiungsverfahren

Nach Beendigung des Insolvenzverfahrens kann ein Schuldner unter den Voraussetzungen der §§ 286 ff. InsO das Restschuldbefreiungsverfahren durchlaufen.[358] Um das Ziel, die Befreiung von seinen Verbindlichkeiten zu erreichen, hat er unter anderem während der sog. Wohlverhaltensperiode die Obliegenheiten des § 295 InsO zu erfüllen. § 295 Abs. 1 Nr. 2 InsO sieht vor, daß der Schuldner „Vermögen, das er von Todes wegen (...) erwirbt, zur Hälfte des Wertes an den Treuhänder herauszugeben" hat. Nach der Begründung des Regierungsentwurfs[359] ist § 295 Abs. 1 Nr. 2 InsO an die Regelung des § 1374 Abs. 2 BGB angelehnt. Dessen Auslegung ist auch der Interpretation des § 295 Abs. 1 Nr. 2 InsO zugrunde zu legen. Danach fallen auch Vermächtnisse als schuldrechtliche Ansprüche unter den Erwerb von Todes wegen.[360] Der Schuldner muß also ein Vermächtnis zur Hälfte des Wertes an den Treuhänder herausgeben.

Zu beachten ist der Zeitpunkt des Anfalls des Vermächtnisses. Ist das Vermächtnis dem Schuldner bereits während des laufenden Insolvenzverfahrens angefallen, ist zunächst fraglich, ob das Vermächtnis noch der Insolvenzmasse zuzuordnen und damit vollständig an die Gläubiger zu verteilen ist oder ob § 295 Abs. 1 Nr. 2 InsO einschlägig ist und der Schuldner nur die Hälfte des Wertes herauszugeben hat. Im letzteren Fall wäre dem Schuldner daran gelegen, die Annahme des Vermächtnisses in die Wohlverhaltensperiode zu legen. Angesichts der langen Verjährungszeit und der nicht gegebenen Möglichkeit, den Schuldner im Insolvenzverfahren zur Annahme des Vermächtnisses zu zwingen[361], ist dieser Weg durchaus denkbar. Diesen Schluß vollzieht konsequent die herrschende Meinung. Danach müsse der Schuldner unabhängig vom Zeitpunkt des Anfalls nur die Hälfte des Wertes herausgeben, wenn er das Vermächtnis

---

[358] Siehe dazu bereits eingehender oben S. 87 ff.

[359] Begr. RegE, BT-Drucks. 12/2443, S. 192.

[360] *FK/Ahrens*, § 295 Rn. 37 f.; *HK/Landfermann*, § 295 Rn. 7; *Messner*, ZVI 2004, 433, 440; *MüKo/Ehricke*, InsO, § 295 Rn. 53 f.; *MüKo/Koch*, § 1374 Rn. 17; *Staudinger/Thiele*, § 1374 Rn. 23; *Uhlenbruck/Vallender*, § 295 Rn.33; so auch *Kesseler*, RNotZ 2003, 557, 558, der sich jedoch gegen einen Rückgriff auf die zu § 1374 Abs. 2 BGB entwickelten Grundsätze ausspricht.

[361] Siehe dazu oben S. 114 ff.

während der Wohlverhaltensperiode annimmt.[362] Der Schuldner könne ohne Folgen für die Restschuldbefreiung die Annahme des Vermächtnisses in die Wohlverhaltensperiode legen. Diese Option gebiete der Rechtsgedanke des § 83 InsO.[363] Wie bereits erwähnt, muß es jedoch entgegen der herrschenden Meinung für die Zuordnung eines Vermächtnisses zur Insolvenzmasse, zum herauszugebenden Vermögen im Restschuldbefreiungsverfahren oder zum frei verwertbaren Vermögen des Schuldners auf den Zeitpunkt des Anfalls des Vermächtnisses ankommen. Ist dem Schuldner das Vermächtnis schon zu einem Zeitpunkt angefallen, zu dem das Insolvenzverfahren noch lief, wird das Vermächtnis nachträglich für die Gläubiger im Rahmen des Insolvenzverfahrens verwertbar, auch wenn die Annahme des Vermächtnisses erst in der Wohlverhaltensperiode erfolgt. Das seit dem Anfall in der Insolvenzmasse befindliche Vermächtnis dient nunmehr im Rahmen einer Nachtragsverteilung nach § 203 InsO der gemeinschaftlichen Befriedigung der Gläubiger. Der Rechtsgedanke des § 83 InsO wird nicht verletzt. Die Entscheidungsfreiheit und auch die Entscheidungsfrist des Schuldners werden nicht tangiert. Dies wäre nur dann der Fall, wenn man den Schuldner zwingen könnte, das Vermächtnis (noch während des laufenden Insolvenzverfahrens) anzunehmen. Eine solche Möglichkeit besteht jedoch gerade nicht.

Für die Anwendung des § 295 Abs. 1 Nr. 2 InsO relevant ist daher nach der hier vertretenen Ansicht nur der Fall, daß das Vermächtnis während des Restschuldbefreiungsverfahrens selbst anfällt. Nimmt der Schuldner das Vermächtnis noch in der Wohlverhaltensperiode an, trifft ihn unzweifelhaft die Obliegenheit, die Hälfte des Wertes an den Treuhänder herauszugeben. Wenn der Schuldner das Vermächtnis ausschlägt, stellt sich wie bei der Erbschaft die Frage nach der Redlichkeit des Schuldners. Der Schuldner könnte die Möglichkeit zur Restschuldbefreiung verlieren, wenn man die Ausschlagung eines Vermächtnisses als Versagungsgrund im Sinne des § 290 Abs. 1 Nr. 4 InsO oder als Obliegenheitsverletzung im Sinne des § 295 Abs. 1 Nr. 2 InsO ansieht und dem Schuldner dadurch mittelbar die Pflicht auferlegt, das Vermächtnis anzunehmen, wenn er die Restschuldbefreiung erreichen will. Trotz Kritik an der Gesetzeslage[364] kann auch hinsichtlich eines Vermächtnisses weder ein Versagungsgrund noch eine Obliegenheitsverletzung in der Ausschlagung – unabhängig davon, ob diese noch während des Insolvenzverfahrens erfolgt ist oder erst in der Wohlverhal-

---

[362] *Leipold* in FS für Gaul, S. 371; *MüKo/Schumann*, InsO, § 83 Rn. 12; kritisch dazu *Windel*, KTS 1995, 367, 406.

[363] *Messner*, ZVI 2004, 433, 440; *Uhlenbruck/Vallender*, § 295 Rn. 34.

[364] *Dieckmann* in Leipold, S. 127, 133, der die Redlichkeit des Schuldners verneint, wenn er erbrechtlich erworbene Vermögenswerte nicht der Verteilungsmasse zuführt.

tensperiode erfolgt – gesehen werden. Auch im Restschuldbefreiungsverfahren ist an der Entscheidungsfreiheit des Vermächtnisnehmers festzuhalten. Die Wertung des § 83 InsO hat insoweit Vorrang vor dem Befriedigungsinteresse der Gläubiger. Die Freiheit der Entscheidung des Vermächtnisnehmers würde beeinträchtigt, wenn er in Folge der Ausschlagung des Vermächtnisses keine Restschuldbefreiung mehr erlangen könnte.[365]

Neben Ausschlagung und Annahme des Vermächtnisses verbleibt dem Schuldner als weitere Option, untätig zu bleiben. Angesichts der langen Verjährungszeit kann er die Entscheidung, ob er annimmt oder ausschlägt, auf einen Zeitpunkt nach Erklärung der Restschuldbefreiung legen. Daß der Schuldner grundsätzlich diese Möglichkeit hat, kann angesichts der Wertung des § 83 InsO nicht bestritten werden. In diesem Fall stellt sich die Frage, ob alleine die Vernachlässigung des Vermächtnisses als gläubigerbenachteiligendes Unterlassen unredlich ist und zu einer Versagung der Restschuldbefreiung führen muß.[366] Dies würde jedoch mittelbar bewirken, daß eine Obliegenheit zur Annahme des Vermächtnisses oder zumindest zu einer Entscheidung hinsichtlich Annahme oder Ausschlagung überhaupt begründet würde. Die Frist, die dem Schuldner durch die lange Verjährungsfrist gegeben wird, würde damit praktisch auf die Zeit der Wohlverhaltensperiode verkürzt, wenn der Schuldner die Restschuldbefreiung nicht riskieren will. Damit wäre wiederum ein Verstoß gegen die Wertung des § 83 InsO und der Verjährungsregeln gegeben. Die Vernachlässigung eines Vermächtnisses stellt damit keine Obliegenheitsverletzung dar.

Fraglich ist, ob den Schuldner bei Annahme des Vermächtnisses nach Beendigung des Restschuldbefreiungsverfahrens noch die Obliegenheit des § 295 Abs. 1 Nr. 2 InsO trifft und er weiterhin die Hälfte des Wertes an den Treuhänder herauszugeben hat. Die herrschende Meinung muß dies folgerichtig verneinen. Nach herrschender Meinung steht das Vermächtnis in diesem Fall zur freien Verfügung des Schuldners.[367] Nach der hier zugrunde gelegten Ansicht kommt es auf den Anfall des Vermächtnisses an, so daß an sich die Hälfte des Wertes nach § 295 Abs. 1 Nr. 2 InsO herauszugeben wäre. Im Restschuldbefreiungsverfahren gibt es jedoch keine dem Insolvenzverfahren vergleichbare Nachtrags-

---

[365] Vgl. dazu die ausführliche Begründung hinsichtlich der Ausschlagung einer Erbschaft oben S. 96 ff. Die Begründung ist angesichts der Gleichstellung von Erbschaft und Vermächtnis in § 83 InsO übertragbar.

[366] Dies bejahend *Bartels*, KTS 2003, 41, 66: Die Vernachlässigung von Vermächtnissen stellt als gläubigerbenachteiligendes Unterlassen ebenso eine Obliegenheitsverletzung dar wie die aktive Ausschlagung auch.

[367] *FK/Ahrens*, § 295 Rn. 36; *Leipold* in FS für Gaul, S. 371; *MüKo/Ehricke*, InsO, § 295 Rn. 51 ff.

verteilung, sondern nur einen Widerruf der Restschuldbefreiung nach § 303 InsO. Dieser setzt aber eine Obliegenheitsverletzung voraus, die hier nicht vorliegt.[368] Das „Hinauszögern" der Entscheidung ist keine Obliegenheitsverletzung. Der Schuldner hat das Recht, die ihm gegebene Überlegungsfrist voll auszuschöpfen. Für den Schuldner ist es damit im Ergebnis am günstigsten, wenn der Anfall des Vermächtnisses in der Wohlverhaltensperiode erfolgt und er die Annahme erst nach Beendigung des Restschuldbefreiungsverfahrens erklärt. Wegen des Verfahrensabschlusses und der rechtskräftig erteilten Restschuldbefreiung gibt es keine Obliegenheit mehr, die Hälfte des Wertes herauszugeben. Auch können die Gläubiger wegen § 301 InsO nicht mehr vollstrecken.

---

368 Siehe *Messner*, ZVI 2004, 433, 440.

6. Teil: Der Pflichtteilsanspruch im Insolvenzverfahren

A. Allgemeines

Jedermann steht es frei, seine Rechtsnachfolge nach seinem Willen zu regeln. Ein Erblasser kann durch Testament einen Erben bestimmen oder auch einen gesetzlichen Erben von der Erbfolge ausschließen (§§ 1937 f. BGB). So kann ein Erblasser beispielsweise verhindern, daß sein Nachlaß in das Vermögen seines möglicherweise überschuldeten Abkömmlings gerät und damit ausschließlich der Befriedigung seiner Gläubiger dient. Die §§ 2303 ff. BGB schränken jedoch die Testierfreiheit des Erblassers in gewissem Rahmen ein.[369] Schließt der Erblasser einen Pflichtteilsberechtigten von der Erbfolge aus, steht diesem gemäß § 2303 Abs. 1 S. 1 BGB ein Pflichtteilsanspruch gegen den Erben zu. Pflichtteilsberechtigt sind die Abkömmlinge des Erblassers (§ 2303 Abs. 1 S. 1 BGB), die Eltern und der Ehegatte des Erblassers (§ 2303 Abs. 2 S. 1 BGB) sowie der Lebenspartner (§ 10 Abs. 6 LPartG). Das Pflichtteilsrecht resultiert aus einer bestimmten familien- und erbrechtlichen Beziehung zwischen den Parteien.[370] Den Erblasser trifft auch nach dem Tod eine gewisse Sorgfaltspflicht für seine nahen Angehörigen.[371] Dementsprechend stellt sich ein Pflichtteilsanspruch nicht nur als ein dem Rechtsverkehr unterliegender vermögensrechtlicher Anspruch dar, sondern ist auch höchstpersönlicher Natur.[372] Der Pflichtteilsanspruch entsteht gemäß § 2317 Abs. 1 BGB mit dem Erbfall.

B. Pflichtteilsanspruch und Vollstreckung

Gemäß § 35 InsO gehört das gesamte Vermögen des Schuldners, das ihm zur Zeit der Eröffnung des Insolvenzverfahrens gehört und das er während des Verfahrens erlangt, zur Insolvenzmasse. Davon ausgenommen sind nach § 36 Abs. 1 InsO Gegenstände, die nicht der Zwangsvollstreckung unterliegen. Ein Pflichtteilsanspruch ist der Pfändung gemäß § 852 Abs. 1 ZPO nur unterworfen, wenn er durch Vertrag anerkannt oder rechtshängig geworden ist. Vor vertraglicher Anerkennung oder Rechtshängigkeit gehört der Pflichtteilsanspruch damit nach der Regelung der §§ 36 Abs. 1 InsO, 852 Abs. 1 ZPO nicht zur Insolvenz-

---

369 *Lange/Kuchinke*, § 2 IV 2. c) (S. 27).

370 *Lange/Kuchinke*, § 37 III 1. a) (S. 870).

371 *Brox*, Rn. 542 (S. 308).

372 Siehe *Klumpp*, ZEV 1998, 123.

masse. Der auf familienrechtlichen Beziehungen basierende Pflichtteilsanspruch soll nicht gegen den Willen des Berechtigten geltend gemacht werden können.[373] Allein der Berechtigte soll entscheiden können, ob er den Anspruch gegen den Erben durchsetzen will. Die Gläubiger sollen diese Entscheidung nicht an sich ziehen können.[374] Konsequenz der §§ 36 Abs. 1 InsO, 852 Abs. 1 ZPO ist, daß der Pflichtteilsanspruch vor Eintritt der genannten Voraussetzungen auch nicht der Verfügungsmacht des Insolvenzverwalters unterliegt. Die §§ 80 ff. InsO gelten mangels Zuordnung des Pflichtteilsanspruchs zur Insolvenzmasse nicht. Somit kann der Schuldner grundsätzlich frei über den Pflichtteilsanspruch verfügen. Entgegen der allgemeinen Norm des § 400 BGB, nach der die Abtretung einer unpfändbaren Forderung nicht möglich ist, bestimmt § 2317 Abs. 2 BGB ausdrücklich die Übertragbarkeit des Pflichtteilsanspruchs. Der pflichtteilsberechtigte Schuldner hat es damit in der Hand, seinen Pflichtteilsanspruch trotz Eröffnung eines Insolvenzverfahrens abzutreten. Eine Benachteiligung oder eine Ungleichbehandlung der Gläubiger durch Veräußerung des Pflichtteils ist daher durchaus möglich. Die mit Eröffnung eines Insolvenzverfahrens eintretenden Verfügungsbeschränkungen erfassen den Pflichtteilsanspruch gerade nicht. Tritt der Schuldner den Pflichtteilsanspruch ab, ist er der Haftungsmasse und damit dem Zugriff der Gläubiger endgültig entzogen. Die Gläubiger können allenfalls auf die Gegenleistung, die nunmehr als Neuerwerb in die Insolvenzmasse fällt, zugreifen. Hat der Schuldner den Anspruch unentgeltlich abgetreten, gehen die Gläubiger leer aus. Auch eine Anfechtung nach den §§ 129 ff. InsO kommt nicht in Betracht, da bei Abtretung eines Anspruchs, der bei Eröffnung des Insolvenzverfahrens nicht in die Insolvenzmasse fallen würde, keine Gläubigerbenachteiligung gegeben ist.[375] Diese sich aus den dargestellten Gegebenheiten ergebende Gesetzeslücke hat der BGH versucht zu schließen, indem er die Pfändung des Pflichtteilsanspruchs bereits vor Eintritt der in § 852 Abs. 1 ZPO genannten Voraussetzungen zuläßt. Diese Entwicklung soll im folgenden dargestellt und die daraus resultierenden Folgen für die Zugehörigkeit des Pflichtteilsanspruchs zur Insolvenzmasse sollen untersucht werden.

---

373 BGH, NJW 1982, 2771, 2772.

374 *Mugdan*, V, S. 418; BGH, NJW 1982, 2771, 2772.

375 Siehe zur Anfechtbarkeit in der Einzelzwangsvollstreckung nach dem AnfG *Gerhardt*, EWiR 1993, 1141; *Lange/Kuchinke*, § 37 VIII 2. (S. 921); s. auch BGHZ 123, 183, 185: eine Anfechtung ist ausgeschlossen, wenn der veräußerte Gegenstand bei dem Schuldner der Zwangsvollstreckung nicht unterlag.

I. Der Pflichtteilsanspruch in der Einzelzwangsvollstreckung

1. Die Rechtsprechung des BGH

Nach Auffassung des BGH gab es hinsichtlich eines Pflichtteilsanspruchs eine inakzeptable Regelungslücke. Daß der entstandene Pflichtteilsanspruch einerseits im Rechtsverkehr durch Abtretung nutzbar gemacht werden konnte und andererseits die Pfändbarkeit nach § 852 Abs. 1 ZPO eingeschränkt war, dürfe nicht länger hingenommen werden. Zwar solle der Normzweck des § 852 Abs. 1 ZPO nicht in Frage gestellt oder tangiert werden. Die durch § 852 Abs. 1 ZPO geschützte Entscheidungsfreiheit des Pflichtteilsberechtigten solle jedoch nicht dazu führen können, Gläubiger vom Zugriff auf den Pflichtteilsanspruch ganz auszuschließen. § 852 Abs. 1 ZPO solle daher in einem Sinn interpretiert werden, der den Normzweck nicht verletze, aber dennoch die Rechte der Gläubiger schütze. Die Pfändungsvoraussetzungen des § 852 Abs. 1 ZPO würden nicht den Zugriff auf ein durch den Eintritt dieser Voraussetzungen aufschiebend bedingt durchsetzbaren Anspruch und eine Pfändung des Pflichtteilsanspruchs in dieser Bedingtheit ausschließen.[376] Ziel des § 852 Abs. 1 ZPO sei es nicht, den Gläubigern den Pflichtteilsanspruch des Berechtigten zu entziehen. Allein die Entscheidungsfreiheit des Berechtigten solle mit Rücksicht auf die familiäre Verbundenheit gewahrt bleiben. Diesem Zweck stehe eine Pfändung, die diese Entscheidungsfreiheit wahre, indem sie ein Pfandrecht – besser die Verwertung des gepfändeten Anspruchs – nur für den Fall begründe, daß die Voraussetzungen des § 852 Abs. 1 ZPO vorliegen, nicht entgegen.[377] Die Pfändung erfolge dabei als Staatsakt bedingungslos. Lediglich die zwangsweise Verwertbarkeit unterliege einer aufschiebenden (Wollens-)Bedingung.[378] Gepfändet werde „der in seiner Verwertbarkeit durch die Erfüllung der Voraussetzungen des § 852 Abs. 1 ZPO aufschiebend bedingte Pflichtteilsanspruch".[379] Die Entscheidung des Berechtigten, ob er den Anspruch durchsetzen will, bleibe allein bei ihm. Damit sei eine Abtretung des Pflichtteilsanspruchs nach der Pfändung, aber vor Eintritt der Voraussetzungen des § 852 Abs. 1 ZPO unwirksam. Die ohne eine solche Pfändung gegebene Möglichkeit des Berechtigten, den Pflichtteilsanspruch abzutreten, habe nicht den Sinn gehabt, dem Schuldner die Entziehung des Pflichtteils zu Lasten seiner Gläubiger zu ermöglichen. Dies würde

---

376 BGHZ 123, 183, 185.

377 BGHZ 123, 183, 186.

378 BGHZ 123, 183, 187.

379 BGHZ 123, 183, 187.

dem Normzweck der § 2317 BGB und § 852 Abs. 1 ZPO widersprechen.[380] Durch die eingeschränkte Pfändbarkeit sei es möglich, Benachteiligungen der Gläubiger zu verhindern. Der Pfändungsgläubiger erwerbe bei Eintritt der Bedingung ein vollwertiges Pfandrecht, dessen Rang sich nach dem Zeitpunkt der Pfändung bestimme.[381]

2. Folgen der Rechtsprechung für die Einzelzwangsvollstreckung

Folge der Rechtsprechung zur Pfändbarkeit des Pflichtteilsanspruchs für die Einzelzwangsvollstreckung ist, daß eine Veräußerung des Anspruchs durch den Schuldner nicht mehr zu einer Gläubigerbenachteiligung führen kann. Mit der Pfändung wird dem Schuldner das Recht, über den Pflichtteilsanspruch zu verfügen, gemäß § 829 Abs. 1 S. 2 ZPO entzogen.[382] Tritt der Schuldner den Pflichtteilsanspruch nach Durchführung der Pfändung ab, ist die Übertragung des Anspruchs gemäß §§ 136, 135 BGB gegenüber dem Pfändungsgläubiger unwirksam.[383] Der Anspruch ist mit einem vorrangigen Pfändungspfandrecht des Gläubigers belastet, so daß der Zessionar nach Eintritt der Voraussetzungen des § 852 Abs. 1 ZPO die Zwangsvollstreckung dulden bzw. das Geld der bereits durchgesetzten Forderung herausgeben muß.[384] Wurde eine Pfändung des Pflichtteilsanspruchs noch nicht durchgeführt, kann der Schuldner den Anspruch noch wirksam übertragen. Die Übertragung des Pflichtteilsanspruchs bereits vor der Pfändung ist jedoch nunmehr nach den Regeln des Anfechtungsgesetzes grundsätzlich anfechtbar (§ 3 Abs. 1 AnfG). Eine Gläubigeranfechtung ist nur möglich, wenn der veräußerte Gegenstand der Zwangsvollstreckung unterliegt.[385] Da der Pflichtteilsanspruch nach der Rechtsprechung des BGH zum pfändbaren Vermögen gehört, ist eine Anfechtung möglich, wenn der Schuldner seinen Pflichtteilsanspruch vor der Pfändung abgetreten hat.[386] Durch die Anfechtung soll die vor der fraglichen Handlung bestehende Zugriffslage wiederhergestellt werden. Dies bedeutet, daß der Pflichtteilsanspruch wieder dem Vermögen des Schuldners zuzuordnen und ab Eintritt der Voraussetzungen des

---

380 BGHZ 123, 183, 188.

381 BGHZ 123, 183, 190.

382 *Hannich*, S. 78; aA *Wax*, LM § 852 ZPO Nr. 1.

383 *Hannich*, S. 78 ff.; *Keim*, ZEV 1998, 127, 128; *Kuchinke*, NJW 1994, 1769, 1771.

384 *Klumpp*, ZEV 1998, 123, 125.

385 *Huber*, § 1 Rn. 23; § 3 Rn. 8; *Klumpp*, ZEV 1998, 123, 125.

386 Kritisch dazu *Schubert*, JR 1994, 419, 420, der dem Schuldner die Möglichkeit der unentgeltlichen Verfügung offen halten will.

§ 852 Abs. 1 ZPO der Verwertung zugänglich ist. Nach allgemeiner Meinung tritt die Verwertungsmöglichkeit bereits dann ein, wenn der Schuldner den Pflichtteilsanspruch abgetreten hat.[387] Der Schuldner habe durch die Abtretung gezeigt, daß er den Anspruch gegen den Erben durchsetzen wolle. Seiner Entscheidungsfreiheit sei damit genüge getan. Desweiteren ende mit der Abtretung die familienrechtliche Bindung. Er bedürfe des Schutzes durch § 852 Abs. 1 ZPO daher nicht mehr. Der Pflichtteilsanspruch unterliege ab diesem Zeitpunkt der Verwertung. Folglich kann der Pfändungsgläubiger die Durchsetzung des Pflichtteilsanspruchs betreiben.

Das Ziel, die Benachteiligung der Gläubiger zu verhindern und die diesbezüglich bestehende Gesetzeslücke zu schließen, wird durch die Rechtsprechung des BGH erreicht. Der Schuldner kann einen Pflichtteilsanspruch nach der eingeschränkten Pfändung nicht mehr wirksam abtreten. Tritt er den Anspruch vor einer Pfändung ab, ist die Abtretung der Anfechtung nach dem Anfechtungsgesetz unterworfen.

Die Rechtsprechung des BGH hat nicht uneingeschränkte Zustimmung erfahren.[388] Während *Harder* die Entscheidung des BGH ablehnt, schlägt *Schubert* eine Einschränkung vor. *Harder* will die Gläubigerbenachteiligung durch eine extensive Auslegung des Begriffs der Gläubigerbenachteiligung im Sinne des Anfechtungsrechts vermeiden. Eine Gläubigerbenachteiligung müsse auch dann gegeben sein, wenn die Verwertbarkeit des Anspruchs zwar nicht im Zeitpunkt der fraglichen Handlung, künftig aber sehr wohl gegeben sei. Die eingeschränkte Pfändbarkeit, wie der BGH sie befürworte, sei daher nicht notwendig, um das angestrebte Ziel zu erreichen. Demgegenüber will *Schubert* eine bereits früher von *Henckel* gemachte Einschränkung auf die Rechtsprechung übertragen. *Henckel* hat bereits vor Einführung des § 35 InsO die Verwertbarkeit des Pflichtteilsanspruchs in möglichst umfassender Weise befürwortet.[389] *Henckel* nahm bei Eintritt der Voraussetzungen des § 852 Abs. 1 ZPO eine rückwirkende Konkursbefangenheit an. Ausdrücklich hat *Henckel* jedoch hervorgehoben, daß dem Schuldner die Möglichkeit der Abtretung nicht verwehrt sei. Dies sei aufgrund des § 2317 Abs. 2 BGB geboten. Der Pflichtteilsberechtigte, der den Erben begünstigen könne, indem er den Anspruch nicht durchsetze, müsse den

---

[387] *Jedzig*, WuB VI D. § 1 AnfG 1.97; *Klumpp*, ZEV 1998, 123, 124; *Kuchinke*, NJW 1994, 1769; *Lange/Kuchinke*, § 37 VIII 2 b (S. 922); *MüKo/Smid*, ZPO, § 852 Rn. 3; *Soergel/Dieckmann*, § 2317 Rn. 15; *Staudinger/Haas*, § 2317 Rn. 51; *Stein/Jonas/Brehm*, § 852 Rn. 5; *Stöber*, Rn. 272.

[388] *Harder*, WuB VI E. § 852 ZPO 1.94.; *Schubert*, JR 1994, 419, 420.

[389] *Jaeger/Henckel*, § 9 Rn. 16.

Anspruch auch ungeachtet der Gläubigerinteressen verschenken können. Diese Entscheidungsfreiheit des Gläubigers sei von den Gläubigern zu respektieren. Im Falle der entgeltlichen Verfügung könnten die Gläubiger auf das Entgelt Zugriff nehmen. *Schubert* ist der Auffassung, trotz der restriktiven Auslegung des § 852 Abs. 1 ZPO durch den BGH müsse dem Schuldner auch weiter die unentgeltliche Verfügung möglich sein. Das gebiete die in § 2317 Abs. 2 BGB statuierte Vergabe- und Verfügungsfreiheit. Auch der Unterschied zwischen der unentgeltlichen Verfügung und dem Recht des Schuldners, den Anspruch nicht durchzusetzen, sei im Ergebnis nicht so groß, als daß man hier differenzieren sollte.

II. Der Pflichtteilsanspruch im Insolvenzverfahren

1. Die Zugehörigkeit des Pflichtteilsanspruchs zur Insolvenzmasse

Unter Geltung von § 9 KO wurde die Frage nach der Zugehörigkeit des Pflichtteilsanspruchs zur Insolvenzmasse unterschiedlich beantwortet. Anknüpfungspunkt war, daß nach § 9 KO Neuerwerb des Schuldners konkursfrei blieb. Problematisch war daher der Fall, daß zwar der Pflichtteilsanspruch vor Eröffnung des Insolvenzverfahrens beim Schuldner entstand, die Voraussetzungen des § 852 Abs. 1 ZPO aber erst nach Eröffnung des Verfahrens eintraten. Die herrschende Meinung ging davon aus, daß bei vertraglicher Anerkennung oder Rechtshängigkeit des Pflichtteilsanspruchs nach Eröffnung des Insolvenzverfahrens die Zugehörigkeit des Anspruchs zur Insolvenzmasse zu verneinen sei. Dem widersprach damals schon *Henckel* mit der Erwägung, daß der Normzweck der §§ 2317 BGB, 852 Abs. 1 ZPO eine solche Annahme nicht erfordere.[390] *Henckel* nahm daher an, daß auch bei Eintritt der Voraussetzungen des § 852 Abs. 1 ZPO nach Eröffnung des Insolvenzverfahrens der Pflichtteilsanspruch in die Masse falle. § 852 Abs. 1 ZPO diene nicht dazu, dem Schuldner zu ermöglichen, den Pflichtteilsanspruch den Gläubigern zu entziehen. Vielmehr solle durch die Norm nur die Entscheidungsfreiheit des Pflichtteilsberechtigten gewahrt bleiben. Die Ansicht der herrschenden Meinung, daß mit Eintritt der Voraussetzungen des § 852 Abs. 1 ZPO keine rückwirkende Heilung eintrete, basiere auf dem Gedanken, daß der vorzeitig pfändende Gläubiger, dessen Recht mit Eintritt der Voraussetzungen des § 852 Abs. 1 ZPO rückwirkend wirksam würde, keinen Vorrang vor dem sich an § 852 Abs. 1 ZPO haltenden Gläubiger haben solle. Dies schließe jedoch eine rückwirkende Konkursbefangenheit nicht

[390] *Jaeger/Henckel*, § 9 Rn. 16, § 29 Rn. 59; so auch *Soergel/Dieckmann*, § 2317 Rn. 17.

aus, da im Konkursverfahren ein solches Problem wegen des Gleichbehandlungsgrundsatzes nicht auftreten könne.[391]

Diese Frage nach der Konkursbefangenheit bei Anerkenntnis oder Rechtshängigkeit des Pflichtteilsanspruchs i. S. d. § 852 Abs. 1 ZPO nach Eröffnung des Insolvenzverfahrens hat sich unter der Geltung des § 35 InsO erledigt. Danach fällt auch Vermögen, das der Schuldner nach Eröffnung des Insolvenzverfahrens erlangt, in die Insolvenzmasse. Wenn die Voraussetzungen des § 852 Abs. 1 ZPO vorliegen, gehört der Pflichtteilsanspruch damit unabhängig davon zur Insolvenzmasse, ob die vertragliche Anerkennung oder die Rechtshängigkeit vor oder nach Eröffnung des Insolvenzverfahrens eingetreten ist.[392] Interessanter ist vielmehr der Fall, daß die Voraussetzungen des § 852 Abs. 1 ZPO noch nicht gegeben sind. Nach der Regel der §§ 36 Abs. 1 InsO, 852 Abs. 1 ZPO würde der Pflichtteilsanspruch an sich nicht zur Insolvenzmasse gehören. Dies wird trotz der Rechtsprechung des BGH zum Pflichtteilsanspruch in der Einzelzwangsvollstreckung auch von Teilen der Literatur weiter angenommen.[393] Der Anspruch falle erst dann in die Masse, wenn der Schuldner sich dazu entschieden habe, den Pflichtteilsanspruch gegen den Erben durchzusetzen. Andererseits kann man jedoch die Rechtsprechung des BGH auch auf das Insolvenzverfahren übertragen. Der Pfändungszugriff und der Insolvenzbeschlag sollen nicht unterschiedlich behandelt werden.[394] Der Pflichtteilsanspruch gehört danach ab Entstehung zur Insolvenzmasse.[395]

---

[391] Auch der BGH nimmt in seiner Entscheidung zur Pfändbarkeit des Pflichtteilsanspruchs (BGHZ 123, 183) Bezug auf die Begründung *Jaegers*: BGHZ 123, 183, 189.

[392] Siehe dazu *Dieckmann* in Leipold, S. 133 f.; *Leipold* in FS für Gaul, S. 369.

[393] *Engelmann*, S. 24; *Hess/Weis/Wienberg/Hess*, § 83 Rn. 24 f.; *Kübler/Prütting/Lüke*, § 83 Rn. 12; *MüKo/Peters*, InsO, § 36 Rn. 53; *MüKo/Schumann*, InsO, § 83 Rn. 13; *Nerlich/Römermann/Andres*, § 35 Rn. 62; *Uhlenbruck/Uhlenbruck*, § 83 Rn. 11.

[394] *Klumpp*, ZEV 1998, 123, 126.

[395] OLG Brandenburg, FamRZ 1999, 1436; *Bamberger/Roth /Mayer*, § 2317 Rn. 10; *Bartels*, KTS 2003, 41, 45; *Braun/Bäuerle*, § 35 Rn. 43; *Braun/Kroth*, § 83 Rn. 6; *Erman/Schlüter*, § 2317 Rn. 4; *Hannich*, S. 170; *Ivo*, ZErb 2003, 250, 254; *Keim*, ZEV 1998, 127, 128; *Klumpp*, ZEV 1998, 123, 126; *Kuchinke*, NJW 1994, 1769, 1772; *Lange/Kuchinke*, § 37 VIII 2 b (S. 922); *Limmer*, ZEV 2004, 133, 135; *Rosenberg/Gaul*, § 34 II 3 (S. 530); *Soergel/Dieckmann*, § 2317 Rn. 17; *Staudinger/Haas*, § 2317 Rn. 58; *Windel*, KTS 1995, 367, 383.

2. Folgen der unterschiedlichen Lösungsansätze

Folge der Übertragung der Rechtsprechung auf die Insolvenz wäre, daß auch der nicht anerkannte oder rechtshängig gewordene Pflichtteilsanspruch mit Eröffnung des Insolvenzverfahrens nach § 35 InsO zur Insolvenzmasse gehören würde und damit den Verfügungsbeschränkungen der §§ 80 ff. InsO unterläge. Eine Verfügung des Schuldners über den Pflichtteilsanspruch wäre gemäß § 81 Abs. 1 InsO unwirksam.[396] Dem Schuldner wäre die Abtretungsmöglichkeit genommen, eine Benachteiligung der Gläubiger damit ausgeschlossen. Bei einer Abtretung des Anspruchs vor Eröffnung des Insolvenzverfahrens wäre die Anfechtungsmöglichkeit nach den §§ 129 ff. InsO grundsätzlich gegeben. Das Ziel, eine Benachteiligung der Gläubiger zu verhindern, wäre durch die Übertragung der Rechtsprechung des BGH zur Pfändbarkeit des Pflichtteilsanspruchs in der Einzelzwangsvollstreckung auf das Insolvenzverfahren erreicht. Folgt man der Ansicht *Schuberts*[397] müßte dagegen bei einer unentgeltlichen Verfügung eine Benachteiligung der Gläubiger hingenommen werden. Wenn man die Übertragung der Rechtsprechung des BGH auf das Insolvenzverfahren ablehnt, würde daraus eine Benachteiligung aller Gläubiger bzw. die Bevorzugung eines einzelnen Gläubigers folgen. Der Schuldner wäre in seiner Verfügungsmacht hinsichtlich des Pflichtteilsanspruchs nicht beschränkt und auch eine Anfechtung käme nicht in Betracht. *Harder*[398] geht einen Mittelweg. Nach *Harder* ist die Verfügungsbefugnis nicht eingeschränkt. Der Schuldner kann damit über den Pflichtteilsanspruch verfügen. Doch wird hier die Anfechtung in weiterem Rahmen als üblich durch die extensive Auslegung des Merkmals Gläubigerbenachteiligung zugelassen. Obwohl durch die Abtretung kein Vermögensbestandteil der Insolvenzmasse entfernt wird, soll allein die künftige Verwertbarkeit des Anspruchs für die Zulassung der Anfechtung genügen. Auch danach kann eine Gläubigerbenachteiligung verhindert werden.

3. Bewertung der unterschiedlichen Lösungsansätze

Nach alledem ist fraglich, welche Lösung zur Beseitigung von Benachteiligungen oder Gesetzeslücken in der Insolvenz notwendig ist und welche einen bestmöglichen Ausgleich der sich gegenüberstehenden Interessen gewährleistet. Die früheren Versuche *Henckels*, den Pflichtteilsanspruch bei Eintritt der Voraussetzungen des § 852 Abs. 1 ZPO erst nach Eröffnung des Insolvenzverfahrens

---

[396] *Ivo*, ZErb 2003, 250, 254; *Klumpp*, ZEV 1998, 123, 126 f.

[397] *Schubert*, JR 1994, 419, 420 und oben S. 130 ff.

[398] *Harder*, WuB VI E. § 852 ZPO 1.94 und oben S. 130 ff.

rückwirkend in die Insolvenzmasse fallen zu lassen, basierten darauf, daß unter der damaligen Geltung des § 9 KO Neuerwerb konkursfrei und eine Rückwirkung damit der einzige Weg war, den Anspruch der Verwertung durch die Gläubiger zugänglich zu machen. Den Interessen der Gläubiger wurde auf diesem Weg mehr Geltung verschafft. Durch die Einführung des § 35 InsO und dem nunmehr insolvenzbefangenen Neuerwerb sind diese Erwägungen obsolet geworden. Einziger Grund, die Zugehörigkeit des Pflichtteilsanspruchs zur Insolvenzmasse bereits vor Eintritt der Voraussetzungen des § 852 Abs. 1 ZPO und den damit einhergehenden Beschränkungen des Schuldners nach §§ 80 ff. InsO zu bejahen, kann damit heute nur noch der Ausschluß einer Gläubigerbenachteiligung durch Abtretung des Pflichtteilsanspruchs seitens des Schuldners sein. Dies kann lediglich dadurch erfolgen, daß dem Schuldner die Möglichkeit genommen wird, durch Abtretung den Pflichtteilsanspruch aus der Insolvenzmasse zu entfernen. Weiter muß die Anfechtung einer vor Eröffnung des Insolvenzverfahrens getroffenen Verfügung möglich sein. Die aufgezeigten Lösungen und die Rechtsprechung des BGH zeigen, daß ein völliger Ausschluß einer Gläubigerbenachteiligung nicht durch die bloße Anwendung des Gesetzes bzw. die bislang übliche Auslegung des Begriffs der Gläubigerbenachteiligung erreicht werden kann. Nach der gesetzlichen Regelung ist der Pflichtteilsanspruch abtretbar, obwohl er der Pfändung nicht unterworfen und damit auch nicht Teil der Insolvenzmasse ist. Dies wird von einem Teil der Literatur mit Hinweis darauf, daß der Gesetzgeber diese Konsequenz gewollt hat, so hingenommen.[399] Der familienrechtliche Einschlag eines Pflichtteilsanspruchs bedürfe dieser Folge. Dem BGH und einem Großteil der Literatur folgend kann dies jedoch in dieser Allgemeinheit nicht befürwortet werden. Die Freiheit der Entscheidung des Pflichtteilsberechtigten ist auch hier wie grundsätzlich bei einer Kollision von Erb- und Insolvenzrecht zu schützen. Die Entscheidungsfreiheit des pflichtteilsberechtigten Schuldners muß in jedem Fall gewahrt bleiben. Zu bedenken ist aber auch hier das berechtigte Interesse der Gläubiger, auf den Pflichtteilsanspruch zugreifen zu können. Diesen Gläubigerinteressen wird bei der bloßen Anwendung des Gesetzes jedoch nicht hinreichend genüge getan. Aus diesem Grund ist die völlige Ablehnung der Übertragung der Rechtsprechung des BGH auch auf das Insolvenzverfahren nicht zu befürworten. Zwar wird in der Literatur zu recht allgemein angenommen, daß die Abtretung analog § 852 Abs. 1 ZPO dazu führt, daß der Anspruch verwertet werden könne. Mit der Abtretung verliert der Schuldner jedoch auch den Pflichtteilsanspruch. Die Gläubiger können nur auf eine nicht zwingend vorhandene Gegenleistung zugreifen. Nur noch

[399] *Engelmann*, S. 24; *Hess/Wies/Wienberg/Hess*, § 83 Rn. 24 f.; *Kübler/Prütting/Lüke*, § 83 Rn. 12; *MüKo/Peters*, InsO, § 36 Rn. 53; *MüKo/Schumann*, InsO, § 83 Rn. 13; *Nerlich/Römermann/Andres*, § 35 Rn. 62; *Uhlenbruck/Uhlenbruck*, § 83 Rn. 11.

die Gläubiger des Zessionars sind berechtigt, auf den durch die Abtretung verwertbar gewordenen Pflichtteilsanspruch zuzugreifen.[400] Auch eine Rückführung des Anspruchs in das Vermögen des Schuldners durch Anfechtung kommt nicht in Betracht, da der Anspruch vor der Abtretung gerade nicht zur Insolvenzmasse gehört hat und eine Gläubigerbenachteiligung als Voraussetzung der Anfechtung damit an sich nicht gegeben ist. Diese Schwierigkeit ließe sich bei der Ablehnung der Übertragung der Rechtsprechung nur durch die von *Harder*[401] befürwortete extensive Auslegung des Begriffs der Gläubigerbenachteiligung überwinden. Nimmt man dies an, läßt sich auch auf diesem Weg eine Benachteiligung der Gläubiger mittels Anfechtung verhindern. Dennoch ist der Rechtsprechung des BGH zuzustimmen und eine Übertragung auch auf das Insolvenzverfahren durchzuführen. Die Anwendung der vom BGH aufgestellten Lösung auch in der Insolvenz schafft einen gerechten Ausgleich der sich gegenüberstehenden Interessen. Das Recht des Schuldners zur freien Entscheidung wird nicht verletzt. Der Schuldner weiß zwar, daß er mit Anerkennung oder Klage den Pflichtteilsanspruch seinen Gläubigern zugänglich macht. Diese Aussicht kann jedoch allenfalls dazu führen, daß er den Anspruch nicht durch Schaffung der Voraussetzungen des § 852 Abs. 1 ZPO verwertbar macht. Dieses Recht steht ihm zu. Diese Folge besteht jedoch unabhängig von einer vorherigen eingeschränkten Pfändung im Sinne der Rechtsprechung des BGH bzw. der Zuordnung des Pflichtteilsanspruchs zur Insolvenzmasse. Einzige Folge ist der Verlust der Verfügungsbefugnis und die damit gegebene Möglichkeit, den Anspruch dem Zugriff der Gläubiger zu entziehen. Und genau dieser Schutz steht einem Schuldner weder in der Einzelzwangsvollstreckung noch in der Insolvenz zu. Die Vorschriften der Insolvenzordnung, der Zivilprozeßordnung sowie des Anfechtungsgesetzes, die eine Einschränkung der Verfügungsbefugnis des Schuldners und die Anfechtung betreffen, wollen gerade vermeiden, daß der Schuldner die Möglichkeit hat, sein Vermögen zwecks Gläubigerbenachteiligung zu verringern. Dem Schuldner wird damit letztlich kein ihm zustehendes Recht genommen, wenn ihm die Möglichkeit der Abtretung des Pflichtteilsanspruchs verwehrt bleibt. Er hat nur die Befugnis zur freien Entscheidung und diese wird nicht tangiert.

Dem Schuldner muß nicht die Möglichkeit gelassen werden, über den Pflichtteilsanspruch unentgeltlich zu verfügen. *Schubert* beruft sich bei seiner Ansicht auf *Henckel*. *Henckel* geht jedoch von einer anderen Prämisse aus. *Henckel* nimmt die Konkursbefangenheit des Pflichtteilsanspruchs nur dann an, wenn der

---

400 *Klumpp*, ZEV 1998, 123, 124; *Lange/Kuchinke*, § 37 VIII 2 b (S. 922); aA wohl *Bartels*, KTS 2003, 41, 46 f.

401 *Harder*, WuB VI E. § 852 ZPO 1.94.

Anspruch rechtshängig oder anerkannt wurde. Anders als die damals herrschende Meinung geht *Henckel* jedoch auch von einer Zuordnung des Anspruchs zur Konkursmasse aus, wenn der Anspruch zwar schon vor der Eröffnung des Insolvenzverfahrens angefallen war, die Voraussetzungen des § 852 Abs. 1 ZPO aber erst nachträglich eintraten. Bis zur Anerkennung oder Rechtshängigkeit unterliegt jedoch auch nach *Henckel* der Anspruch nicht den konkursrechtlichen Einschränkungen. Dem Schuldner waren also sowohl entgeltliche als auch unentgeltliche Verfügungen vor der Qualifizierung des Pflichtteilsanspruchs im Sinne des § 852 Abs. 1 ZPO möglich. Hatte der Schuldner für die Übertragung des Pflichtteilsanspruchs eine Gegenleistung erhalten, sollte diese in die Konkursmasse fallen. Bei unentgeltlicher Verfügung gingen die Gläubiger leer aus. Dies ist konsequent, da der Pflichtteilsanspruch frühestens mit der Abtretung selbst hätte verwertet werden können, in diesem Augenblick aber gleichzeitig dem Zugriff der Gläubiger entzogen wurde. Die Gegenleistung hat den Anspruch ersetzt. Die unterschiedliche Folge bei unentgeltlicher und entgeltlicher Verfügung resultierte daher nicht aus einer unterschiedlichen Behandlung. Nach der Rechtsprechung des BGH ist der Pflichtteilsanspruch dagegen mit Eröffnung des Insolvenzverfahrens Teil der Masse, eine Verfügung ist daher von Anfang an nicht mehr möglich, bzw. wäre nach § 81 Abs. 1 S. 1 InsO absolut[402] unwirksam. Hier eine Differenzierung zwischen entgeltlicher und unentgeltlicher Verfügung anzunehmen und die restriktive Auslegung des § 852 Abs. 1 ZPO insoweit einzuschränken überzeugt nicht. Dies gebietet auch § 2317 Abs. 2 BGB nicht. Warum die Norm und deren Schutzzweck auf unentgeltliche Verfügungen beschränkt sein soll, leuchtet nicht ein. Im übrigen ist gerade der Unterschied zwischen der Vernachlässigung eines Pflichtteilsanspruchs, die dem Erben zugute kommt, und einer unentgeltlichen Abtretung an einen Dritten gravierend. Im letzten Fall zeigt der Pflichtteilsberechtigte ausdrücklich, daß er den Anspruch geltend machen will bzw. gestattet einem anderen, den Anspruch durchzusetzen. Seiner Entscheidungsfreiheit ist genüge getan. Die Gläubiger müssen nun die Möglichkeit erhalten, ihre Interessen durchzusetzen. Bei einem Verzicht auf die Geltendmachung hat sich der Schuldner nicht zur Durchsetzung des Pflichtteilsanspruchs entschieden, so daß hier das Entscheidungsrecht des Schuldners noch Vorrang gegenüber dem Befriedigungsinteresse der Gläubiger verdient. Dem Schuldner wird somit durch die Anwendung der Rechtsprechung kein ihm zustehendes und zu schützendes Recht genommen. Im Gegensatz dazu wird den Gläubigern auch kein Recht zugesprochen, das ihnen nicht zusteht. Das Recht, über den Pflichtteilsanspruch zu entscheiden, bleibt beim Schuldner. Den Gläubigern steht nur das Recht zu, bei Eintritt der Voraussetzungen des § 852 Abs. 1 ZPO auf den Pflichtteilsanspruch zugreifen zu können. Dieses

---

[402] *Hess/Weis/Wienberg/Hess*, § 81 Rn. 21.

Recht besteht unabhängig von der eingeschränkten Pfändung und auch erst dann, wenn die Voraussetzungen des § 852 Abs. 1 ZPO tatsächlich vorliegen. Dieses Recht wird den Gläubigern durch die eingeschränkte Pfändung nicht erst gegeben. Vielmehr schützt die Pfändung genau dieses Recht, indem dem Schuldner mittels der Pfändung die Verfügungsbefugnis entzogen wird. Denn das Recht der Gläubiger zur Verwertung des Pflichtteilsanspruchs nach Eintritt der Voraussetzungen des § 852 Abs. 1 ZPO würde praktisch leerlaufen, wenn der Schuldner dieses durch eine Verfügung an Dritte ausschließen könnte. Durch die Lösung des BGH werden damit lediglich die Rechte aller Beteiligten gewahrt.

Der Vorschlag, das Merkmal der Gläubigerbenachteiligung extensiv auszulegen, überzeugt dagegen nicht. Zum einen ist unklar, ob der Anspruch tatsächlich künftig überhaupt verwertbar wird. Dieses Kriterium ist daher schon in diesem Sinne, aber auch im zeitlichen Sinne zu ungewiß, um eine Gläubigerbenachteiligung und damit eine Anfechtung zu bejahen. Zum anderen setzt eine Gläubigerbenachteiligung voraus, daß den Gläubigern ein Recht entzogen worden ist. Ein Recht der Gläubiger an dem Pflichtteilsanspruch besteht nach der gesetzlichen Regelung – also ohne die Zuordnung des Pflichtteilsanspruchs zur Insolvenzmasse – aber gerade erst dann, wenn die Voraussetzungen des § 852 Abs. 1 ZPO eingetreten sind. Dies ist jedoch im Zeitpunkt der Abtretung noch nicht der Fall. Auch wenn die Abtretung selbst dieses Recht begründet, stand den Gläubigern davor kein Recht zu, dessen Verlust eine Anfechtung bewirken könnte. Bis zu dem Zeitpunkt, in dem der Pflichtteilsanspruch im Sinne des § 852 Abs. 1 ZPO vertraglich anerkannt oder rechtshängig geworden ist, haben die Gläubiger nur die Erwartung, den Anspruch künftig für sich nutzbar zu machen. Diese Chance ist jedoch hier – ohne die Zuordnung des Pflichtteilsanspruchs zur Insolvenzmasse – nicht soweit rechtlich gefestigt, daß man sie als eine Anwartschaft qualifizieren könnte, deren Verlust zur Anfechtung berechtigen würde. Die Aussicht auf Eintritt der Voraussetzungen des § 852 Abs. 1 ZPO allein kann ein Anfechtungsrecht nicht begründen. Die Chance ist den Gläubigern nicht in einer durch Anfechtung zu schützenden Weise rechtlich zugeordnet. Damit kann von einer Gläubigerbenachteiligung erst dann gesprochen werden, wenn das Recht durch die vertragliche Anerkennung oder Rechtshängigkeit entstanden ist oder wenn sich diese Aussicht rechtlich verfestigt hat. Und genau das wird durch eine eingeschränkte Pfändung erreicht. Diese schützt die Chance der Gläubiger auf Verwertbarkeit des Pflichtteilsanspruchs. Die Rechtsprechung des BGH und die Übertragung dieser Rechtsprechung auch auf das Insolvenzverfahren ist daher ein richtiger Schritt und ein ausgewogener Ausgleich von Schuldner- und Gläubigerrechten.

4. Die Befugnisse von Schuldner und Insolvenzverwalter

Nach alledem ist der Pflichtteilsanspruch bereits mit seiner Entstehung pfändbar und gehört daher mit Eröffnung des Insolvenzverfahrens gemäß §§ 35, 36 Abs. 1 InsO, § 852 Abs. 1 ZPO zur Insolvenzmasse. Dennoch nimmt der Pflichtteilsanspruch eine Art Sonderstellung ein. Trotz der Zugehörigkeit zur Insolvenzmasse darf der Anspruch erst verwertet werden, wenn die Voraussetzungen des § 852 Abs. 1 ZPO eingetreten sind. Der Insolvenzverwalter ist bis dahin nicht berechtigt, den Anspruch zur Masse zu ziehen oder diesen geltend zu machen.[403] Er hat nicht das Recht, Maßnahmen zu ergreifen, die die Entscheidungsbefugnis des Schuldners beeinträchtigen könnten. Andererseits ist jedoch auch der Schuldner durch die §§ 80 ff. InsO in seiner Verfügungsbefugnis beschränkt. Dies hat zur Folge, daß der Schuldner die Voraussetzungen des § 852 Abs. 1 ZPO an sich gar nicht schaffen kann. Wenn die §§ 80 ff. InsO hinsichtlich des Pflichtteilsanspruchs in vollem Umfang eingreifen, besteht die eigentümliche Situation, daß die Gläubiger zwar vor einer Veräußerung des Pflichtteilsanspruchs geschützt sind, die Verwertbarkeit und damit das eigentliche Ziel jedoch nie eintreten kann. Der Normzweck des § 852 Abs. 1 ZPO gebietet es daher, die Beschlagnahmewirkung in der Einzelzwangsvollstreckung bzw. die Wirkung der §§ 80 ff. InsO in der Insolvenz restriktiv auszulegen.[404] Dem Schuldner darf zwar die Verfügung über den Pflichtteilsanspruch ebenso wie eine Belastung des Anspruchs nicht möglich sein. Die Voraussetzungen des § 852 Abs. 1 ZPO zu schaffen, kann ihm dagegen nicht versagt werden. Die Entscheidungsfreiheit des Pflichtteilsberechtigten hinsichtlich der Durchsetzbarkeit des Anspruchs gegen den Erben darf durch die eingeschränkte Pfändung bzw. die Zuordnung des Pflichtteilsanspruchs zur Insolvenzmasse nicht beeinträchtigt werden. Dem Schuldner muß daher die rechtliche Möglichkeit verbleiben, den Anspruch zu realisieren. Notwendig ist, daß er auf eine vertragliche Anerkennung des Anspruchs hinwirken bzw. den Anspruch rechtshängig werden lassen kann. Auch der Auskunfts- und Wertermittlungsanspruch gemäß § 2314 BGB darf dem Schuldner nicht entzogen werden.[405] Der Schuldner muß die Möglichkeit haben, für seine Entscheidung, ob er den Anspruch geltend machen will, eine fundierte Grundlage zu schaffen. Zusammenfassend läßt sich festhalten, daß dem Schuld-

---

[403] OLG Brandenburg, FamRZ 1999, 1436; *Bamberger/Roth/Mayer*, § 2317 Rn. 10; *Braun/Kroth*, § 83 Rn. 6; *Ivo*, ZErb 2003, 250, 254; *Lange/Kuchinke*, § 37 VIII 2 b) (S. 922).

[404] *Bartels*, KTS 2003, 41, 47; *Hannich*, S. 171; *Ivo*, ZErb 2003, 250, 254; *Klumpp*, ZEV 1998, 123, 126; *Lange/Kuchinke*, § 37 VIII 2 b) (S. 921 f.); *Messner*, ZVI 2004, 433, 439; *Staudinger/Haas*, § 2317 Rn. 58; kritisch *Windel*, KTS 1995, 367, 383 f.

[405] *Klumpp*, ZEV 1998, 123, 126.

ner alle Befugnisse verbleiben müssen, die der Entscheidungsfindung dienen und die notwendig sind, um die Voraussetzungen des § 852 Abs. 1 ZPO eintreten lassen zu können. Dies ist geboten, um dem Schutzzweck des § 852 Abs. 1 ZPO gerecht zu werden. Alle weiteren Handlungen des Schuldners, die von diesem Zweck nicht gedeckt sind, sind dem Schuldner dagegen nicht gestattet. Verfügungen über den Pflichtteilsanspruch oder Belastungen desselben sind dem Schuldner versagt. Dieser Möglichkeit bedarf es zum einen nicht zur Wahrung der Entscheidungsfreiheit. Zum anderen würde dadurch die Befriedigung der Gläubiger in nicht zu rechtfertigender Weise eingeschränkt. Die Trennung zwischen dem, was der Schuldner rechtlich kann und rechtlich nicht kann, muß sich immer am Zweck des § 852 Abs. 1 ZPO orientieren, aber ebenso berücksichtigen, warum die eingeschränkte Pfändung vor Eintritt der Voraussetzungen des § 852 Abs. 1 ZPO zugelassen wird. Die Entscheidungsfreiheit des Schuldners steht dem Befriedigungsinteresse der Gläubiger gegenüber. Diese Grundsätze werden durch die dargestellte Handhabung bestmöglichst in Einklang gebracht.

5. Ergebnis

Nach der Rechtsprechung des BGH ist ein Pflichtteilsanspruch aufschiebend bedingt durch seine Verwertbarkeit trotz § 852 Abs. 1 ZPO pfändbar. Folge dieser Rechtsprechung ist, daß ein pflichtteilsberechtigter Schuldner nach der Pfändung den Anspruch nicht mehr wirksam abtreten kann. Diese Vorgehensweise bewirkt damit einen angemessenen Ausgleich von Schuldner- und Gläubigerinteressen. Der durch § 852 Abs. 1 ZPO bewirkte Schutz des Schuldners, ihm die Entscheidung über die Durchsetzung des Anspruchs zu überlassen, wird nicht verletzt. Die Entscheidung verbleibt voll und ganz beim Schuldner. Die Gläubiger können erst auf den Anspruch zugreifen, wenn er im Sinne des § 852 Abs. 1 ZPO vertraglich anerkannt oder rechtshängig geworden ist. Die Gläubiger sind jedoch vorher insoweit geschützt, als daß der Schuldner ihnen den Anspruch nicht mehr entziehen kann.

Nach dieser Rechtsprechung gehört der Pflichtteilsanspruch auch schon mit seiner Entstehung gemäß §§ 35, 36 InsO zur Insolvenzmasse. Eine Übertragung der Rechtsprechung des BGH auch auf das Insolvenzverfahren stellt einen gelungenen Ausgleich der sich gegenüberstehenden Interessen dar. Der Schuldner kann den Anspruch nach Eröffnung des Insolvenzverfahrens nicht mehr abtreten. Bei einer Abtretung vor der Eröffnung steht den Gläubigern die Möglichkeit der Insolvenzanfechtung zu.

Trotz der Einschränkung der Verfügungsmacht des Schuldners nach § 81 InsO verbleibt dem Schuldner aber das Recht, auf die vertragliche Anerkennung des Anspruchs im Sinne des § 852 Abs. 1 ZPO hinzuwirken oder den Anspruch rechtshängig werden zu lassen. Alle Maßnahmen, die dazu dienen oder als Grundlage für seine Entscheidung notwendig sind, kann der Schuldner trotz des laufenden Insolvenzverfahrens weiter vornehmen.

C. DIE VERNACHLÄSSIGUNG DES PFLICHTTEILSANSPRUCHS

Problematisch ist der Fall, daß sich der Schuldner gegen die Durchsetzung des Anspruchs entscheidet. Der Insolvenzverwalter hat rechtlich keine Macht, Maßnahmen zu ergreifen, die die Entschließungsfreiheit des Erben beeinträchtigen würden. Es ist dem Schuldner damit grundsätzlich möglich, mit der Durchsetzung des Pflichtteilsanspruchs bis zur Beendigung des Insolvenzverfahrens zu warten oder den Anspruch verjähren zu lassen. Der Schuldner könnte durch schlichtes Untätigbleiben den Zugriff der Gläubiger auf den Pflichtteilsanspruch verhindern. Etwas anderes könnte sich dann ergeben, wenn man den Entschluß des Pflichtteilsberechtigten, den Anspruch nicht geltend zu machen, in eine „Geltendmachung durch Zuwendung" an den Erben umdeutet.[406] Man könnte insofern annehmen, daß der Berechtigte sich bewußt zugunsten des Erben für die Vernachlässigung des Pflichtteilsanspruchs entschieden hat und dem § 852 Abs. 1 ZPO damit genüge getan ist. Der Anspruch wäre in diesem Sinne qualifiziert und könnte damit verwendet werden. Deutlicher wird dies noch, wenn der Pflichtteilsberechtigte den Erblasser dazu veranlaßt hat, ihn zu enterben und den Pflichtteil – letztlich unwirksam – zu entziehen. Dadurch, daß der Schuldner den Pflichtteilsanspruch nicht gegen den Erben durchsetzt und damit der unwirksamen Pflichtteilsentziehung gewissermaßen Geltung verschafft, könnte man von einer Zuwendung an den Erben sprechen. Dennoch sind die Voraussetzungen des § 852 Abs. 1 ZPO auch dem Sinn nach nicht erfüllt. Die Norm verlangt eine vertragliche Anerkennung bzw. die Rechtshängigkeit des Pflichtteilsanspruchs. Auch die Abtretung des Pflichtteilsanspruchs genügt nach allgemeiner Meinung den Anforderungen. Alle diese Voraussetzungen haben gemein, daß der Pflichtteilsberechtigte sich bewußt für die Durchsetzung des Anspruchs entschieden hat. Im Gegensatz dazu hat der Pflichtteilsberechtigte bei der Vernachlässigung gerade nichts getan. Es fehlt damit an der notwendigen Willensbetätigung des Schuldners nach außen. Der Schuldner hat sich bei der unterlassenen Geltendmachung anders als bei einer rechtsgeschäftlichen Abtretung nicht wie der Inhaber des Pflichtteilsanspruchs verhalten.[407] Im Unterschied zur Abtretung besteht zudem bei unterlassener Geltendmachung des Anspruchs die familienrechtliche Konstellation, die den Grund für den Schutz des Schuldners im

---

[406] Siehe BGH, NJW 1997, 2384; dazu *Jedzig*, WuB VI D. § 1 AnfG 1.97.

[407] *Smid*, LM H. 10/1997 AnfG Nr. 7.

Sinne des § 852 Abs. 1 ZPO darstellt, fort. Aus diesen Gründen kann die unterlassene Geltendmachung der Abtretung nicht gleichgesetzt werden.[408] Welche Gründe den Schuldner dazu veranlaßt haben, den Anspruch nicht geltend zu machen, kann für die rechtliche Beurteilung nicht relevant sein. Entscheidend ist allein der nach außen dokumentierte Wille des Schuldners, den Pflichtteilsanspruch gegen den Erben durchzusetzen. Der Schutz des § 852 Abs. 1 ZPO greift somit weiterhin ein. Der Schuldner kann die Durchsetzung unterlassen. Eine Umdeutung der unterlassenen Geltendmachung in eine „Geltendmachung durch Zuwendung" an den Erben mit der Folge der Aufhebung der Schranke des § 852 Abs. 1 ZPO ist abzulehnen.[409]

Fraglich ist, ob die Gläubiger die (bewußte) Vernachlässigung des Anspruchs durch den Schuldner als eine gläubigerbenachteiligende Handlung nach den §§ 129 ff. InsO analog[410] anfechten können. Eine mangelnde Zugehörigkeit zur Insolvenzmasse steht der Anfechtung nicht entgegen, wenn man zutreffend davon ausgeht, daß der Anspruch der Zwangsvollstreckung bereits unterliegt und damit Teil der Insolvenzmasse ist.[411] Das bloße Unterlassen, angetragenes Vermögen zu erwerben, kann die Anfechtung nicht begründen.[412] Die Tatsache, daß es sich um ein Unterlassen des Schuldners handelt, steht der Anfechtung gemäß § 129 Abs. 2 InsO nicht (mehr) entgegen. Um die Durchsetzbarkeit des Pflichtteilsanspruchs mittels Anfechtung zu erreichen, müßte sich ein Gebot des Schuldners zur Handlung begründen lassen. Die Gläubiger können von dem Anfechtungsgegner verlangen, vermögensrechtliche Zugriffsbeeinträchtigungen zu beseitigen[413], mithin den Anspruch im Sinne des § 852 Abs. 1 ZPO durchsetzbar werden zu lassen. Dies kann aber nur dann der Fall sein, wenn der Schuldner eine ihm auferlegte Handlung unterlassen und damit die Gläubiger benachteiligt hat. Durch das Unterlassen müßte einer der Tatbestände der §§ 130 ff. InsO erfüllt sein. Für eine erfolgreiche Anfechtung müßte der Schuldner also ein Gebot, das ihm die Geltendmachung des Pflichtteilsanspruchs auferlegt, durch das Unterlassen verletzt haben. Wie bei der Ausschlagung einer Erbschaft oder der Vernachlässigung eines Vermächtnisses sind auch bei der unterlassenen Geltendmachung eines Pflichtteilsanspruchs die gesetzlichen Wertungen zu berück-

---

408 BGH, NJW 1997, 2384; *Jedzig*, WuB VI D. § 1 AnfG 1.97.

409 So auch *MüKo/Smid*, ZPO, § 852 Rn. 6.

410 Siehe zur analogen Anwendung bereits oben S. 40 ff.: die Anfechtung würde sich auch hier auf ein Unterlassen nach Eröffnung des Insolvenzverfahrens beziehen.

411 Die Gegenansicht muß die Anfechtung somit bereits aus diesem Grund verneinen.

412 *Hess/Weis/Wienberg/Weis*, § 129 Rn. 24.

413 *Hess/Weis/Wienberg/Weis*, Vor. §§ 129 ff. Rn. 23.

sichtigen. Diese ergeben sich hier anders als bei Erbschaft und Vermächtnis nicht aus § 83 InsO, sondern aus den §§ 36 Abs. 1 InsO, 852 Abs. 1 ZPO. Alle Normen haben jedoch gemeinsam, daß sie die Entscheidungsfreiheit eines Schuldners über die Annahme, Ausschlagung bzw. Durchsetzung des auf erbrechtlichem Weg erlangten Vermögens über das Befriedigungsinteresse der Gläubiger stellen. Die Abwägung der Interessen kann daher bezüglich des Pflichtteils nicht anders ausfallen als bei Erbschaft und Vermächtnis. Die Entscheidungsfreiheit des Pflichtteilsberechtigten muß sogar noch weiterreichenden Schutz verdienen als bei Erbschaft und Vermächtnis. Setzt der Schuldner den Pflichtteilsanspruch gegen den Erben durch, entscheidet er hier in der Regel gegen den Willen des Erblassers. Bei der Annahme einer Erbschaft oder eines Vermächtnisses kommt der Schuldner dagegen nur dem Willen bzw. bei gesetzlicher Erbfolge dem unterstellten Willen des Erblassers nach.[414] Diese Wertungen dürfen nicht durch die Anfechtung umgangen werden. Die Anfechtung würde bewirken, daß der Wille der Gläubiger den Willen des Schuldners ersetzt und die Gläubiger damit die dem Schuldner vorbehaltene Entscheidung über die Durchsetzung des Anspruchs treffen. Das ist mit dem Zweck der §§ 36 Abs. 1, 852 Abs. 1 ZPO nicht zu vereinbaren. Die Entscheidung des Pflichtteilsberechtigten ist – vielleicht noch mehr als im Falle eines Erben und Vermächtnisnehmers – stark durch familiäre Beziehungen geprägt. Man denke beispielsweise nur an eine Verwirkungsklausel. Ein Ehepaar hat sein Kind im gemeinschaftlichen Testament zum Schlußerben eingesetzt und bestimmt, daß es diese Stellung verliert, wenn es beim Tod des Erstversterbenden den ihm an sich zustehenden Pflichtteil verlangt. Der Schuldner darf hier nicht – auch nicht mittelbar durch die Anfechtung – zur Durchsetzung des Anspruchs gezwungen werden. Wenn das Gesetz dem Schuldner Ermessen hinsichtlich einer Entscheidung einräumt, darf sein Ermessen nicht durch das Anfechtungsrecht begrenzt werden.[415] Das Gesetz kann dem Schuldner nicht einerseits die Entscheidung frei überlassen und andererseits ein Gebot begründen, das dem Schuldner mittelbar die Entscheidungsfreiheit wieder nimmt. Ein Gebot des Schuldners, die Qualifizierung des Pflichtteilsanspruchs im Sinne des § 852 Abs. 1 ZPO herbeizuführen, läßt sich somit nicht begründen. Insofern ist die Anfechtung aus Wertungsgesichtspunkten abzulehnen.[416] Es muß dem Schuldner möglich sein, die Geltendma-

---

[414] *Bartels*, KTS 2003, 41, 59.

[415] *Smid*, LM H. 10/1997 AnfG Nr. 7.

[416] Ebenso BGH, NJW 1997, 2384; *Bamberger/Roth/Mayer*, § 2317 Rn. 11; *Huber*, § 1 Rn. 27; *Ivo*, ZErb 2003, 250, 254; *Jedzig*, WuB VI D. § 1 AnfG 1.97; *Klumpp*, ZEV 1998, 123, 126; *Messner*; ZVI 2004, 433, 439; *MüKo/Smid*, ZPO, § 852 Rn. 6; *Soergel/Dieckmann*, § 2317 Rn. 17; *Staudinger/Haas*, § 2317 Rn. 57. Auch *Bartels*, KTS 2003, 41, 58 ff., der die Anfechtung einer Erbschaftsausschlagung und der Vernachlässi-

chung des Pflichtteilsanspruchs zu unterlassen. Der Schuldner kann durch schlichtes Untätigbleiben den Zugriff der Gläubiger auf den Pflichtteilsanspruch verhindern.[417]

D. DIE QUALIFIZIERUNG DES PFLICHTTEILSANSPRUCHS DURCH DEN SCHULDNER

Hat der Schuldner sich für die Realisierung des Pflichtteilsanspruchs entschieden und Klage eingereicht, ist eine der Voraussetzungen des § 852 Abs. 1 ZPO erfüllt. Der Anspruch unterliegt nun der uneingeschränkten Verwaltungs- und Verfügungsbefugnis des Insolvenzverwalters. Somit ist auch hinsichtlich des Pflichtteilsanspruchs nur noch der Insolvenzverwalter prozeßführungsbefugt. Der Rechtsstreit ist damit sofort mit Eintritt der Rechtshängigkeit analog § 240 ZPO unterbrochen.[418] Der Insolvenzverwalter kann den Rechtsstreit entsprechend § 85 Abs. 1 InsO aufnehmen.[419] Sieht der Insolvenzverwalter das Verfahren als aussichtslos an, kann er die Aufnahme ablehnen. In diesem Fall sind der Schuldner und der Gegner nach § 85 Abs. 2 InsO zur Aufnahme berechtigt.

Problematisch ist, wenn das vertragliche Anerkenntnis oder die Rechtshängigkeit des Pflichtteilsanspruchs erst nach Beendigung des Insolvenzverfahrens eintritt. In diesem Fall stellt sich unausweichlich die Frage, ob der nun verwertbare Pflichtteilsanspruch noch im Rahmen des Insolvenzverfahrens nachträglich verteilt werden muß oder ob der Anspruch nunmehr insolvenzfrei ist bzw. die Regeln des Restschuldbefreiungsverfahrens anwendbar sind. Man könnte auf den Zeitpunkt der Geltendmachung des Pflichtteilsanspruchs durch den Schuldner abstellen. Der Pflichtteilsanspruch wäre dann dem Insolvenzverfahren nur zuzuordnen, wenn der Schuldner ihn noch während des laufenden Verfahrens im Sinne des § 852 Abs. 1 ZPO qualifiziert.[420] Aufgrund der immerhin dreijährigen Verjährungsfrist wäre es dann dem Schuldner möglich, mit der Durchsetzung des Pflichtteilsanspruchs bis nach Beendigung des Insolvenzverfahrens zu warten. Da die Gläubiger auch keine rechtliche Handhabe haben, den Schuldner zur

---

gung eines Vermächtnisses zulassen will, spricht sich hier gegen die Anfechtungsmöglichkeit aus.

[417] BGH, NJW 1997, 2384.

[418] *Klumpp*, ZEV 1998, 123, 126; *Kuchinke*, NJW 1994, 1769, 1772; *Lange/Kuchinke*, § 37 VIII 2 b) Fn. 373 (S. 922); *Leipold* in FS für Gaul, S. 369.

[419] *Klumpp*, ZEV 1998, 123, 126; *Kuchinke*, NJW 1994, 1769, 1772 (hier noch § 10 KO); *Leipold* in FS für Gaul, S. 369.

[420] So *Leipold* in FS für Gaul, S. 371.

Durchsetzung noch während des Verfahrens zu zwingen[421], könnte der Schuldner den Zugriff seiner Gläubiger auf den Pflichtteilsanspruch zumindest im Insolvenzverfahren verhindern. Dies ist Folge des § 852 Abs. 1 ZPO und insofern gerechtfertigt. Von Sinn und Zweck des § 852 Abs. 1 ZPO nicht gedeckt ist dagegen, daß der Schuldner die Durchsetzung des Pflichtteilsanspruchs so lange vernachlässigt, bis das Insolvenzverfahren beendet ist, um so den Anspruch für sich verwenden zu können. § 852 Abs. 1 ZPO soll nur die freie Entscheidung des Schuldners bewahren. Die Wertung des Gesetzes gebietet es jedoch nicht, dem Schuldner zu ermöglichen, durch langes Warten die Insolvenzfreiheit des Pflichtteilsanspruchs herbeizuführen. Eine Nachtragsverteilung gemäß § 203 Abs. 1 Nr. 3 InsO ist möglich. Ob eine solche stattfinden muß, hängt davon ab, ob man die Zugehörigkeit des Pflichtteilsanspruchs zur Insolvenzmasse bereits mit der Entstehung des Anspruchs oder erst mit Eintritt der Voraussetzungen nach § 852 Abs. 1 ZPO bejaht. Im zweiten Fall gehörte der Pflichtteilsanspruch nie zur Insolvenzmasse, wenn die Verwertbarkeit erst nach Beendigung des Verfahrens eintritt. Eine Nachtragsverteilung kann folglich nicht stattfinden. Anders ist dies jedoch, wenn man zutreffend davon ausgeht, daß der Pflichtteilsanspruch schon mit Entstehung Bestandteil der Insolvenzmasse war. Demnach war er auch bei Beendigung des Insolvenzverfahrens noch Teil der Masse, jedoch nicht verwertbar. Tritt die Verwertbarkeit nachträglich ein, muß daher nachträglich eine Verteilung vorgenommen werden. Dieses Ergebnis berücksichtigt die Interessen beider Parteien. Der Schuldner ist weiter frei in seiner Entscheidung hinsichtlich der Durchsetzbarkeit des Pflichtteilsanspruchs. Die Möglichkeit, den Anspruch verjähren zu lassen, verbleibt ihm weiterhin. Für die Gläubiger bedeutet dies, daß dem Schuldner nicht gestattet wird, mit der Durchsetzung des Pflichtteilsanspruchs bis nach Abschluß des Insolvenzverfahrens zu warten und anschließend den Anspruch für sich zu verwenden.

E. DER VERZICHT AUF DEN PFLICHTTEILSANSPRUCH

Anders als bei einer Erbschaft oder einem Vermächtnis kann der Pflichtteilsberechtigte den erbrechtlich erworbenen Anspruch nicht ausschlagen. Er kann jedoch auf den Anspruch gemäß § 397 BGB durch einen Erlaßvertrag mit dem Erben verzichten.[422] In diesem Fall stellt sich die Frage nach der Wirksamkeit bzw. der Anfechtbarkeit der Verfügung des Pflichtteilsberechtigten.

---

[421] Siehe dazu oben S. 141.

[422] Nicht gemeint ist hier der Pflichtteilsverzicht nach § 2346 Abs. 2 BGB. Dieser wird durch notariellen Vertrag (§ 2348 BGB) des Pflichtteilsberechtigten mit dem Erblasser geschlossen und verhindert bereits die Entstehung des Pflichtteilsanspruchs. Der Schuldner ver-

Es muß zunächst danach unterschieden werden, wann der Berechtigte den Erlaßvertrag abschließt.[423] Ist der Pflichtteilsanspruch bereits vor Eröffnung des Insolvenzverfahrens entstanden und verzichtet der Pflichtteilsberechtigte noch vor diesem Ereignis, muß die Wirksamkeit bejaht werden. Die Verfügungsbeschränkungen der §§ 81 ff. InsO gelten noch nicht. Eine Anfechtung des Erlasses als eine gläubigerbenachteiligende Handlung wäre hier lediglich nach Eröffnung des Insolvenzverfahrens möglich. Verneint man die Zugehörigkeit des Pflichtteilsanspruchs zur Insolvenzmasse vor Qualifizierung des Anspruchs im Sinne des § 852 Abs. 1 ZPO, ist eine Anfechtung jedoch bereits aus diesem Grund ausgeschlossen. Durch den Erlaß würde kein haftungsrechtlich relevantes Vermögen aufgegeben. Geht man jedoch zutreffend davon aus, daß der Pflichtteilsanspruch bereits mit seiner Entstehung der (eingeschränkten) Pfändung unterliegt und deswegen mit Eröffnung des Insolvenzverfahrens Bestandteil der Insolvenzmasse wird, entfernt der Schuldner durch den Verzicht einen Vermögensbestandteil aus der (späteren) Insolvenzmasse. Eine Anfechtung wäre nicht von vornherein ausgeschlossen.

Schließt der Schuldner den Erlaßvertrag mit dem Erben nach Entstehung des Anspruchs und Eröffnung des Insolvenzverfahrens, ist zunächst die Wirksamkeit eines Erlasses zu untersuchen. Insoweit ist fraglich, ob § 81 InsO die Wirksamkeit ausschließt[424] oder ob die freie Entscheidungsbefugnis des Pflichtteilsberechtigten im Sinne des § 852 Abs. 1 ZPO gebietet, dem Schuldner die Möglichkeit eines Verzichts offenzuhalten. Wiederum sind die Wertungen des § 852 Abs.1 ZPO zu berücksichtigen. Danach steht es dem Schuldner frei, über die Durchsetzung des Anspruchs zu entscheiden. Er kann auch die Geltendmachung unterlassen. Im Gegensatz zur schlichten Untätigkeit handelt es sich bei einem Verzicht auf den Pflichtteilsanspruch jedoch um eine Verfügung. Verfügungen, die der Schuldner nach Eröffnung des Insolvenzverfahrens über Gegenstände der Insolvenzmasse trifft, sind gemäß § 81 Abs. 1 S. 1 InsO unwirksam. Davon wäre auch der Verzicht auf den Pflichtteilsanspruch betroffen. Damit der Schuldner weiterhin den Eintritt der Voraussetzungen des § 852 Abs. 1 ZPO

---

zichtet hier lediglich auf eine Erwerbsaussicht. Dies kann in keinem Fall zur Anfechtung berechtigen. Siehe nur *Klumpp*, ZEV 1998, 123, 127 Fn. 42; *Staudinger/Haas*, § 2317 Rn. 56.

423 Nicht relevant soll hier der Fall sein, daß der Schuldner *nach* der Qualifizierung des Pflichtteilsanspruchs im Sinne des § 852 Abs. 1 ZPO den Verzicht erklärt. Da der Schuldner sich hier bereits für die Durchsetzbarkeit entschieden hatte und der Anspruch damit endgültig Massebestandteil wurde, wäre ein Verzicht nach § 81 InsO unwirksam bzw. würde bei einem Verzicht vor Eröffnung des Insolvenzverfahrens die Anfechtbarkeit begründen.

424 Bejahend *Ivo*, ZErb 2003, 250, 254; *Klumpp*, ZEV 1998, 123, 127.

trotz Eröffnung des Insolvenzverfahrens herbeiführen kann, müssen gewisse Handlungen des Schuldners wirksam sein.[425] Dem Schuldner ist Gelegenheit zu geben, den Anspruch durchzusetzen. Wenn er das jedoch nicht will, genügt es, wenn er schlicht untätig bleibt. Der Schuldner hat damit Entscheidungsfreiheit in beide Richtungen. Um § 852 Abs. 1 ZPO gerecht zu werden, bedarf es daher nicht der Möglichkeit eines Verzichts. Der Zweck des § 852 Abs. 1 ZPO gebietet es lediglich, die Entscheidung über die Durchsetzbarkeit weiter dem Schuldner zu überlassen. Der Anspruch soll nicht gegen seinen Willen durchgesetzt werden können. Dieser Sinn wird jedoch nicht tangiert, wenn dem Schuldner ein Verzicht nicht ermöglicht wird. Vielmehr dürfen die Ausnahmen, die von der Einschränkung der Verfügungsbefugnis zu machen sind, nicht zu extensiv gehandhabt werden, um den Zweck der eingeschränkten Pfändungsmöglichkeit bzw. des dadurch eintretenden Insolvenzbeschlags nicht wiederum zu gefährden. Die Gläubiger sollen davor geschützt werden, daß der Schuldner zu ihren Lasten Verfügungen treffen kann. Dieser Schutz findet hinsichtlich eines Pflichtteilsanspruchs seine Grenzen in Sinn und Zweck des § 852 Abs. 1 ZPO. Der Schutz der Gläubiger darf nur soweit reichen, daß die Entscheidungsbefugnis des Pflichtteilsberechtigten nicht verletzt wird. Insofern kann der Schuldner auf den Eintritt der Voraussetzungen hinwirken und seine Entscheidung zur Durchsetzung des Anspruchs durch Klageeinreichung oder vertragliche Anerkennung dokumentieren. Der Schutz der Gläubiger muß aber auch soweit gehen wie § 852 Abs. 1 ZPO es zuläßt und darf nicht dahinter zurückbleiben. Es muß dem Pflichtteilsberechtigten daher nicht ermöglicht werden, den Willen, den Anspruch nicht geltend zu machen, durch einen Erlaß zu dokumentieren. Für den Schutz des Schuldners muß es ausreichen, daß er durch schlichtes Untätigbleiben die Zugriffsmöglichkeit der Gläubiger auf den Pflichtteilsanspruch verhindern kann. Die Entscheidungsfreiheit wird gewahrt. Der Schutz der Gläubiger gebietet es dagegen, ihnen wenigstens die – rechtlich zwar nicht faßbare, aber dennoch ihnen zustehende – Hoffnung offenzulassen, daß der Schuldner sich anders entscheidet. § 852 Abs. 1 ZPO verlangt nicht, daß der Schuldner den Pflichtteilsanspruch aus der Insolvenzmasse entfernen kann. Dem steht vielmehr der Schutz der Gläubiger entgegen. Ein Verzicht, der nach Eröffnung des Verfahrens erklärt wird, ist daher nach § 81 Abs. 1 S. 1 InsO unwirksam.

Da der Schuldner vor Eröffnung des Insolvenzverfahrens in seiner Verfügungsbefugnis unbeschränkt ist, kann er einen Erlaß nach § 397 BGB wirksam abschließen. Fraglich ist, ob dieser Erlaß anfechtbar ist. Der Verzicht gegenüber dem Erben ist nur die verbindliche Aussage, den Anspruch nicht geltend zu machen. Insofern kann es praktisch keinen Unterschied machen, ob der Schuldner

---

[425] Siehe dazu bereits S. 139.

lediglich die Durchsetzung des Anspruchs unterläßt oder auf den Anspruch verzichtet und damit seine Entscheidung endgültig macht. Die Wirkung beider Entscheidungen des Schuldners ist für die Gläubiger dieselbe. In beiden Fällen ist ihnen der Zugriff auf den Anspruch versagt. Dennoch besteht der Unterschied darin, daß der Schuldner durch einen Verzicht im Gegensatz zur bloßen Nichtgeltendmachung einen Vermögensbestandteil aus dem haftungsrechtlich relevanten Vermögen entfernt.[426] Problematisch ist die Gläubigerbenachteiligung als Anfechtungsgrund dennoch. Folge der Anfechtung könnte nur sein, daß der Anspruch wieder im Vermögen des Schuldners steht. Die Anfechtung kann dagegen nicht bewirken, daß der Anspruch nunmehr für die Gläubiger verwertbar wird. Der Verzicht kann die Voraussetzungen des § 852 Abs. 1 ZPO nicht erfüllen.[427] § 852 Abs. 1 ZPO verlangt, daß der Pflichtteilsberechtigte sich für die Durchsetzung entschieden hat und diesen Willen dokumentiert. Bei einem Verzicht nach § 397 BGB hat er gerade dokumentiert, daß er den Anspruch nicht durchsetzen will. Die Wahrung der familiären Verbundenheit, die § 852 Abs. 1 ZPO zugrunde liegt, wurde durch den Verzicht nicht aufgehoben. Eine Qualifizierung des Pflichtteilsanspruchs ist durch den Verzicht nicht gegeben. Insofern würde die Anfechtung dem Schuldner lediglich eine neue Entscheidungsfrist einräumen. Der Anspruch wäre wieder Massebestandteil, jedoch ohne vertragliche Anerkennung oder Rechtshängigkeit nicht verwertbar. Der Schuldner könnte weiterhin von der Geltendmachung absehen.[428] Da im Zeitpunkt der möglichen Anfechtung das Insolvenzverfahren bereits eröffnet ist, könnte der Schuldner nach Rückführung des Anspruchs keinen erneuten Verzicht erklären. Ein solcher wäre nunmehr gemäß § 81 Abs. 1 S. 1 InsO unwirksam. Eine Gläubigerbenachteiligung im Sinne des Anfechtungsrechts kann aber nur dann gegeben sein, wenn durch die Rückführung des durch die Verfügung aufgegebenen Rechts eine Besserstellung der Gläubiger erreicht wird.[429] Die Besserstellung läge hier einzig in der wieder auflebenden Chance oder Erwartung der Gläubiger, daß der Schuldner sich anders entscheidet. Doch genau diese Möglichkeit soll überhaupt durch die (eingeschränkte) Pfändung und die dadurch stattfindende Zuordnung des Pflichtteilsanspruchs zur Insolvenzmasse geschützt werden.[430] Es soll verhindert werden, daß der Schuldner über den Anspruch verfügen kann, sei es durch Abtretung oder wie hier durch einen Erlaßvertrag nach § 397 BGB.

---

[426] *Ivo*, ZErb 2003, 250, 255; *Jaeger/Henckel*, § 29 Rn. 59; *Klumpp*, ZEV 1998, 123, 127; *Staudinger/Haas*, § 2317 Rn. 56.

[427] OLG Düsseldorf, FamRZ 2000, 367, 368.

[428] Siehe *Windel*, KTS 1995, 367, 389.

[429] Siehe *Hess/Weis/Wienberg/Weis*, § 129 Rn. 51.

[430] Siehe dazu schon S. 134.

Den Gläubigern muß also die Chance oder Erwartung, daß der Schuldner sich zur Durchsetzung entscheidet, verbleiben. Dieses Recht müssen sie mittels Anfechtung wahren können, wenn der Schuldner vor Eröffnung des Insolvenzverfahrens auf den Anspruch verzichtet hat. Noch deutlicher wird die Notwendigkeit der Anfechtung, wenn der Schuldner von dem Erben für den Erlaß eine Abfindung als Gegenleistung erhält. In diesem Fall kommt der Wille des Schuldners, den Anspruch geltend machen zu wollen, zum Ausdruck. Es kann keinen Unterschied machen, ob die Parteien einen Vergleich vereinbaren oder ob einem Erlaßvertrag eine Abfindung zugrunde liegt. Eine einvernehmliche Verständigung zwischen Schuldner und Erben wird herbeigeführt.[431] Wenn der Erlaß nun aber dazu führt, daß der Pflichtteilsanspruch ab diesem Zeitpunkt verwertbar ist, dann muß den Gläubigern erst recht die Möglichkeit verschafft werden, mittels Anfechtung den Pflichtteilsanspruch der Insolvenzmasse wieder zuzuführen. Somit ist die Möglichkeit der Anfechtung eines Verzichts des Schuldners auf den Pflichtteilsanspruch prinzipiell gegeben.[432]

[431] OLG Düsseldorf, FamRZ 2000, 367, 368.

[432] Im Ergebnis ebenso *Ivo*, ZErb 2003, 250, 255; *Jaeger/Henckel*, § 29 Rn. 59; *Klumpp*, ZEV 1998, 123, 127; *Staudinger/Haas*, § 2317 Rn. 56; aA *Bartels*, KTS 2003, 41, 60 f; *HK/Kreft*, § 129 Rn. 19; *Uhlenbruck/Hirte*, § 129 Rn. 100; offen gelassen in BGH, NJW 1997, 2384; OLG Düsseldorf, FamRZ 2000, 367.

7. Teil: Der Pflichtteilsanspruch im Restschuldbefreiungsverfahren

A. Anwendbarkeit des § 295 Abs. 1 Nr. 2 InsO

Nach Beendigung des Insolvenzverfahrens kann der Schuldner gegebenenfalls ein Restschuldbefreiungsverfahren durchlaufen.[433] Während der sog. Wohlverhaltensperiode hat er dabei die in § 295 InsO normierten Obliegenheiten zu erfüllen. Anderenfalls droht ihm die Versagung der Restschuldbefreiung. Nach § 295 Abs. 1 Nr. 2 InsO hat der Schuldner „Vermögen, das er von Todes wegen [...] erwirbt, zur Hälfte des Wertes an den Treuhänder herauszugeben". Ob auch ein Pflichtteilsanspruch unter diese Norm fällt, ist fraglich. Der Pflichtteilsanspruch entsteht nach § 2317 Abs. 1 BGB mit dem Erbfall. Anders als eine Erbschaft oder ein Vermächtnis kann der Schuldner den Pflichtteilsanspruch auch nicht ausschlagen. Daher kann für den Pflichtteilsanspruch nicht die Auffassung vertreten werden, die Obliegenheit beginne erst mit dem „endgültigen Erwerb", also mit der Annahme. Subsumiert man einen Pflichtteilsanspruch unter § 295 Abs. 1 Nr. 2 InsO, würde dies also dem Wortlaut nach bedeuten, daß die Herausgabeobliegenheit ab dem Anfall des Anspruchs selbst besteht und der Schuldner den Anspruch geltend machen müßte, um seiner Obliegenheit nachkommen zu können. Die Herausgabeobliegenheit würde damit praktisch eine Obliegenheit zur Geltendmachung des Pflichtteilsanspruchs – zumindest zur Hälfte – darstellen. Dies wäre die Konsequenz aus dem sofortigen Anfall des Pflichtteilsanspruchs nach dem Bürgerlichen Gesetzbuch und dem Wortlaut des § 295 Abs. 1 Nr. 2 InsO. Daraus könnte man nun folgern, daß der Pflichtteilsanspruch nicht unter § 295 Abs. 1 Nr. 2 InsO fallen kann.[434] Eine Obliegenheit, den Pflichtteilsanspruch durchzusetzen, wäre mit der freien Entscheidungsbefugnis des Schuldners nicht zu vereinbaren.

Diese Schlußfolgerung resultiert jedoch aus einer ergebnisorientierten Auslegung der Norm. Einziges Argument ist, daß nicht sein kann, was nicht sein darf. In der Tat besteht aber ein Wertungswiderspruch zum Insolvenzverfahren. Im Insolvenzverfahren können die Gläubiger gemäß §§ 35, 36 Abs. 1 InsO i.V.m. § 852 Abs. 1 ZPO nur auf den Pflichtteilsanspruch zugreifen, wenn der Anspruch vertraglich anerkannt oder rechtshängig gemacht wurde. Eine Obliegenheit zur Durchsetzung des Pflichtteilsanspruchs stünde in Widerspruch zu § 852 Abs. 1 ZPO. § 852 Abs.1 ZPO kann jedoch bei der Frage, ob der Pflichtteilsan-

---

[433] Siehe oben S. 87 ff.

[434] *Nerlich/Römermann/Römermann*, § 295 Rn. 24.

spruch unter das von Todes wegen erworbene Vermögen im Sinne des § 295 Abs. 1 Nr. 2 InsO fällt, keine Rolle spielen. Der Anfall des Pflichtteilsanspruchs resultiert aus dem gesetzlichen Erbrecht des Pflichtteilsberechtigten.[435] Auch der Pflichtteilsanspruch ist daher Vermögen, das der Schuldner von Todes wegen erwirbt.[436] § 825 Abs. 1 ZPO verhindert nicht den sofortigen Erwerb des Pflichtteilsanspruchs mit dem Erbfall. Nicht der Anfall, sondern lediglich die Verwertbarkeit des Pflichtteilsanspruchs ist durch § 852 Abs. 1 ZPO bedingt. Daran ändert auch die Rechtsprechung des BGH zur eingeschränkten Pfändbarkeit des Pflichtteilsanspruchs nichts. Dem Erben ist der Anspruch bereits endgültig zugefallen.[437] Daß der Pflichtteilsanspruch von § 295 Abs. 1 Nr. 2 InsO erfaßt wird, steht auch in Einklang mit der Auslegung des § 1374 Abs. 2 BGB, an dessen Wortlaut sich § 295 Abs. 1 Nr. 2 InsO orientiert.[438] § 1374 Abs. 2 BGB erfaßt unstreitig auch den Pflichtteilsanspruch.[439] Somit ist ein Pflichtteilsanspruch unter § 295 Abs. 1 Nr. 2 InsO zu subsumieren.[440]

B. BEGINN DER HERAUSGABEOBLIEGENHEIT UND DIE VERNACHLÄSSIGUNG DES PFLICHTTEILSANSPRUCHS

Die Herausgabeobliegenheit besteht dem Wortlaut nach.[441] Dennoch ist fraglich, ob die Herausgabeobliegenheit unabhängig davon bestehen kann, ob der Pflichtteilsanspruch im Sinne des § 852 Abs. 1 ZPO qualifiziert wurde. Gegen eine Herausgabeobliegenheit sofort mit dem Erwerb des Pflichtteilsanspruchs spricht zunächst schon eine rein praktische Erwägung. Wenn eine Herausgabeobliegenheit unabhängig von § 852 Abs. 1 ZPO bestände, wäre unverständlich,

---

435 *Mugdan*, V, S. 388.

436 *Döbereiner*, S. 165.

437 So auch *Bartels*, KTS 2003, 41, 66.

438 *FK/Ahrens*, § 295 Rn. 37 f.; *HK/Landfermann*, § 295 Rn. 7; *Messner*, ZVI 2004, 433, 440; *MüKo/Ehricke*, InsO, § 295 Rn. 53 f.; *Uhlenbruck/Vallender*, § 295 Rn.33.

439 *Bamberger/Roth/Mayer*, § 1374 Rn. 11; *HK/Landfermann*, § 295 Rn. 7; *MüKo/Koch*, § 1374 Rn. 17; *Palandt/Brudermüller*, § 1374 Rn. 10; *Soergel/Lange*, § 1374 Rn. 12; *Staudinger/Thiele*, § 1374 Rn. 23.

440 So auch *Bartels*, KTS 2003, 41, 66; *Braun/Buck*, § 295 Rn. 11; *FK/Ahrens*, § 295 Rn. 38; *HK/Landfermann*, § 295 Rn. 7; *MüKo/Ehricke*, InsO, § 295 Rn. 57.

441 Klarstellend sei darauf hingewiesen, daß der Pflichtteilsanspruch nur dann im Rahmen des Restschuldbefreiungsverfahrens zu verwerten ist, wenn er noch nicht während des Insolvenzverfahrens angefallen ist. In diesem Fall würde eine Nachtragsverteilung stattfinden. Siehe dazu oben S. 144.

warum sich diese auf die Hälfte des Wertes beschränkt. Der Gesetzgeber hat die Herausgabe auf die Hälfte des Wertes reduziert, um einen Anreiz für den Erben bzw. den Vermächtnisnehmer zu schaffen, die Erbschaft bzw. das Vermächtnis anzunehmen. Bestände die Herausgabeobliegenheit beim Pflichtteilsanspruch unabhängig von einer Entscheidung des Schuldners, hätte es eines solchen Anreizes in diesem Fall nicht bedurft.

Hinzu kommen die gesetzgeberischen Wertungen und die Interessen der Gläubiger und des Schuldners. Das Befriedigungsinteresse der Gläubiger steht zunächst der Entscheidungsfreiheit des Pflichtteilsberechtigten gegenüber. Eine Abwägung dieser Interessen kann hier nicht anders ausfallen als im Anfechtungsrecht der Insolvenzordnung. Der Schutz der höchstpersönlichen Entscheidung des Pflichtteilsberechtigten und die Vermeidung familiärer Konflikte durch § 852 Abs. 1 ZPO darf nicht durch die Zulassung einer Anfechtung unterlaufen werden. Im Insolvenzverfahren kann der Schuldner daher nicht gezwungen werden, den Pflichtteilsanspruch geltend zu machen. Würde man nun eine Obliegenheit zur Herausgabe der Hälfte des Wertes des Pflichtteilsanspruchs nach § 295 Abs. 1 Nr. 2 InsO auch ohne Anerkennung oder Rechtshängigkeit im Sinne des § 852 Abs. 1 ZPO bejahen, wäre der Schuldner im Restschuldbefreiungsverfahren mittelbar gezwungen, den Pflichtteilsanspruch durchzusetzen. Anders als bei der Anfechtung würde dem Schuldner zwar theoretisch die Entscheidung gelassen. Einen rechtlichen Zwang kann § 295 Abs. 1 Nr. 2 InsO nicht begründen. Es bestünde jedoch ein wirtschaftlicher Zwang. Für den überschuldeten Pflichtteilsberechtigten kann der drohende Verlust der Restschuldbefreiung hinreichender Druck sein, um den Pflichtteilsanspruch durchzusetzen. Praktisch würde damit der Sinn und Zweck des § 852 Abs. 1 ZPO verletzt.[442] Zu bedenken ist jedoch auch, daß im Restschuldbefreiungsverfahren für die Gläubiger der Verlust ihrer Forderungen zu befürchten steht. Durch das Restschuldbefreiungsverfahren erleiden die Gläubiger einen gravierenderen Eingriff in ihre Rechte als durch das Insolvenzverfahren. Dennoch muß auch hier wie bei einer Erbschaft oder einem Vermächtnis die Entscheidungsfreiheit des Schuldners Vorrang haben vor den Interessen der Gläubiger. Bei Erbschaft und Vermächtnis ergibt sich dies aus der Wertung des § 83 InsO. Der Erbe bzw. der Vermächtnisnehmer soll frei entscheiden können, ob er das erbrechtlich erworbene Vermögen annehmen will. Ohne die Annahme können die Gläubiger nicht auf die Erbschaft bzw. das Vermächtnis zugreifen. Beim Pflichtteilsanspruch fällt der Anspruch zwar direkt an. Eine Entscheidung über Annahme oder Ausschlagung gibt es nicht. § 83 In-

[442] AA insoweit *Ivo*, ZErb 2003, 250, 255, der die Beeinträchtigung der Entschließungsfreiheit „nur“ in wirtschaftlicher Hinsicht nicht genügen läßt, um die Erfüllung der Herausgabeobliegenheit in das freie Belieben des Schuldners zu stellen.

sO ist nicht anwendbar. Doch auch hier bedarf es einer Entscheidung des Schuldners, ohne die den Gläubigern der Zugriff auf den Pflichtteilsanspruch verwehrt ist. Diese Zugriffssperre bewirkt § 852 Abs. 1 ZPO. Die Obliegenheit nach § 295 Abs. 1 Nr. 2 InsO kann daher erst beginnen, wenn der Pflichtteilsanspruch im Sinne des § 852 Abs. 1 ZPO qualifiziert wurde. „Erwerb" im Sinne von § 295 Abs. 1 Nr. 2 InsO muß daher auch „Verwertbarkeit für die Gläubiger" bedeuten.

Dieses Ergebnis folgt auch aus einer weiteren Erwägung. Mittels der in § 295 InsO normierten Obliegenheiten soll u. a. erreicht werden, daß bestimmtes Vermögen, das der Schuldner während der Wohlverhaltensperiode erlangt, der Befriedigung der Gläubiger dient. Anders als im Insolvenzverfahren fällt vom Schuldner erlangtes Vermögen nicht automatisch in eine zu verteilende Masse. Das Vermögen wird erst dadurch verwertbar gemacht, daß der Schuldner es an den Treuhänder herausgibt. Aus diesem Grund muß der Schuldner sein pfändbares Einkommen gemäß § 287 Abs. 2 S. 1 InsO an einen Treuhänder abtreten. Der unpfändbare Teil soll ihm zum Leben verbleiben. § 295 Abs. 1 Nr. 2 InsO enthält keine Beschränkung der Herausgabepflicht auf das pfändbare Vermögen. Eine solche Beschränkung muß es jedoch auch hier geben. Die Pfändungsschutzvorschriften der Zivilprozeßordnung bezwecken den Schutz des Schuldners in der Einzelzwangsvollstreckung und über § 36 Abs. 1 InsO auch im Insolvenzverfahren. Auch § 852 Abs. 1 ZPO wirkt so als Schutzvorschrift in das Insolvenzverfahren hinein. Dieser Schutz darf nicht (teilweise) im Restschuldbefreiungsverfahren aufgehoben werden. So wie die Abtretung nur das pfändbare Einkommen erfaßt, so muß auch bei der Herausgabe von Vermögen, das der Schuldner erst später erwirbt, die entsprechende Schutzvorschrift beachtet werden. § 852 Abs. 1 ZPO würde jedoch umgangen, wenn eine Obliegenheit zur Herausgabe des Pflichtteilsanspruchs unabhängig von einer Qualifizierung des Anspruchs im Sinne dieser Norm bestünde.[443] Der Schutz des Schuldners, der sich aus anderen als insolvenzrechtlichen Erwägungen ergibt, muß im Insolvenz- und Restschuldbefreiungsverfahren gleich ausfallen. Der Befriedigung der Gläubiger darf im Restschuldbefreiungsverfahren kein Vermögenswert dienen, der im Insolvenzverfahren (noch) nicht verwertbar gewesen wäre, weil er noch dem Schutz der Pfändungsvorschriften unterlag.[444] Der unterschiedliche Sinn der Pfändungsvorschriften, dem Schuldner eine Existenzgrundlage zu erhalten bzw. die Freiheit seiner Entscheidung über den Pflichtteilsanspruch zu wahren, endet nicht mit Abschluß des Insolvenzverfahrens. Daher wirken die Pfändungsvorschriften auch im Restschuldbefreiungsverfahren. § 852 Abs. 1 ZPO

---

[443] Ähnlich auch *Leipold* in FS für Gaul, S. 371.

[444] Siehe dazu *Messner*, ZVI 2004, 433, 439; wohl auch *Uhlenbruch/Vallender*, § 295 Rn. 34.

stellt auch bei § 295 Abs.1 Nr. 2 InsO die Grenze der Verwertbarkeit dar. Insofern tritt die Herausgabeobliegenheit der Hälfte des Wertes nach § 295 Abs. 1 Nr. 2 InsO erst mit der Verwertbarkeit des Pflichtteilsanspruchs ein.[445] Unterläßt der Schuldner die Durchsetzung, verletzt er damit keine Obliegenheit. Eine solche besteht vor der Qualifizierung des Pflichtteilsanspruchs durch den Schuldner selbst gerade nicht.[446]

C. DER VERZICHT AUF DEN PFLICHTTEIL ALS OBLIEGENHEITSVERLETZUNG

Fraglich ist, ob der Schuldner seine Restschuldbefreiung riskiert, wenn er auf den Pflichtteilsanspruch nach dessen Anfall verzichtet, mithin einen Erlaßvertrag nach § 397 BGB abschließt. In diesem Fall bewirkt der Schuldner, daß ein Vermögenswert gänzlich aus seinem Vermögen entfernt wird. Anders als im Insolvenzverfahren wird das Vermögen des Schuldners den Gläubigern im Restschuldbefreiungsverfahren aber nicht automatisch zugewiesen. Die Zuordnung der Vermögenswerte zur Insolvenzmasse bewirkt, daß der Schuldner nicht mehr nach Belieben damit umgehen kann. Für die Gläubiger bedeutet dies einen gewissen Schutz vor Schmälerung des ihnen haftenden Vermögens. Wird der Pflichtteilsanspruch hier aus der Masse durch einen Erlaßvertrag entfernt, ist der Schutzzweck betroffen und die Berechtigung zur Anfechtung besteht. Im Restschuldbefreiungsverfahren wird die Zuordnung zum haftenden Vermögen erst durch eine Handlung des Schuldners hergestellt. Den Schutz der Gläubiger mit dem Ziel, möglichst auf alle Vermögenswerte zugreifen zu können, bewirken hier die Obliegenheiten des § 295 InsO. Der Schuldner ist angehalten, von Todes wegen erworbenes Vermögen zur Hälfte an den Treuhänder herauszugeben. Erst dann kann das Vermögen unter den Gläubigern verteilt werden. Der Schutz der Gläubiger beginnt also erst mit der Obliegenheit selbst. Der Schutz in Bezug auf einen Pflichtteilsanspruch beginnt damit erst, wenn der Anspruch im Sinne des § 852 Abs. 1 ZPO qualifiziert wurde. Konsequenzen für den Schuldner können sich daher nur ergeben, wenn er nicht die Hälfte des Wertes an den Treuhänder herausgibt. Eine Handlung oder eine Unterlassung vor Beginn der Oblie-

---

[445] Im Ergebnis ebenso *Kesseler*, RNotZ 2003, 557, 560; *Limmer*, ZEV 2004, 133, 137; *Nerlich/Römermann/Römermann*, § 295 Rn. 24; siehe auch *Bartels*, KTS 2003, 41, 66 f., der dem Schuldner die Restschuldbefreiung im Wege der teleologischen Restriktion der §§ 295, 296 InsO gewähren will, wenn der Schuldner von der Geltendmachung des Pflichtteilsanspruchs absieht; aA *MüKo/Ehricke*, InsO, § 295 Rn. 57, der eine Pflicht des Schuldners zur Durchsetzung des Pflichtteilsanspruchs annimmt.

[446] Kritisch *Dieckmann* in Leipold, S. 134.

genheit kann keine Obliegenheitsverletzung begründen. Schließt der Schuldner nun einen Erlaßvertrag ab, bevor der Pflichtteilsanspruch die Voraussetzungen des § 852 Abs. 1 ZPO erfüllt, hat der Schuldner keine Obliegenheitsverletzung begangen. Die Gläubiger waren zu dem Zeitpunkt noch nicht geschützt. Im Restschuldbefreiungsverfahren steht es dem Schuldner damit ohne Konsequenzen frei, neben der bloßen Unterlassung der Geltendmachung des Pflichtteilsanspruchs einen Verzicht zu erklären und den Anspruch damit ganz aus seinem Vermögen zu entfernen.

D. ERGEBNIS

Der Pflichtteilsanspruch unterliegt der Herausgabeobliegenheit des § 295 Abs. 1 Nr. 2 InsO. Doch auch im Restschuldbefreiungsverfahren führen die Wertungen des § 852 Abs. 1 ZPO dazu, daß die Obliegenheit erst dann besteht, wenn der Erbe den Pflichtteilsanspruch vertraglich anerkannt hat oder der Anspruch rechtshängig wurde. Es darf keine – wenn auch nur mittelbare – Verpflichtung für den Schuldner geben, den Pflichtteilsanspruch durchzusetzen. Ohne den Schutz des § 852 Abs. 1 ZPO wäre der Schuldner gezwungen, den Anspruch geltend zu machen, wenn er seine Restschuldbefreiung nicht riskieren will. Die Herausgabeobliegenheit des § 852 Abs. 1 ZPO setzt daher die Verwertbarkeit des Pflichtteilsanspruchs voraus. Der gesetzliche Schutz durch die Pfändungsvorschriften muß auch im Restschuldbefreiungsverfahren gelten. Erst mit vertraglichem Anerkenntnis oder Rechtshängigkeit des Pflichtteilsanspruchs hat der Schuldner die Hälfte des Wertes an den Treuhänder herauszugeben. Der Schuldner kann damit auch die Durchsetzung des Anspruchs unterlassen bzw. auf den Anspruch durch einen Erlaßvertrag verzichten. Der Schutz der Gläubiger, der durch § 852 Abs. 1 ZPO bezweckt wird, beginnt erst nach der Qualifizierung des Anspruchs im Sinne des § 852 Abs. 1 ZPO.

8. Teil: Endergebnis und Fazit

1. Wenn ein Schuldner während eines laufenden Insolvenzverfahrens Vermögen von Todes wegen erwirbt, treffen die Grundsätze des Insolvenz- und des Erbrechts aufeinander. Die unterschiedlichen Ausgangspunkte des Erb- und Insolvenzrechts müssen in Einklang gebracht werden. Deswegen ist im einzelnen untersucht worden, welche Auswirkungen eine Erbschaft, ein Vermächtnis- und ein Pflichtteilsanspruch in einem Insolvenzverfahren haben.

2. Die Prinzipien eines Insolvenzverfahrens können nicht ohne weiteres auch auf Vermögen, das der Schuldner von Todes wegen erwirbt, angewendet werden. Gerade das Erbrecht ist in weiten Teilen von dem persönlichen Verhältnis zwischen dem Erblasser und den Erben, Vermächtnisnehmern bzw. Pflichtteilsberechtigten geprägt. Aus der Tatsache, daß niemandem Vermögen ohne seinen Willen aufgedrängt werden soll, folgt auch, daß ein Erbe über den endgültigen Verbleib des Erworbenen in seinem Vermögen frei entscheiden kann. Ein Vermächtnisnehmer und ein Pflichtteilsberechtigter können nicht gezwungen werden, ihrer Ansprüche durchzusetzen. Dem Erben und dem Vermächtnisnehmer steht das Recht der Ausschlagung zu; der Pflichtteilsberechtigte kann entscheiden, ob er den Anspruch gegen den Erben durchsetzen will. Da diese Entscheidung im wesentlichen durch persönliche Verhältnisse geprägt ist, räumt das Gesetz der Entscheidungsfreiheit einen hohen Stellenwert ein. Der Erbe, der Vermächtnisnehmer und der Pflichtteilsberechtigte dürfen bei ihrer Entscheidung hinsichtlich des erworbenen Vermögens frei entscheiden. Im Gegensatz dazu ist das Insolvenzrecht weitestgehend von wirtschaftlichen Aspekten geprägt. Hier spielt die Befriedigung der Gläubiger eine tragende Rolle. Das Vermögen des Schuldners, der seine wirtschaftlichen Verhältnisse nicht mehr selbständig regeln konnte, wird im Rahmen eines Insolvenzverfahrens an die Gläubiger verteilt.

3. Gemäß § 35 InsO fällt das gesamte Vermögen des Schuldners, das er bei Eröffnung des Insolvenzverfahrens hat und das er während des Verfahrens erwirbt, in die Insolvenzmasse. Es tritt der Insolvenzbeschlag ein. Nur noch der Insolvenzverwalter ist gemäß §§ 80 ff. InsO ab Eröffnung des Verfahrens berechtigt, das Vermögen der Insolvenzmasse zu verwalten und darüber zu verfügen. Verfügungen des Schuldners sind nach § 81 InsO unwirksam. Allein § 83 Abs. 1 InsO macht davon hinsichtlich einer Erbschaft und eines Vermächtnisses eine Ausnahme. Der Schuldner kann danach weiter über die Annahme oder Ausschlagung einer Erbschaft bzw. eines Vermächtnisses frei entscheiden. § 83 InsO stellt jedoch keine Ausnahme von § 35 InsO dar. § 83 InsO verhindert daher nicht, daß eine angefallene Erbschaft bzw. ein

Vermächtnis mit dem Anfall Teil der Insolvenzmasse wird. § 83 InsO ist vielmehr als Ausnahme von § 81 InsO anzusehen. Ohne diese Regelung wäre eine Ausschlagung des Schuldners unwirksam, denn über einen Teil der Insolvenzmasse kann der Schuldner an sich nicht verfügen. § 83 InsO bewirkt, daß die Wertungen des Erbrechts auch im Insolvenzverfahren aufrecht erhalten bleiben. Die von höchstpersönlichen Gesichtspunkten geprägte Entscheidung des Erben bzw. des Vermächtnisnehmers geht damit nicht auf den Insolvenzverwalter über. Dennoch wird die Regelung des § 35 InsO nicht außer Kraft gesetzt. Auch die Erbschaft bzw. das Vermächtnis fällt als Vermögen, das der Schuldner bereits mit dem Anfall erwirbt, in die Insolvenzmasse, wo es grundsätzlich der Befriedigung der Gläubiger zu dienen hat. Das Recht des Schuldners, die Erbschaft bzw. das Vermächtnis auszuschlagen, darf aber nicht tangiert werden. Daher bewirkt § 83 InsO, daß das Verwertungsrecht des Insolvenzverwalters hinsichtlich einer Erbschaft bzw. eines Vermächtnisses eingeschränkt ist. Der Insolvenzverwalter darf den Nachlaß bzw. das Vermächtnis erst verwerten, wenn der Schuldner seine Entscheidung getroffen und die Erbschaft bzw. das Vermächtnis angenommen hat. Mit der Annahme werden auch der Nachlaß bzw. das Vermächtnis wie das übrige sich in der Insolvenzmasse befindliche Vermögen behandelt.

4. Schlägt der Schuldner die Erbschaft bzw. das Vermächtnis aus, wird es aus der Insolvenzmasse entfernt. Es dient damit nicht der Befriedigung der Gläubiger. Auch eine Anfechtung der Ausschlagung mit dem Ziel, das Vermögen in die Insolvenzmasse zurückzuführen, kommt nicht in Betracht. Der Schuldner hat zwar zum Nachteil seiner Gläubiger Vermögen aus der Insolvenzmasse entfernt. § 83 InsO und die damit verbundenen Wertungen gestatten ihm jedoch ausdrücklich diese Vorgehensweise. Die Wertungen des Gesetzes dürfen nicht durch die Zulassung der Insolvenzanfechtung umgangen werden.

5. Eine weitere Möglichkeit des Schuldners neben Annahme und Ausschlagung ist, schlicht untätig zu bleiben. Während der Ablauf der Ausschlagungsfrist bei der Erbschaft wie eine Annahme wirkt (§ 1943 BGB), hat der Schuldner bei einem Vermächtnis bis zur Verjährung dreißig Jahre Zeit, den Anspruch geltend zu machen. In diesem Fall kann den Gläubigern daran gelegen sein, den Schuldner zu einer Entscheidung zu zwingen. Doch auch hier dürfen die Wertungen des Gesetzes nicht umgangen werden. Ein durch Anfechtung bewirkter Zwang des Schuldners, das Vermächtnis anzunehmen oder auch nur eine Entscheidung zügig zu treffen, würde eine diesbezügliche Pflicht voraussetzen. Eine solche kann jedoch gerade nicht begründet werden. Der Schuldner hat das Recht, die volle Verjährungsfrist für seine Entscheidung zu nutzen.

6. Der Schuldner ist hinsichtlich einer Erbschaft und eines Vermächtnisses völlig frei in seiner Entscheidung. Weder die insolvenzrechtlichen Regeln noch die Gläubiger können ihn zur Annahme oder dazu zwingen, eine Entscheidung überhaupt zu treffen. Verwertbar ist das Vermögen trotz Zugehörigkeit zur Insolvenzmasse erst, wenn der Schuldner die Erbschaft bzw. das Vermächtnis angenommen hat. Ist dies erst nach Beendigung des Insolvenzverfahrens der Fall, muß eine Nachtragsverteilung gemäß § 203 InsO durchgeführt werden. Für die Zugehörigkeit der Erbschaft bzw. des Vermächtnisses zur Insolvenzmasse, zum Vermögen, das im Rahmen eines Restschuldbefreiungsverfahrens verwertet werden muß, oder zum insolvenzfreien Vermögen kommt es auf den Anfall an. Nicht entscheidend ist der Zeitpunkt der Annahme. Dies ergibt sich zwingend aus der Tatsache, daß sowohl eine Erbschaft als auch ein Vermächtnis bereits mit dem Anfall Bestandteil der Insolvenzmasse werden.

7. Der Pflichtteilsanspruch ist ebenfalls mit seiner Entstehung gemäß §§ 35, 36 InsO Teil der Insolvenzmasse, obwohl der Anspruch gemäß § 852 Abs. 1 ZPO vor der vertraglichen Anerkennung oder der Rechtshängigkeit nicht der Pfändung unterliegt. Nach der Rechtsprechung des BGH kann der Pflichtteilsanspruch durch die Qualifizierung im Sinne des § 852 Abs. 1 ZPO bedingt gepfändet werden. Die Pfändung selbst geschieht dabei unbeschränkt. Die Verwertbarkeit des gepfändeten Anspruchs tritt jedoch erst dann ein, wenn die Voraussetzungen des § 852 Abs. 1 ZPO vorliegen. Auf diese kann der Schuldner trotz der Einschränkung seiner Verfügungsmacht hinwirken. Alle Maßnahmen, die seiner Entscheidungsfindung oder dem Eintritt der Voraussetzungen des § 852 Abs. 1 ZPO selbst dienen, kann der Schuldner vornehmen. Ebenso wie die Erbschaft und das Vermächtnis gehört damit auch der Pflichtteilsanspruch mit seiner Entstehung bereits zur Insolvenzmasse. Ebenso wie diese ist aber auch der Pflichtteilsanspruch nicht sofort verwertbar. Die Verwertbarkeit hängt auch hier von einer Entscheidung des Schuldners ab. Er muß zunächst willentlich die Voraussetzungen des § 852 Abs. 1 ZPO herbeiführen. Tut er dies, ist der Pflichtteilsanspruch verwertbar. Bleibt der Schuldner dagegen untätig, haben die Gläubiger keine Möglichkeit, den Schuldner zur Durchsetzung des Anspruchs zu zwingen. Auch beim Pflichtteilsanspruch müssen die Wertungen des Gesetzes, die sich hier aus den §§ 36 InsO und 852 Abs. 1 ZPO ergeben, beachtet werden. Eine Pflicht des Schuldners, den Anspruch durchzusetzen, kann daher nicht begründet werden.

8. Anders als eine Erbschaft oder ein Vermächtnis kann ein Pflichtteilsanspruch nicht ausgeschlagen werden. Möglich ist jedoch ein Verzicht auf den Anspruch durch Abschluß eines Erlaßvertrags mit dem Erben. Vor Eröffnung

des Insolvenzverfahrens kann der Schuldner einen solchen wirksam abschließen. Nach Eröffnung des Verfahrens kann der Schuldner dies in Folge des § 81 InsO nicht mehr. Er ist nicht mehr befugt, über den Anspruch als Teil der Insolvenzmasse zu verfügen. Ein vor Eröffnung abgeschlossener Vertrag unterliegt jedoch der Anfechtung. Die Gläubiger haben ihre Chance verloren, daß der Schuldner den Anspruch durchsetzt. Die Gläubiger können daher mit einer Anfechtung erreichen, daß der Pflichtteilsanspruch wieder in die Insolvenzmasse gelangt und mit der wieder möglichen Qualifizierung im Sinne des § 852 Abs. 1 ZPO verwertbar wird.

9. Auch beim Pflichtteilsanspruch kommt es bei der Frage, ob der Anspruch dem Insolvenzverfahren, dem Restschuldbefreiungsverfahren oder weder noch unterliegt, darauf an, wann der Anspruch entstanden ist. Der Zeitpunkt des Eintritts der Voraussetzungen des § 852 Abs.1 ZPO ist dafür unerheblich.

10. Neben der gesetzlichen Regelung, die eine Kollision von Erb- und Insolvenzrecht mit sich bringt, können der Schuldner und die Gläubiger auch eine davon abweichende vertragliche Regelung treffen. Die Parteien können wirksam vereinbaren, daß der Schuldner eine angefallene Erbschaft annimmt. Im Gegensatz dazu können die Gläubiger auf die Hälfte des Nachlasses als Haftungsgrundlage im Insolvenzverfahren und auf alle nach Beendigung des Verfahrens nicht befriedigten Forderungen verzichten. Eine Beendigung des Insolvenzverfahrens nach dem Willen der Parteien ist ebenfalls möglich.

11. Nach Abschluß des Insolvenzverfahrens kann der Schuldner ein Restschuldbefreiungsverfahren durchlaufen. In dessen Rahmen obliegt es dem Schuldner gemäß § 295 Abs. 1 Nr. 2 InsO, Vermögen, das er von Todes wegen erwirbt, zur Hälfte an den vom Gericht bestellten Treuhänder herauszugeben. Sowohl die Erbschaft und das Vermächtnis als auch der Pflichtteilsanspruch werden von dieser Norm erfaßt. Die Obliegenheit beginnt mit Beendigung des Insolvenzverfahrens. Keine Obliegenheitsverletzung stellt die Ausschlagung einer Erbschaft oder eines Vermächtnisses dar. Die Wertungen des Gesetzes und die Rechtssicherheit sprechen dagegen. Auch ein Versagungsgrund im Sinne des § 290 Abs. 1 Nr. 4 InsO besteht bei Ausschlagung nicht. Ebenso kann der Schuldner auf einen Pflichtteilsanspruch verzichten, ohne seine Restschuldbefreiung zu gefährden. Die Herausgabeobliegenheit des § 295 Abs. 1 Nr. 2 InsO greift damit erst dann ein, wenn der Schuldner die Erbschaft bzw. das Vermächtnis angenommen hat. Der Pflichtteilsanspruch muß zunächst qualifiziert sein, bevor der Schuldner die Hälfte des Wertes an den Treuhänder herauszugeben hat. Auch hier müssen die allgemeinen Wertungen des Gesetzes beachtet werden. Die Entscheidungsfreiheit des Schuldners, der vor oder während eines Insolvenzverfahrens Vermögen von Todes

wegen erwirbt, muß auch im Restschuldbefreiungsverfahren aufrecht erhalten bleiben.

12. Insgesamt läßt sich nach alledem für jegliches erbrechtlich erworbene Vermögen festhalten, daß die Gläubiger ohne den Willen des Schuldners nicht auf das Vermögen zugreifen können. Die Verwertung einer Erbschaft, eines Vermächtnisses und eines Pflichtteilsanspruchs ist von einer Entscheidung des Schuldners abhängig. Bei einer Erbschaft und einem Vermächtnis kann der Schuldner durch Ausschlagung den Zugriff der Gläubiger verhindern. Bei einem Pflichtteilsanspruch genügt es, wenn der Schuldner den Anspruch verjähren läßt. Keine der Handlungen des Schuldners hat für ihn nachteilige Konsequenzen. Eine Anfechtung kommt nicht in Betracht und auch das Restschuldbefreiungsverfahren ist nicht gefährdet. Insgesamt läßt sich daher festhalten, daß bei einer Kollision von Erb- und Insolvenzrecht die Entscheidungsfreiheit des Erben, des Vermächtnisnehmers und des Pflichtteilsberechtigten über dem eher wirtschaftlich geprägten Insolvenzrecht steht.

Literatur

Ahrens, Martin — Anmerkung zu AG Göttingen, NZI 2003, 217
In: NZI 2003, S. 217 ff.

App, Michael — Die Erbschaft im Insolvenzverfahren – kurzer Überblick
In: KKZ 2003, S. 201 ff.

App, Michael — Freigabe von Gegenständen der Insolvenzmasse durch den Insolvenzverwalter
In: KKZ 2002, S. 185 f.

App, Michael — Rechte eines Insolvenzschuldners als Erbe, Vermächtnisnehmer oder Vorerbe – kurze Skizzierung
In: NotBZ 2003, S. 103 f.

Balz, Manfred/ Landfermann, Hans-Georg — Die neuen Insolvenzgesetze – Texte mit Einführung und den amtlichen Materialien
Düsseldorf 1995
(zit.: *Balz/Landfermann*)

Bamberger, Heinz Georg/ Roth, Herbert — Kommentar zum Bürgerlichen Gesetzbuch
Band 3, §§ 1297-2385
München 2003
(zit.: *Bamberger/Roth/Bearbeiter*)

Bartels, Klaus — Der erbrechtliche Erwerb des Insolvenzschuldners – Erbschafts- und Vermächtnisausschlagung sowie die Vernachlässigung von Vermächtnis- und Pflichtteilsansprüchen im Vorfeld und während des Insolvenzverfahrens sowie in der Wohlverhaltensperiode nach §§ 286 ff. InsO
In: KTS 2003, S. 42 ff.

Baumbach, Adolf/ Lauterbach, Wolfgang/ Albers, Jan/ Hartmann, Peter — Zivilprozeßordnung
64. Auflage, München 2005
(zit.: *Baumbach/Lauterbach/Albers/Hartmann/ Bearbeiter*)

Baur, Fritz/
Stürner, Rolf
Zwangsvollstreckungs-, Konkurs- und Vergleichsrecht
Band II, Insolvenzrecht
12. Auflage, Heidelberg 1990
(zit.: *Baur/Stürner*)

Bork, Reinhard
Einführung in das Insolvenzrecht
4. Auflage, Tübingen 2005
(zit.: *Bork*)

Braun, Eberhard
Insolvenzordnung
2. Auflage, München 2004
(zit.: *Braun/Bearbeiter*)

Breuer, Wolfgang
Das neue Insolvenzrecht
München 1998
(zit.: *Breuer*)

Brox, Hans
Erbrecht
21. Auflage, Köln, Berlin, München 2004
(zit.: *Brox*)

Brox, Hans
Allgemeiner Teil des BGB
29. Auflage, München 2005
(zit.: *Brox*, BGB AT)

Bruckmann, Ernst-Otto
Verbraucherinsolvenz in der Praxis
Bonn 1999
(zit.: *Bruckmann*)

Damrau, Jürgen
Lebenslange Testamentsvollstreckung im Insolvenzfall
In: MDR 2000, S. 255 ff.

Dieckmann, Albrecht
Zur Behandlung des „Neuerwerbs"
In: Dieter Leipold, Insolvenzrecht im Umbruch 1991, S. 127 ff.
(zit.: *Dieckmann* in Leipold)

Dieterlen, Anja	Die vertragliche Verpflichtung zur Ausschlagung einer Erbschaft Frankfurt am Main 1998 (zit.: *Dieterlen*)
Döbereiner, Stephan	Die Restschuldbefreiung nach der Insolvenzordnung Bielefeld 1997 (zit.: *Döbereiner*)
Ebenroth, Carsten Thomas	Erbrecht München 1992 (zit.: *Ebenroth*)
Eickmann, Dieter/ Flessner, Axel/ Irschlinger, Friedrich/ Kirchhof, Hans P./ Kreft, Gerhard/ Landfermann, Hans G./ Marotzke, Wolfgang/ Stephan, Guido	Heidelberger Kommentar zur Insolvenzordnung 4. Auflage, Heidelberg 2005 (zit.: *HK/Bearbeiter*)
Endemann, Friedrich	Lehrbuch des Bürgerlichen Rechts 3. Band: Das Erbrecht 6. Auflage, Berlin 1900 (zit.: *Endemann*)
Engelmann, Jacqueline S.	Letztwillige Verfügungen zugunsten Verschuldeter oder Sozialhilfebedürftiger 2. Auflage, Köln 2001 (zit.: *Engelmann*)
Erler, Adalbert/ Kaufmann, Ekkehard	Handwörterbuch zur Deutschen Rechtsgeschichte I. Band: Aachen – Haussuchung, 1971 (zit.: *Bearbeiter* in HRG)

Erman, Walter BGB
Band I und II
11. Auflage, Köln 2004
(zit.: *Erman/Bearbeiter*)

Fischer, Hella Vonselbsterwerb und Antrittserwerb – Zum Erbschaftserwerb nach deutschem und italienischem Recht unter Berücksichtigung der römischen und deutschen Rechtsgeschichte
Frankfurt am Main 1996
(zit.: *Fischer,* Vonselbsterwerb und Antrittserwerb)

Fischer, Michael Die Unentgeltlichkeit im Zivilrecht
Köln, Berlin, Bonn, München 2002
(zit.: *Fischer*, Die Unentgeltlichkeit im Zivilrecht)

Foerste, Ulrich Insolvenzrecht
3. Auflage, München 2006
(zit.: *Foerste*)

Forsblad, Kirsten Restschuldbefreiung und Verbraucherinsolvenz im künftigen deutschen Insolvenzrecht
Frankfurt am Main 1997
(zit.: *Forsblad*)

Freiherr von Wiedersperg, Axel Die besondere Anfechtung in der Insolvenz
Frankfurt am Main 2001
(zit.: *Freiherr v. Wiedersperg*)

Friederichs, Hellmut Der vorläufige Erbe
Köln 1937
(zit.: *Friederichs*)

Gerhardt, Walter Kurzkommentar zu BGH, Urt. v. 8.7.1993 – IX ZR 116/92
In: EWiR 1993, S. 1141

Gerhardt, Walter Verfügungsbeschränkungen in der Eröffnungsphase und nach Verfahrenseröffnung
In: Kölner Schrift zur Insolvenzordnung, S. 159 ff.
(zit.: *Gerhardt* in Kölner Schrift zur InsO)

Gerigk, Angela Die Berücksichtigung der Schuldnerinteressen an einer zügigen Aufhebung des Insolvenzverfahrens und die Aufgabe des Treuhänders in der Wohlverhaltensperiode
In: ZInsO 2001, S. 931

Gogger, Martin Insolvenzrecht
München 2005
(zit.: *Gogger*)

Hahn, Carl Die gesammten Materialien zu den Reichsjustizgesetzen
Siebenter Band. Materialien zum Gesetz über die Angelegenheiten der freiwilligen Gerichtsbarkeit. Materialien zum Gesetz, betreffend Aenderungen der Konkursordnung nebst Einführungsgesetz
Berlin 1898
(zit.: *Hahn*)

Hannich, Caroline Die Pfändungsbeschränkung des § 852 ZPO – Zwangsvollstreckung in den Pflichtteilsanspruch, den Anspruch des Schenkers auf Herausgabe des Geschenks wegen Notbedarfs und den Anspruch eines Ehegatten auf Ausgleich des Zugewinns –
Bielefeld 1998
(zit.: *Hannich*)

Harder, Manfred Anmerkung zu BGH, WuB VI E. § 852 ZPO 1.94
In: WuB VI E. § 852 ZPO 1.94

Häsemeyer, Ludwig Insolvenzrecht
3.Auflage, Köln, Berlin, Bonn, München 2003
(zit.: *Häsemeyer*)

Hellwig, Konrad Erbschaftsausschlagung und Gläubigeranfechtung
In: Festschrift für Ferdinand von Martitz zum fünfzigjährigen Doktorjubiläum am 24. Juli 1911, S. 157 ff.
Berlin 1911
(zit.: *Hellwig* in FS für v. Martitz)

Henckel, Wolfram Prozeßrecht und materielles Recht
Göttingen 1970
(zit.: *Henckel*)

Hess, Harald Kommentar zur Konkursordnung
6. Auflage, Neuwied, Kriftel 1998
(zit.: *Hess*, Kommentar zur Konkursordnung)

Hess, Harald/ Goetsch, Hans-Wilhelm Die Sanierung der Konkursordnung durch die Insolvenzrechtsreform?
Neuwied 1993
(zit.: *Hess/Goetsch*)

Hess, Harald/ Kranemann, Karl Robert/ Pink, Andreas Insolvenzordnung 1999 – Das neue Insolvenzrecht
Köln 1998
(zit.: *Hess/Kranemann/Pink*)

Hess, Harald/ Weis, Michaela/ Wienberg, Rüdiger Insolvenzordnung Band 1
2. Auflage, Heidelberg 2001
(zit.: *Hess/Weis/ Wienberg/Bearbeiter*)

Huber, Michael Anfechtungsgesetz
9. Auflage, München 2000
(zit.: *Huber*)

Ivo, Malte Der Verzicht auf erb- und familienrechtliche Positionen im Insolvenzrecht
In: ZErb 2003, S. 250 ff.

Jaeger, Ernst Lehrbuch des Deutschen Konkursrechts
8. Auflage, Berlin, Leipzig 1932
(zit.: *Jaeger*)

Jaeger, Ernst/ Henckel, Wolfram Konkursordnung
9. Auflage, Berlin, New York 1997
(zit.: *Jaeger/Henckel*)

Jauernig, Othmar Zwangsvollstreckungs- und Insolvenzrecht
21. Auflage, München 1999
(zit.: *Jauernig*)

Jetzig, Joachim Anmerkung zu BGH, WuB VI D. § 1 AnfG 1.97
In: WuB VI D. § 1 AnfG 1.97

Keim, Christopher Die unergiebige Pfändung des Pflichtteilsanspruchs – Konsequenzen für die Testamentsgestaltung
In: ZEV 1998, S. 127

Kesseler, Christian Erwerb von Todes wegen im Restschuldbefreiungsverfahren nach der InsO
In: RNotZ 2003, S. 557 ff.

Kipp, Theodor/ Coing, Helmut Erbrecht
14. Bearbeitung, Tübingen 1989
(zit.: *Kipp/Coing)*

Kipp, Theodor Erbschaftsausschlagung und Gläubigeranfechtung
In: JW 1912, S. 11 ff.

Kirchhof, Hans-Peter/ Lwowski, Hans-Jürgen/ Stürner, Rolf Münchener Kommentar zur Insolvenzordnung
Band 1: Einleitung, §§ 1-102
München 2001
Band 2: §§ 103-269
München 2002
Band 3: §§ 270-335
München 2003
(zit.: *MüKo/Bearbeiter,* InsO)

Kirchhofer, Hermann Erbschaftserwerb, Verwaltung und Sicherung des Nachlasses vor der Erbannahme – Eine vergleichende Studie zum deutschen und schweizerischen Recht
Basel und Stuttgart 1968
(zit.: *Kirchhofer*)

Kleine, Wolfgang/ Flöther, Lucas F. Freigabe in der Insolvenz und Sachenrechtsbereinigung
In: NJW 2000, S. 405 ff.

Klumpp, Hans-Hermann Der Pflichtteilsanspruch als Gegenstand des Rechtsverkehrs und als Vollstreckungsobjekt
In: ZEV 1998, S. 123 ff.

Köhler, Helmut BGB - Allgemeiner Teil
28. Auflage, München 2004
(zit.: *Köhler*)

Kübler, Bruno/ Prütting, Hanns Kommentar zur Insolvenzordnung
Band I: §§ 1-128
Köln, Stand: Oktober 2005
Band II: §§ 129-359
Köln, Stand: Oktober 2005
(zit.: *Kübler/Prütting/Bearbeiter*)

Kuchinke, Kurt Der Pflichtteilsanspruch als Gegenstand des Gläubigerzugriffs
In: NJW 1994, S. 1769 ff.

Kuhn, Georg/ Uhlenbruck, Wilhelm Konkursordnung
11. Auflage, München 1994
(zit.: *Kuhn/Uhlenbruck*)

Lange, Heinrich/ Kuchinke, Kurt Lehrbuch des Erbrechts
5. Auflage, München 2001
(zit.: *Lange/Kuchinke*)

Larenz, Karl Methodenlehre der Rechtswissenschaft
6. Auflage, Berlin, Heidelberg, New York 1991
(zit.: *Larenz*)

Leipold, Dieter Erbrechtlicher Erwerb und Zugewinnausgleich im Insolvenzverfahren und bei der Restschuldbefreiung
In: Festschrift für Hans Friedhelm Gaul 1997, S. 367 ff.
(zit.: *Leipold* in FS für Gaul)

Leipold, Dieter Erbrecht
15. Auflage, Tübingen 2004
(zit.: *Leipold*)

Lepa, Brita Insolvenzordnung und Verfassungsrecht
Berlin 2002
(zit.: *Lepa*)

Limmer, Peter Testamentsgestaltung bei überschuldeten Erben im Hinblick auf die Auswirkungen des Verbraucherinsolvenz- und Restschuldbefreiungsverfahrens
In: ZEV 2004, S. 133

Lübtow, Ulrich von Erbrecht 2. Halbband
Berlin 1971
(zit.: *v. Lübtow)*

Lübtow, Ulrich von Probleme des Erbrechts
Berlin 1967
(zit.: *v. Lübtow*, Probleme des Erbrechts)

Lübtow, Ulrich von Die Vererblichkeit des Ausschlagungsrechts
In: JZ 1969, S. 502 ff.

Lüke, Gerhard/ Wax, Peter Münchener Kommentar zur ZPO
Band 3, §§ 803-1066
2. Auflage, München 2001
(zit.: *MüKo/Bearbeiter*, ZPO)

Marotzke, Wolfgang Das Erbenglück des insolventen Schuldners
In: ZVI 2003, S. 309 ff.

Maunz, Theodor/ Dürig, Günter Grundgesetz
Band II, München, Stand 2002 (Art.14)
(zit.: *Maunz/Dürig/Bearbeiter*)

Messner, Olaf Dissonanzen zwischen Insolvenz- und Erbrecht
In: ZVI 2004, S. 433 ff.

Michalski, Lutz BGB-Erbrecht
2. Auflage, Heidelberg 2001
(zit.: *Michalski*)

Mugdan, Benno Die gesamten Materialien zum BGB für das deutsche Reich
Band 5: Erbrecht
1979 – Neudruck der Ausgabe Berlin 1899
(zit.: *Mugdan*)

Muscheler, Karlheinz Universalsukzession und Vonselbsterwerb – Die rechtstechnischen Grundlagen des deutschen Erbrechts
Tübingen 2002
(zit.: *Muscheler*)

Musielak, Hans-Joachim Kommentar zur Zivilprozeßordnung
3. Auflage, München 2002
(zit.: *Musielak/Bearbeiter*, 3. Auflage)

Musielak, Hans-Joachim Kommentar zur Zivilprozeßordnung
4. Auflage, München 2005
(zit.: *Musielak/Bearbeiter*)

Nerlich, Jörg/ Römermann, Volker Insolvenzordnung
München, Stand: März 2004
(zit.: *Nerlich/Römermann/Bearbeiter*)

Palandt, Otto Bürgerliches Gesetzbuch
65. Auflage, München 2006
(zit.: *Palandt/Bearbeiter*)

Pape, Gerhard Die Insolvenzordnung ist in Kraft getreten ...
In: NJW 1999, S. 29 ff.

Planck, Gottlieb Planck`s Kommentar zum Bürgerlichen Gesetzbuch
V. Band, Erbrecht
4. Auflage, Berlin, Leipzig 1930
(zit.: *Planck*)

Preuss, Nicola Verbraucherinsolvenzverfahren und Restschuldbefreiung
Berlin 1999
(zit.: *Preuss*)

Rebmann, Kurt/ Säcker, Franz Jürgen/ Rixecker, Roland Münchener Kommentar zum Bürgerlichen Gesetzbuch,
Band 2: Schuldrecht Allgemeiner Teil; §§ 241–432
4. Auflage, München 2001
Band 3: Schuldrecht Besonderer Teil I; §§ 433–610

4. Auflage, München 2004
Band 7: Familienrecht I; §§ 1297–1588
4. Auflage, München 2000
Band 8: Familienrecht II; §§ 1589–1921
4. Auflage, München 2002
Band 9: Erbrecht; §§ 1922–2385
4. Auflage, München 2004
(zit.: *MüKo/Bearbeiter*)

Rosenberg, Leo/ Gaul, Hans Friedhelm/ Schilken, Eberhard — Zwangsvollstreckungsrecht
11. Auflage, München 1997
(zit.: *Rosenberg/Bearbeiter*)

Rosenberg, Leo/ Schwab, Karl Heinz/ Gottwald, Peter — Zivilprozeßrecht
16. Auflage, München 2004
(zit.: *Rosenberg/Schwab/Gottwald*)

Schiessler, Wolfram — Der Insolvenzplan
Bielefeld 1997
(zit.: *Schiessler*)

Schlüter, Wilfried — Erbrecht
15. Auflage, München 2004
(zit.: *Schlüter*)

Schubert, Werner — Anmerkung zu BGH, JR 1994, 419
In: JR 1994, S. 419 f.

Seuffert, Lothar von — Deutsches Konkursprozeßrecht
Leipzig 1899
(zit.: *Seuffert*)

Smid, Stefan — Anmerkung zu BGH, LM H. 10/1997 AnfG Nr. 7
In.: LM H. 10/1997 AnfG Nr. 7

Smid, Stefan — Grundzüge des neuen Insolvenzrechts – Eine Einführung
4. Auflage, München 2002
(zit.: *Smid*)

Smid, Stefan Insolvenzordnung
2. Auflage, Stuttgart 2001
(zit.: *Smid*, InsO)

Soergel, Hans Theodor Bürgerliches Gesetzbuch
Band 4/ 1, Schuldrecht III/ 1; §§ 516–651
12. Auflage, Stuttgart, Berlin, Köln, Mainz 1997
Band 6, Sachenrecht: §§ 854–1296
12. Auflage, Stuttgart, Berlin Köln 1998
Band 7, Familienrecht I; §§ 1297–1588
12. Auflage, Stuttgart, Berlin, Köln, Mainz 1988
Band 14, Sachenrecht 1: §§ 854–984
13. Auflage, Stuttgart 2002
Band 21, Erbrecht 1: §§ 1922–2063
13. Auflage, Stuttgart 2002
Band 22, Erbrecht 2: §§ 2064–2273
13. Auflage, Stuttgart 2003
Band 23, Erbrecht 3: §§ 2274–2385
13. Auflage, Stuttgart 2002
(zit.: *Soergel/Bearbeiter*)

Staudinger, Julius von Kommentar zum Bürgerlichen Gesetzbuche für das deutsche Reich nebst Einführungsgesetz
Fünfter Band. Erbrecht
1. Auflage, München 1902
(zit.: *Staudinger/Bearbeiter*, 1. Auflage)

Staudinger, Julius von Kommentar zum Bürgerlichen Gesetzbuch mit Einführungsgesetz und Nebengesetzen
Zweites Buch. Recht der Schuldverhältnisse; §§ 397–432
13. Auflage, Berlin 1999
Viertes Buch. Familienrecht; §§ 1363–1563
14. Auflage, Berlin 2000
Fünftes Buch. Erbrecht; Einleitung; §§ 1922–1966
14. Auflage, Berlin 2000
Fünftes Buch. Erbrecht; §§ 1967–2063
14. Auflage 2002
Fünftes Buch. Erbrecht; §§ 2265–2338 a
13. Auflage 1998
(zit: *Staudinger/Bearbeiter*)

Stein, Friedrich/ Jonas, Martin Kommentar zur Zivilprozeßordnung
Band 8, §§ 828-915h
22. Auflage, Tübingen 2004
(zit.: *Stein/Jonas/Bearbeiter*)

Stöber, Kurt Forderungspfändung – Zwangsvollstreckung in Forderungen und andere Vermögensrechte
12. Auflage, Bielefeld 1999
(zit.: *Stöber*)

Thora, Cornelius Maria Die Obliegenheit der Erbschaftsannahme in der Wohlverhaltensperiode
In: ZInsO 2002, S. 176 ff.

Trendelenburg, Hortense Restschuldbefreiung
Baden-Baden 2000
(zit.: *Trendelenburg*)

Tuhr, Andreas von Der Allgemeine Teil des Deutschen Bürgerlichen Rechts
Zweiter Band. Erste Hälfte
München, Leipzig 1914
(zit.: *v. Tuhr*)

Uhlenbruck, Wilhelm Insolvenzordnung, Kommentar
12. Auflage, München 2003
(zit.: *Uhlenbruck/Bearbeiter*)

Vallender, Heinz Die bevorstehenden Änderungen des Verbraucherinsolvenz- und Restschuldbefreiungsverfahrens auf Grund des InsOÄndG 2001 und ihre Auswirkungen auf die Praxis
In: NZI 2001, S. 561 ff.

Vallender, Heinz Restschuldbefreiung
In: JuS 2004, S. 665 ff.

Wagner, Gerhard Prozeßverträge
Tübingen 1998
(zit.: *Wagner*)

Wax, Peter — Anmerkung zu BGH, LM § 852 ZPO Nr. 1
In: LM § 852 ZPO Nr. 1

Westermann, Harry — Sachenrecht: ein Lehrbuch
7. Auflage, Heidelberg 1998
(zit.: *Westermann*)

Wimmer, Klaus — Frankfurter Kommentar zur Insolvenzordnung
3. Auflage 2002
(zit.: *FK/Bearbeiter*)

Windel, Peter A. — Die Verteilung der Befugnisse zur Entscheidung über Vermögenserwerb zwischen (Gemein-) Schuldner und Konkurs- (Insolvenz-) verwalter bzw. Vollstreckungsgläubiger nach geltendem und künftigem Haftungsrecht
In: KTS 1995, S. 367 ff.

Zöller, Richard — Zivilprozeßordnung, Kommentar
25. Auflage, Köln 2005
(zit.: *Zöller/Bearbeiter*)

Zypries, Brigitte — Rede auf dem Zweiten Deutschen Insolvenzrechtstag:
http://www.bmj.bund.de/enid/Maerz/Berlin__ss___3_2__5_-_Insolvenz_s8.html?druck=1

Peter Lang · Europäischer Verlag der Wissenschaften

Timo Christian Walther

Das Verfahren bei Masseunzulänglichkeit nach den §§ 208 ff. InsO

Frankfurt am Main, Berlin, Bern, Bruxelles, New York, Oxford, Wien, 2005.
XXVIII, 296 S.
Schriften zum Verfahrensrecht.
Herausgegeben von Peter Gottwald und Ulrich Haas. Bd. 8
ISBN 3-631-54082-5 · br. € 56.50*

Masseunzulänglichkeit liegt vor, wenn zwar die Kosten des Insolvenzverfahrens, nicht aber die fälligen sonstigen Masseverbindlichkeiten gedeckt sind. Masseunzulänglichen Verfahren kommt in der Verwalterpraxis seit jeher eine erhebliche Bedeutung zu. Trotz dieser praktischen Relevanz ist mit Einführung der Insolvenzordnung im Jahre 1999 eine umfassende gesetzgeberische Regelung zur Abwicklung masseunzulänglicher Verfahren unterblieben. Noch immer sind etliche Fragen und Probleme im Zusammenhang mit der Masseunzulänglichkeit offen und von einer abschließenden Klärung durch die Rechtsprechung weit entfernt. Eine systematische Aufarbeitung des Phänomens der Masseunzulänglichkeit ist somit insbesondere für die Praxis der Insolvenzverwaltung und der Insolvenzgerichte wichtig und drängend. Hierzu leistet diese Arbeit einen wichtigen Beitrag.

Aus dem Inhalt: Verfahren zur Feststellung der Masseunzulänglichkeit · Einschränkung einzelner Normen des regulären Verfahrens · Analoge Anwendung einzelner Normen des regulären Verfahrens · Rückkehr in das reguläre Insolvenzverfahren nach Masseunzulänglichkeitsanzeige · Die Problematik der *Insolvenz der unzulänglichen Masse* · Die Beteiligung der Gläubiger im masseunzulänglichen Verfahren · Planabwicklung im masseunzulänglichen Verfahren · Einstellung des Verfahrens · Nachhaftung des Schuldners · Masseunzulänglichkeit in Sonderinsolvenzverfahren

Kolibri 360 GmbH
Ferdinand-Jühlke-Straße 7
99095 Erfurt, Deutschland
produktsicherheit@kolibri360.de

Druck:
CPI Druckdienstleistungen GmbH
im Auftrag der
Kolibri 360 GmbH
Ferdinand-Jühlke-Str. 7
99095 Erfurt